# まえがき

中国の西南部に位置する雲南省の省都、昆明市の郊外、玉案山には躍動する五百羅漢の造像で有名な筇《きょう》竹《ちく》寺がある。筇竹寺は唐代の南詔国（六四九―九三七）の時代に創建されたと伝えられるが、中原の禅宗が最初に雲南に伝入した寺ともいわれている。この筇竹寺には、文殊菩薩を祀る華厳閣という巨大な殿堂が建てられている。

昆明市の近郊には安寧温泉があるが、この安寧には禅宗古刹として有名な曹渓寺がある。この曹渓寺は、六祖慧能の韶州の曹渓と深い関係があるといわれる。曹渓寺の大雄宝殿は、南宋時代の大理国の時代（一一二七―一二五三）に建てられたもので、現存する典型的な宋代建築として有名である。この曹渓寺には木雕華厳三聖像があったという。これは、宋代の木雕で文化財として重要なものといわれている。

崇聖寺三塔や大理古城、雪を頂いた蒼山と、冷たく澄んでいる高原の淡水湖、洱《じ》海《かい》がある大理白族自治州は、唐代の南詔国の仏教文化を今に伝える別天地である。この州の北のはずれにあるのが剣川石窟（石鐘山石窟）である。石鐘寺区の第四窟にも華厳三聖像がある。中央の蓮座の上には毘《び》盧《る》舎《しゃ》那《な》仏が、左右には象に騎った普賢菩薩と獅子にのった文殊菩薩がある。

剣川石窟の造像には、チベット仏教の影響を受けた八大明王の造像や、波《は》斯《し》人や梵僧などインド仏教の影響を受けた造像もあるが、この華厳三聖像は四川の仏教の影響によって造られたものである。華厳三聖像は四川省の安岳石窟の華厳洞を始めとして、重竜山石窟、大足石窟など多くの石窟に分布しているが、この雲南の秘境にもまた華厳の造像を見いだすことができる。

『華厳経』の造像といえば、巨大な竜門、奉先寺大仏の毘盧舎那仏が有名であるが、そのほか華厳三聖像など、『華厳経』に関係する造像は、僻遠の地、雲南省にまで見られるのである。また峨眉《がび》山伏虎寺に現存する華厳宝塔には『華厳経』の全文が刻されている。

『華厳経』は大部の経典である。なかなか全文を通読し、その内容を理解することは容易なことではない。仏の光明に照らされた、荘厳をきわめた世界の様相が繰り返し説かれている『華厳経』は、簡単に人々に理解されることを拒絶するかのようである。しかも、その高遠雄渾《ゆうこん》な思想は、いったい何を言おうとしているのか、把え難い感を抱かしめる。

私は大学院の頃から華厳教学の研究を志したが、教学を勉強する者が落ち入り易い欠点は、その教学がよりどころとしている経典を丁寧に読まないことであるといわれている。一言でいえば、教学者の経典知らず、ということであろうか。その欠陥をなくすために、私は以前から『華厳経』の経文を理解することに努め、現在もなお続いているが、経文の講義を毎月一回行ってきた。昭和六十二年十月から六十三年の始めにかけては、毎日曜日に『華厳経』の内容を放送したこともある（ＮＨＫ〝こころをよむ〟『華厳経・維摩経』昭和六十二年十月一日刊）。

本書は『華厳経』の各品の内容を簡潔に紹介することを意図したものである。『華厳経』の教えは、たんに深遠な哲学にとどまるものではない。「浄行品」には、仏教徒が必ず称える「三帰礼文」があり、清浄な生活や、仏教徒としての修行をするために必要な実践徳目も説かれているのである。さらに「入法界品」には善財童子の求道物語がある。

中国の仏教者のなかには、『華厳経』を誦経《じゅきょう》したり、書写したり、『華厳経』の教えを実践した多くの求道者がいる。まさしく華厳の行者と呼ばるべき人たちである。それらの行者が『華厳経』の教えをどのように受けとめ、どのように実践したか、ということを明らかにするため、各品の内容の説明の前に、『華厳経』の教えの実践者たちの姿を浮き彫りにすることに努めた。そのため本書の題名を「華厳経講話」とせずに、あえて「華厳経物語」としたのである。

本書は昭和六十四年一月号（五十六巻一号）から平成二年十二月号の『大法輪』誌へ連載したものに、多少手を加えてできたものである。本書の執筆を御慫慂《しょうよう》下さったばかりでなく、編集、校正の労をおとり下さった大法輪閣編集部の久保田展弘氏に対して厚くお礼申上げます。

平成三年九月一日

世田谷、梅岑洞にて
鎌田茂雄

# 目次

装幀／磨留子

# 華厳経物語

鎌田茂雄

# 沙漠のオアシスに花開いた華厳経



## 沙漠のオアシス——于闐

新疆ウイグル自治区のタリム盆地の西南部にある和田県は、南は崑崙《こんろん》山脈に接する町である。かつては于《う》闐《てん》県といわれ、一九五九年、和田県と改称された沙漠のオアシスは、昔の于《う》闐《てん》（ホータン）の地であった。

和田県は崑崙山系から北流するユルン・カシュ川（白玉河）と、カラ・カシュ川（黒玉河）の流域にある大きなオアシスである。白玉河からは白玉が、黒玉河からは黒玉がとれるので有名である。河床から採取されるこれらの玉は、昔から于闐の特産で西はイランやイラク方面に、東は中国に盛んに貿易品として送られ、この貿易によって于闐は富を貯えることができたのである。そのほか絹布や美しい文様のある敷物などが、多くの国々で珍重された。

于闐が東西貿易の中継市場として繁栄したため、東西両文化が受容されて独得の文化が形成された。イラン系のゾロアスター教が流行したり、仏教もまた受けいれられ、仏寺が建立されたのであった。

『北史』巻九十七、西域伝によると、于闐では俗人も仏法を重んじ、寺塔、僧尼が甚だ多く、とくに王が仏教を信奉し、六斎日を設け、みずから祭壇に捧げる穀物や果物を浄めたという。

城の南五十里のところには贊摩《さんま》寺という寺があり、昔、羅漢の盧旃《ろせん》という比丘（毘盧舎那羅漢《びるしゃならかん》）が王のために盆をふせたような仏塔をつくった。また仏足石の上には、仏の二つの足跡がくっきりと残されていたという。

さらに于闐の西、五百里のところに比摩《ひま》寺という寺があった。この寺は、老子が胡人を教化するために成仏した場所であるといい伝えられていた。

このように仏教が栄えた昔の于闐国城の廃墟は、現在、和田県城の南、約二五キロにある古城の遺址として残っている。史書の伝える西城がこれである。遺址には多くの土堆と建築用の柱が残っている。都城の南のほうに石塔がある。その石塔の高さは六メートルあまり、周囲は六〇メートルもある。四周には多くの泥塑の残片が散乱している。その石塔の近くに房舎の遺址があるが、流砂でおおわれている。ここから以前に泥塑の仏像の頭部が発見されたことがあり、この房舎が寺院の址であることが明らかである。一九七八年の冬、この寺院の趾から漢代の銭の貯蔵所が見つかり、中から五銖銭《ごしゅせん》（漢代の銭の名）が九〇枚あまり出土したといわれている。

この寺院址は『法顕伝』に出てくる瞿摩帝《くまてい》（Gomati）大寺ではないかといわれている。

## 絢爛たる寺院と行像

老法顕《ほっけん》が律蔵の残欠を求めて長安を出発したのは、晋の隆安三年（三九九、一説四〇〇）であったが、それは鳩摩羅什《くまらじゅう》が長安に入る直前であり、『華厳経』の訳者、仏駄跋陀羅《ぶっだばっだら》（覚賢）が長安に来る七、八年前であった。

法顕は慧景《えけい》、道整、慧嵬《えかい》などとともに戒律を求める旅に出発し、現在の甘粛省西寧を経て張掖《ちょうえき》に達し、さらに敦煌にいたり、沙河を渡り鄯善《ぜんぜん》（楼蘭）に達した。この国は四千余人の僧がいる仏教国であったが、小乗仏教を奉じていた。鄯善に一ヶ月滞在した法顕一行は、西に進むこと十五日で、烏夷《ウイ》国（焉耆《えんき》回族自治県）に着いた。この国も四千人あまりの僧がいたが小乗仏教の国であった。ここから一ヶ月と五日の旅をつづけて于闐に到着したのである。

法顕が書き記した于闐の状況は、紀元四〇〇年前後の于闐の仏教をわれわれに知らせてくれる。それによると、この国は豊かで、人民は仏法を奉じ、数万人の僧が大乗を学んでいたという。鄯善や烏夷国の十倍もある大仏教国なのであった。人々の家の前には小塔が立てられていた。小さな塔でも高さは二丈あまりもあった。

旅の僧や、客僧のために大きな僧房がつくられていた。法顕たち一行が来たことを知った国王は、一行を瞿摩帝《くまてい》寺に招いて滞在させた。この寺は大乗の寺、三千人の僧が住している大寺であった。食堂の作法も戒律に定められたように行われ、声一つださず、食器の音もさせず、寂然として食事をとっていたのを見た法顕は驚嘆したにちがいない。

慧景たち三人は先発して竭叉《かっしゃ》国へ向ったが、法顕はこの国の仏教儀礼に大きな魅力を感じたので、今しばらく滞在することにした。それはこの国の行像《ぎょうぞう》のお祭りを見たいためであった。行像とは飾りたてた宝車に仏像を乗せて城内を練《ね》り歩く行事で、釈迦の生誕を祝う行事の一つである。インド・西域・中国を通じて行われ、四月八日を中心として行われるものである。

この于闐国には十四の大伽藍《がらん》があった。四月一日より城のなかでは道路を清掃し、町かどを飾り、城門の上には大きな幕を張って荘厳した。王と王妃や女官などはこのなかに入る。大乗仏教を学んでいる瞿摩帝《ぐまてい》寺の僧たちは王から深く尊敬されていたので、行像の行列の一番先頭を歩くことになっている。

行像の車は城から三、四里はなれたところでつくられる。その車は四輪車で、高さは三丈あまりで御殿のように大きく、七宝で飾りたて幡《ばん》（はた）をつるす。車の中心には仏像が立ち、そのわきには二体の菩薩像がおかれる。仏と菩薩に仕える飛天の像は金銀でつくられ空中にかけられていた。

行像の車が城門に百歩近づいてくると、王は冠を脱いで新しい衣を着用し、跣《はだし》で華香をもった従者とともに、城門を出て行像を迎え、頭を仏像の足につけて礼拝し、散花して焼香するのである。

行像が城に入るとき、城門の門楼にいた王妃と侍女たちは、たくさんの花を散花したが、その花びらは紛紛として散りひろがったという。

于闐には十四の大寺があり、一寺の行像は一日かかる。そこで全部の十四の大寺の行像が終ったのは四月十四日であった。この十四日間のあいだ、この城は釈迦の誕生を祝う行像の行列でうずめつくされたのである。

『法顕伝』は于闐のもう一つの寺、王新寺についても記述している。王新寺は城の西、七、八里のところにある。創立以来、すでに八十年を経ていた。三人の王さまによって完成された寺だという。仏塔の高さは二十五丈というから大きな塔であったことがわかる。その建物は金銀でおおわれ、衆宝で飾られていた。その仏塔の背後には仏堂があるが、仏堂の柱や扉や窓はすべて金をぬっていたという。その上美しく飾られた僧房もあった。五世紀はじめの于闐の寺院が、どんなにかすばらしいものであったかがわかる。

## 流沙を行く支法領、海を渡る覚賢

于闐の仏教が全盛期であった頃、一人の漢人の求法者が于闐にやって来た。その名は支法領《しほうりょう》といった。支法領は于闐へ来て、大乗仏教が盛んであり、大伽藍がたくさんあるのにびっくりした。支法領が漢土によって、ほんとうに求めたかったのは大乗経典である。于闐の国王は大乗教を信奉し、王みずから大乗経典を供養していた。

于闐に滞在していた支法領は一つの情報を聞いた。それはこの国の東南二十里あまりのところに嶮しい山があり、そのなかにはたくさんの大乗経典が秘蔵されており、しかもこれを国の役人が守護し、国外にもちだすことを厳禁しているということである。

この話を聞いた支法領は、于闐国王に懇願して『華厳経』を中国に何としても伝えたいという志《こころざし》を述べた。国王は支法領の熱烈な求法心に感激してこれを許した。支法領は『華厳経』の前分三万六千偈の梵本を手にして、喜び勇んで長安に帰ったのである。

一方、法顕とともにインドへ求法の旅にでていた智厳は罽賓《けいひん》（カシミール）にやって来ていた。罽賓国に来た智厳は、僧たちの戒律にもとづく清浄な生活を見て、みずからの中国のことを反省し「中国の僧たちは道を求める志はあるが、真の師がないので、悟りを開くことができない」と言った。そして「誰か東土を教化してくれる人はいないでしょうか」と罽賓国の僧たちに尋ねた。すると僧たちは「仏駄跋陀羅《ぶっだばっだら》（覚賢）という人がいます。その人は天竺の耶呵《やか》利《り》城に生まれ、釈氏の姓を承け、代々仏学を尊んでいます。八歳で出家し、仏大先《ぶつだいせん》禅師より禅法を授けられていますが、たまたまこの罽賓におられます」と答えた。智厳はその人こそ中国に来て律と禅法を授けてくれる人だと確信した。

智厳に推薦された僧こそ仏駄跋陀羅《ぶっだばっだら》であった。この人は中国では覚賢と呼ばれたので、以後、覚賢の名で記すことにする。

智厳の懇請を受けた覚賢は漢土へ行く決心をした。そしてシルクロードを通らず、海路、中国へ行こうとした。葱嶺《そうれい》を越える道以外に、インドから陸路中国に入るには二つの道が考えられる。一はヒマラヤ山脈を、現在のネパールを経由して横断し、チベットを経て、青海省を通り蘭州に達し、さらに長安に行く道であり、他の一つはビルマを経て雲南省から四川省に入り、さらに長安か洛陽に通じる道である。このいずれの道を通るにしても、雪山（万年雪をおく高峰）があることにはかわりはなく、覚賢はこの道を断念したのである。

そこで覚賢はガンジス河に沿って南下し、ガンジス河の河口近くから船にのり、当時の通商路に沿って行ったにちがいない。ビルマに渡った覚賢は、タイを経てカンボジャに達し、そこから再び海路をとり、インドシナ半島に沿ってハノイおよび番禺《ばんぐう》（広州）にいたるルートをとったものと思われる。『高僧伝』が交趾から上陸したという意味は、途中の寄港をあらわしたのか、あるいはビルマ南部に上陸し、インドシナ半島を陸路、横断して交趾に達し、再び交趾から海路、中国へ行ったとも考えられる。

交趾を出発するとき、覚賢の超能力はいかんなく発揮された。ある島の近くに船が来たとき、覚賢はこの島に寄港したほうがよいと言ったが、船主は「客船は日を惜しむ。追い風にあうことは難しい。停泊できない」と言って、二百余里進んだところ、風向きが逆転して、船は再びその同じ島に近づいた。ところがまた追い風になったので、皆は出発しようとしたが覚賢はこれに反対した。追い風にのって先発した船はことごとく顚覆した。その後、暗夜に船を出そうと言ったが、誰も覚賢の言葉に従わなかった。覚賢はみずから纜《ともづな》をといて、ただ一船だけで出発した。残留した者たちは海賊におそわれ略奪され、殺されてしまった。

この説話は覚賢が神異の能力をもっていたことと、航海術に通じていたことを示している。交趾を出発した船は、やがて青州の東萊郡に到着した。山東半島の登州港は、昔から東アジア各地の海上交通の中心地であった。交趾を出て広州へ上陸するはずの船が、はるか山東半島にまで漂着したのである。法顕もまた同様で、山東半島の青島付近にある牢山に漂着したのである。

## 持戒の覚賢と破戒の羅什

登州に上陸した覚賢は、鳩摩羅什が長安にいることを聞いて長安に旅立った。長安に入ったのは四〇六年か四〇八年頃と推定される。

覚賢が長安に到着すると、すでに四〇一年に長安に来ていた羅什は大いに悦んだ。西域から涼州へと長いあいだにわたって流浪の旅をつづけていた羅什は、インド罽賓国の最近の情報を得たいと思って覚賢に接触したのではないか。しかし当時の羅什を中心とする長安の教団と覚賢のあいだはしっくりとはいかなかった。覚賢はもともと戒律を守り禅観を修する禅者であった。これに対して羅什は女犯の破戒僧であった。羅什教団にとって覚賢は好ましからぬ人物とされた。羅什教団の僧たちは後秦《こうしん》国王の姚興《ようこう》の権力におもねって、宮廷内にも出入していたのに対し、覚賢は宮中に参入することもなく、一人孤高を持していたのが、きわめて不快なことと受けとられたのであろう。羅什および羅什教団の人々や、政治権力者から異端視された覚賢は、いずれにしても長安から追放される運命にあったのである。

かくして覚賢は四十余人の弟子たちとともに長安を離れた。すでに西域から帰国していた宝雲もいっしょであった。

やがて覚賢一行は、廬山の慧遠《ろえおん》の好意によって廬山を目指した。慧遠は旧知の如く温かく迎えてくれた。四一一年、廬山に入った覚賢は禅経を翻訳した。

覚賢は一年ばかり廬山に滞在したのち、山を下って西の江陵へ行った。四一三年二月、劉裕《りゅうゆう》が江陵から建康に帰るとき、劉裕は覚賢に同行することを要請した。同意した覚賢は同行して東晋の都、建康の道場寺に入った。建康の僧たちも覚賢の孤高の風格に注目し、これを尊敬したのである。

## 支法領と覚賢の出会い――六十『華厳経』の訳出

于闐から『華厳経』の梵本を持参して長安に帰った支法領も、長安を去って建康に来ていた。覚賢が道場寺に住していることを聞いた支法領は、覚賢に梵本の『華厳経』を漢語になおしてくれることを要請した。この要請を受けた覚賢は『華厳経』を訳出することに同意した。かくして晋の義熙《ぎき》十四年（四一八）三月十日、六十『華厳経』（晋経、旧経）の翻訳がはじまり、元熙二年（四二〇）六月十日に完成した。それは二年と三カ月かかって行われた翻訳事業であった。

さらに梵本との対校が行われた。校訂作業がすべて終ったのは、永初二年(四二一)、十二月二十八日であった。このときの筆受者は法業であった。法業は肉食せず、厳しく戒律を守った人であった。『華厳経』をはじめて理解した中国人は法業なのである。小乗仏教の教学に通じていた法業は、破天荒の教えを説く『華厳経』に触れて瞠目《どうもく》したにちがいない。

道場寺の僧たちは新しい大乗経典『華厳経』の内容を見て、あまりにも今までの経典の教えとは異るので驚嘆したのであった。毘盧舎那《びるしゃな》仏とはいったいどんな仏なのか。それは光明であるとは、今までの仏教では説いていないのではないか。ゾロアスター教か何かの影響でさかんに光明のことをいうので、ほんとうの仏教の教えではないのではないかとさえ思った。

小乗学に通じていた法業は、とてつもない教えの内容に触れて、その要旨を書きとめた。それが法業が書いた『華厳旨帰《しき》』二巻なのである。漢土の人にこのお経の教えを理解してもらいたいという情熱がこの本を書かしめたのであろう。のちに華厳宗の大成者、法蔵は「大教の濫觴《らんしょう》するは、業、始なり」(『華厳経伝記』巻二)と書き示すにいたったのである。

この今までの仏教にない驚くべき教えを説いた『華厳経』の梵本をそのまま机の上においたのではばちがあたると考え、この梵本を祀ることを考えた。かくして建立されたのが華厳堂なのである。道場寺の一隅に建てられた華厳堂にお参りしたのは、支法領や法業ばかりでなく、道場寺の僧たちや、一般の信者たちであったかもしれない。

## 沙漠で見つかった第二の華厳経
### ——毘盧舎那羅漢と実叉難陀——

紀元四〇〇年頃、法顕が見た仏塔、仏堂、僧房が完備した于闐の王新寺に、二百年あまりたってから訪れたのが玄奘《げんじょう》であった。玄奘が訪れたとき、その寺は娑摩若《さまにゃ》寺と呼ばれていた。高さ百余尺の仏塔が聳えていた。この仏塔には霊瑞が現われることが多く、神光を燭すこともあった。

その頃、王城の南、十里あまりのところに毘盧舎那《びるしゃな》寺という大寺があった。この寺は『北史』巻九十七に書かれた賛摩寺なのであった。この寺は于闐国の先王が毘盧舎那羅漢のために建てた寺だという。この羅漢はカシミール国より来て林中で入定していた比丘であった。王に伽藍を建てて、仏法を弘めることを進言した人である。名前が毘盧舎那というのがおもしろい。『華厳経』の教主と同じ名前なのである。

玄奘の記録によれば七世紀前半の于闐では、国王が仏法を敬重し、みずから毘沙門《びしゃもん》天の末裔であるといっていた。国内には伽藍は百あまり、僧徒は五千人あまりいた。四〇〇年頃と同じく大乗仏教が盛んな国であった。王城の西南にある牛頭《ごず》山の断崖のあいだに寺が建てられ、そのなかの仏像は光明を発することがある。昔、如来がこの地に来て天人のために法要を説いたといわれていた。

また牛頭山のなかにも石室があり、そのなかには阿羅漢が滅尽定《めつじんじょう》に入って、弥勒仏の下生を待っていた。数百年にわたってその姿はかわることがなかった。

この唐代の于闐に実叉難陀《じっしゃなんだ》（六五二—七一〇、学喜）という人がいた。たまたま則天武后が大乗を尊崇し、『華厳経』の完全な梵本を求めていた。武后の耳に、于闐にこの経の梵本があるということが入った。そこで使者をはるばる于闐につかわし、『華厳経』の梵本と訳者を求めさせた。そのとき梵本をもって長安に来たのが実叉難陀であった。

六九五年、東都の大遍空寺において訳出がはじまった。武后はみずから法座に臨御し、序文をつくった。菩提流志《ぼだいるし》と義浄《ぎじょう》が梵本を読んだ。復礼《ふくれい》や法蔵が翻訳を手伝った。完成したのは六九九年、仏授記寺においてであった。これが新しく訳出された八十『華厳経』（唐経）なのである。

唐経を晋経と比較すると、文字が流暢となり、しかも内容も晋経が八会三十四品であったのに対し、九会三十九品となり、完全な形態を整えるにいたったのである。

七〇四年、実叉難陀は老衰の母を見舞うため一時、于闐に帰国したが、中宗の招請に応じて七〇八年、再び長安に来たが、七一〇年十月、五十九歳で没したのである。火葬されて舌のみ残ったので、その舌を于闐に送った。荼毘《だび》された長安城の北門の外にある、古燃燈台の近くに七層の塔が建てられた。人々はこれを華厳三蔵塔と称したという。

『華厳経』は不思議なお経である。梵本は晋経も唐経も于闐に存在した。大乗仏教が盛んであり、大乗経典をたくさんに保存していた于闐で発見されたのである。七九八年、般若《はんにゃ》三蔵によって訳された四十『華厳経』は完本ではなく「入法界品」だけなのである。この四十『華厳経』は七九五年に、南天竺の烏荼《うだ》国の師子王が、みずから書き写した『華厳経』の梵本を唐の徳宗に送ったものなのである。

『華厳経』の大部な経本は二つとも于闐で発見されたということは、大部な『華厳経』は于闐において編纂された可能性が強いことを示している。しかも先に述べたように于闐の伝説には、毘盧舎那羅漢という人があり、『華厳経』の教主と同じ名前の羅漢が現われたりしている。

沙漠のオアシス于闐は、今は和田県となり、昔の城址や仏寺の址もすべて廃墟となっているが、かつてはこの地に大乗を奉じる仏教国が存在し、多くの大乗経典を蔵していたのである。その大乗経典のなかの一つがこの『華厳経』なのである。しかもこのお経の梵本は三百年の長いあいだ于闐国に存在しており、一つは四二〇年、一つは六九九年に中国の言葉に訳されたのである。

# 讃仏の歌——世間浄眼品

## 天兵と阿修羅との戦い

タクラマカン沙漠のオアシス都市、和田（于闐、ホータン）に一人の沙弥（出家したばかりの見習僧）がいた。その名は般若弥伽薄《はんにゃみかぼ》（以下「般若」と略称）といった。般若は戒律をしっかりと守り、いつも『華厳経』を読誦していた。于闐には『華厳経』をしまっておく経蔵があったらしく、『華厳経』の原本は于闐に行かないと手に入らなかった。

般若もどこかの寺の経蔵で『華厳経』を入手したらしい。その『華厳経』を読むことを修行と心得ていた。長い大きなお経であるからはじめから終りまで読むことは容易なことではない。何年間か一心に読んでいたら、ときどき霊祥を感じるようになった。

ある日のことであった。何ものとも知れぬ異形のものが二人、般若の前に現われ、礼拝し合掌して坐った。般若は人間とは思われない異形を怪しみ、どこから来たのかと尋ねた。すると二人の異形者は手で天を指し、自分たちは天にいるのだが、あなたさまをお連れして、静寂な天へ行きたいのですと答えた。さらにつづけて「実は天帝が自分たちをつかわして、法師をお招きせよと言いつけたのです」と答えた。

あまりの不可思議なことに、般若は驚き怖れて芒然自失した。すると天から声が聞えた。「恐怖を生じることはない。どうか目を閉じなさい」と。般若は言われるままに目を閉じた。

まもなく二人の異形者に連れられて天上に登った。そこには華麗な楼閣宮殿があった。そのなかには天帝が坐っていた。天帝は般若の前に跪いて「今、天衆と阿修羅《あしゅら》とが戦闘中で、しばしば打ち破られ負けています。そこであなたさまに『華厳経』を誦して頂き、天の兵衆をひきいて、法力によって彼の阿修羅に打ち勝って頂きたいのです」と懇請した。般若はその請をこころよく受けいれた。

そこで般若は天の大車に乗り、天の幢幡《どうばん》（長いはた）をもち、心のなかで華厳の微妙なる経典を念じた。天の兵衆も勇んで皆強敵に立ち向った。これを見た阿修羅は驚いて退散した。

天衆たちは喜んで「これは皆、あなたさまのおかげです。どうか欲しいものがあればおっしゃってください。あなたさまの望みの品を献上いたしましょう」と言った。般若は「自分は余計なものは要りません。ただ無上の悟りがあればよいのです」と答えた。天衆たちは感謝して「あなたさまの願いはわれわれの力のおよぶところではありません。何かわたしどもにできることはないでしょうか」と重ねて求めると、般若は、自分は無上の悟り以外はまったく求める気はないと答えた。

しばらくして般若は、天上から地上の于闐国へ帰された。着ていた衣服は天の香りに染って馥郁《ふくいく》とした香気を発した。般若が死んでも衣服の香気は消え失せることがなかった。

般若は天上から地上に下ってから数年たったとき、仏と同じように右脇にして臥せ、病はなかったけれどもその生命を終った。死ぬとき「自分は浄らかな仏国土に生まれることができた」と言った。

永昌元年（六八九）二月四日、于闐国の三蔵法師であった因陀羅波若《いんだらはにゃ》が中国の長安の魏国東寺にやって来た。魏国東寺には、たまたま華厳宗の大成者、賢首《げんじゅ》大師法蔵がいた。三蔵法師は法蔵に、天上に上った般若の話をした。それは今から三十五年前に実際に于闐であったことだと語った（『華厳経伝記』）。

この話のなかに天の兵衆と阿修羅との戦いのことがでているが、『華厳経』を読誦したことによって阿修羅が退散したというのは、『華厳経』に悪魔を敗《やぶ》る力があることを示している。これが于闐の国の事件なので、『華厳経』と于闐とのつながりが密接であることがわかる。

また朝鮮の華厳関係の文献（高麗《こうらい》の均如の『釈華厳教分記円通鈔』と『法界図円通記』、および『法界図記叢髄録《そうずいろく》』）にのみ、五重の海印三昧を説くが、それは皆帝釈天と阿修羅との戦いなのである。于闐でおこった天の兵衆と阿修羅との戦いの話が、中国の長安において法蔵に伝えられたが、五重の海印における帝釈天と阿修羅との戦いは、華厳宗の第二祖、智儼《ちごん》が説いたものとして、朝鮮半島には伝承されているのである。もちろん天帝と阿修羅と諍《あらそ》うことは『正法念処経』（巻十八）にもでているが、五重海印は説かれていない。まことに不思議であるといわねばならない。

### 雑華《ぞうけ》の荘飾《かざり》

『六十華厳経』は三十四品（品とは章というような意味）から成り立っているが、第一品は「世間浄眼品」である。世間を照す浄《きよ》らかな眼《まなこ》である仏が現われたもうたことを述べたのがこの「世間浄眼品」なのである。それは摩竭陀《まかだ》国の尼連禅河《にれんぜんが》のほとりの、悟りの場所におけるつどいであった。

まず経は仏がはじめて正覚を成じたもう場所である寂滅《じゃくめつ》道場の大地、菩提樹《ぼだいじゅ》、仏の座の情景の描写からはじまる。

其《そ》の地は金剛にして厳浄《ごんじょう》を具足《ぐそく》せり。衆宝雑華《ぞうけ》を以て荘飾《そうしょく》と為《な》し、上妙の宝輪《ほうりん》は円満にして清浄に、無量の妙色をもって種々に荘厳せるは猶《なお》大海の如く、……

まことに絢爛たる世界が描写されている。このなかに「雑華を以て荘飾と為し」とあるのが華厳の意味なのである。華厳の梵語の名は Gaṇḍa-vyūha であるが、これを漢語で「雑華厳飾」と訳したのである。日照三蔵の話によると、ブユーハというのは西国で用いる供養の仏具なのである。その形は六重で下は広いが上に行くほど狭くなり、華宝で飾り、それぞれの段には仏像を安置している仏具なのである（『探玄記』巻一）。雑華で飾ることが華厳の意味である。雑華とはありとあらゆる花を意味する。ぼたんのようにあでやかな花も、野菊のような可憐《かれん》な花も同じく雑花なのである。ありとあらゆる華で飾られたのが、悟りを開かれた仏のいます道場なのである。

この道場は宝や華で荘厳されているばかりでなく、無尽の宝が雨のようにふりそそぎ、光明が照しだしている。仏が坐っている座の背後にある菩提樹は光を発して十方の世界を照している。その幹は清らかな瑠璃《るり》（青玉）からなり、枝も葉も花も宝石で飾られている。仏の坐られている師子の座は大海のように広く、宝華で荘厳され光を発している。

于闐国の般若が天上で見た宮殿楼閣も、この経文に説かれた荘厳された世界とまったく同じであったにちがいない。それは宝華、宝輪、妙色、幢《はた》、香鬘《まん》、宝網、雨宝、華樹、仏力、奇特の十種の厳浄に飾られたものであった。天上界の荘厳も地上界の荘厳も一つのものであった。

その国土の地下は風輪と香海と蓮華によって飾られ、その地上は妙宝と光明と香河と樹網とによって飾られているのである。昔のオアシス都市于闐には、河からは宝石がでるし、オアシスの樹木の緑は旅人の目を休ませてくれる。また宝石のでる香河にも太陽の光が燦々と降りそそいでいたので、まさしく于闐の国土も経文のようであったのかもしれない。

## 浄眼を開く

仏はこの荘厳された寂滅道場の菩提樹の下で悟りを開かれたもうた。菩提樹の幹は清浄な瑠璃（青玉）でつくられ、枝は妙宝で飾られ、葉は雲のように垂れ、果実は摩尼宝珠であり、樹から発する光は十方の世界を照らしだしている。

仏は今、師子座に坐っている。仏は人中の師子であるから、仏の坐るところは林のなかであろうと、地面の上であろうと、皆、師子座と呼ぶのである。仏はこの座に坐って無畏なる師子吼の教えを説くのである。「不可思議なる師子の座は、猶大海の如し」とあるように、この師子座はありとあらゆる人々、十方の諸仏の一切を包含することができるような不可思議を現ずるのである。

仏はこの師子座において正覚《さとり》を開かれた。過去、現在、未来の三世のものに差別なく、仏身は世間の身に入り、そのお声は一切の世界に響きわたり、智慧は虚空に行きわたり、一切の衆生を平等に救い、智慧の光は闇夜を照らし、無限の光明に満ち、方便門を開いて衆生を教化なされようとしていた。

## 浄眼の明珠

仏のまわりにはあまたの菩薩、金剛力士、竜神、地神、樹神、薬草神、穀神《こくしん》、河神、海神、火神、風神、虚空神、主方神、主夜神、主昼神、阿修羅神などの天地の神々や、夜摩天王などの世界の諸王が集まっていた。そして口々に仏を讃嘆して讃歌を称えたのである。

善光海大自在天という神が立ちあがって讃歌を称えたなかに、

仏は難思議《なんしぎ》にして倫匹《たぐい》無く、相好《そうごう》の光明十方を照す。大聖世尊《だいしょうせそん》の正教導は、猶《なお》浄眼の明珠を観《み》るが如し。

とある。天王の讃歌は果てしなくつづく。そのなかで重要なものをとりだしてみたい。まず浄智天王の讃歌のなかには、

衆生は愚痴《ぐち》をもって心の目を瞽《めし》い、限りなく生死の中に輪廻《りんね》す。如来は導くに清浄の道を以てし、無上最勝の門を開示したもう。

と見える。愚痴によって心の目を曇らせて輪廻転生をくりかえす衆生に対して仏は浄らかな道を開示されたのである。

日光天子の讃歌のなかには、

痴冥《ちめい》の衆生は盲《めしい》にして目無し。斯《こ》の苦の類《たぐい》の為《ため》に浄眼を開き、彼の為に智慧の燈を示現して、如来の清浄身《しょうじょうしん》を見ることを得しめたもう。

とある。前の讃歌と同じように盲《めしい》となって迷っている愚かな衆生の目を開かせ、仏の浄らかな姿を見せるのだという。この品を「世間浄眼品」と名づけるのは仏が世間を照す浄眼として出現されたためなのである。

昔から「目は心の鏡」というように、その人の目を見れば、だいたいの人がらがわかるものである。目が澄んでいることが大切である。ここで浄眼というのは、世間を照し、衆生の迷を救ってくれる仏のことであるが、宗教的な意味でなくとも目を浄らかにするには、心を浄らかにすることであり、反対に心が浄らかで

あれば、おのずと目が澄んでくるものである。于闐国の般若の目に天からの二人の使者が見えたというのは、般若の目がまさしく浄眼であった証拠にほかならない。

## 法雨の雨

つづいて月天子の讃歌に、

大慈悲の雲覆《おお》わざる靡《な》く、仏身は難思《なんし》にして衆生に等《ひと》しく、普《あまね》く法雨を雨《あめふ》らして一切を潤《うる》おしたまう。

これ仏の第一の上方便なり。

とある。仏身が応現するのは衆生の数と等しいというから、どんな衆生に対しても仏身は応現してくれるものである。仏身は直接、目には見えないが、どんなところにも衆生のいるところに応現してくれるのである。観音が三十三身に応現してくれるのとまったく同じことである。

法雨というのは、仏の教えを雨にたとえたのである。雨は衆生や大地を潤し、草木を育てるものであるから、仏の教えはまさしくわれわれ衆生を利益する法雨なのである。法雨をふらして一切を潤してくれることが仏の最上の方便なのである。法雨という言葉は中国の寺院の寺の名前に用いられており、たとえば観音菩薩の霊場である普陀山には法雨寺という寺がある。

つぎに持国乾闥《けんだつば》婆王の讃歌には、

衆生の無量なる憂苦《うく》の海を、仏は能《よ》く除滅して悉《ことごと》く余すこと無し。仏は大慈と多くの方便とを以て、能く衆生の清浄眼を開きたもう。

とある。乾闥婆というのは、gandharva の音写語で、仏教では天竜八部衆の一つで、帝釈天に仕えて音楽を奏する楽人のことである。この王さまも、仏が衆生の清浄眼を開かせてくれることを説いている。

また金剛眼照力士につぎの讃仏の歌がある。

如来大聖の自在力は、一切諸《もろもろ》の法界に充満し、法身示現して涯際《がいさい》無く、悉く一切衆生の前に現じたもう。

仏の自在力が法界に充満し、法身が無限の世界にまで行きわたり、しかも一切衆生の前に姿を現わすというのである。「世間浄眼品」のなかで、いつ果てるともなく、いやになるほどつづく讃仏の歌は普賢菩薩で終る。金剛眼照力士の讃仏の歌が終るや、普賢菩薩が仏のまわりにいる菩薩、天地の神々、諸天などの一切の大衆を見て讃仏の歌を称えた。その歌の内容は、浄らかに厳《かざ》られた仏国土は、浄らかなものに満ちあふれている。国内にあふれる仏の子たちは、常に妙《たえ》なる法《のり》を聞き、仏のおわす師子座を仰ぎ見ている。仏は師子座にいますが、しかもどこにも在《おわ》し、限りなき方便によって、菩薩行を示したもう。法性の眼《まなこ》は、世間を照し、み身《からだ》はあまねく世間に現じたもう。十方の国を護って、一切のけがれを除きたもう。自在に姿を現じ、浄らかなみ声で菩薩行を説きたもう。はてしなき永劫のときを瞬間の今におさめ、うつろいの世の相《すがた》に、真の法性をきわめたもう。み仏は虚空《おおぞら》のごとく、浄らかにして執われがない。み仏は世に出でて菩提樹の下で成道したもう。み仏は一声ですべてを尽し、一つ一つの教えのなかに余すことなく説きたもう、というのである。

普賢菩薩が仏を讃歎し終ると、師子座を飾る妙華、摩尼《まに》、宝輪、楼観など、さまざまな荘厳具のなかから海慧超越菩薩などのたくさんの大菩薩が姿を現わして、仏を寿《ことほ》ぎ、供養したのである。

そのとき、一切海慧自在智明王菩薩が言葉によって仏を供養した。この菩薩の讃歌が終るや、蓮華蔵世界が震動した。この震動は仏の説法前の瑞相なのである。これによって悪魔は恐怖し、説法を聴《き》く大衆の心は安定し、多くの衆生に説法の場所を知らしめたのである。

この「世間浄眼品」では浄眼が現われたこと、すなわち仏の出現したことを菩薩をはじめ多くの人々が歓喜をもって迎え、仏の偉大な徳を讃歎したのである。

仏が未だ世に出現しなかったときは、一切衆生を導いてくれる者がなく、衆生は盲《めしい》のごとくであり、闇夜を歩んでいたのであった。仏がはじめて世間に現われたときは、浄眼が現われたのとまったく同様なのである。そこで「世間浄眼品」と名づけたのである。仏が涅槃に入れば「世間眼滅す」ということになる。

### 仏の讃歌

于闐国で般若が天上界に上り、『華厳経』を誦して阿修羅を退散させた話によって『華厳経』の威力はよくわかったが、いったい、このようなお経がどうして何のためにできたのであろうか。『法華経』では、如来は一大事因縁のために世に出現したもうたといい、仏知見を開示し、悟入させるために『法華経』が説かれたというが、『華厳経』はどういう因縁で現われたのであろうか。その点について法蔵の『探玄記』では十種の縁由を説いているので、それを要約しておく。

㈠法爾《ほうに》のゆえに。一切の諸仏は法爾に無尽の法輪を転じたので、因縁を待って説いたのではなく、法爾として、自然《じねん》のはたらきとして説いたのである。諸仏法爾の常説が『華厳経』なのである。

㈡願力のゆえに。如来の本願力によって、この教えを衆生の機にかなうように説いたの である。「盧《る》舎《しゃ》那《な》品」に「仏は願力によりて自在に、普く現じて法輪を転じたまう」とあるという。

㈢機感のゆえに。仏が衆生に応じて身を現じて教えを説いたものである。「仏身は諸の法界に充満し、善く一切衆生の前に現じ」るというのがそれである。

㈣為本のゆえに。まず最初にこのお経を説き、のちに他のお経を説いたので、『華厳経』は根本法輪を説いたものである。

㈤顕徳のゆえに。仏果の勝れた徳を顕わして、菩薩に信じさせ、悟りを得させるために説いたのである。

㈥顕位のゆえに。十信・十住・十行・十廻向・十地・仏地にいたる階位を顕わすため、また一一の位が満ずれば仏地にいたるということを顕わすために説いたのである。

㈦開発のゆえに。衆生の心中にある仏性の功徳を開発して、これによって修学させるために説いたのである。

㈧見聞のゆえに。無尽の法門を衆生に見聞させるために説いたのである。

㈨成行のゆえに。普賢の行を完成させて、一行即ち一切行たらしめるために説いたのである。一行に徹して究極にいたることを明らかにするためである。

㈩得果のゆえに。障を除いて仏果を得させるために説いたのである。


法蔵はこの十種の理由、原因によって『華厳経』が説かれたのであるという。無尽円融の法門は極位の大菩薩でなければこれを理解することができないもので、われわれのような程度の低い、修行をしていない者にはわからないはずである。そこでこの『華厳経』を説いて無尽円融の教えを理解させたいというのが『華厳経』が現われた理由なのである。

ところで、この『華厳経』を受持し、教えを信じることができない人々がいる。それには五種の人があると『探玄記』（巻一）は説いている。

㈠違真の非器。菩提心を発せず、出離を求めず、このお経を誹謗《ひぼう》し、名と利を求め、自分を荘飾する人は『華厳経』を受持する器《うつわ》ではない。名利のために説法するのは魔業である。

㈡背正の非器。詐《いつ》わって邪善を修し、死後、人天の果報を受けようとする人は、真の善を修していないため、結果として地獄に堕する人でこのお経の器《うつわ》ではない。菩提心を忘れて善根を修するのは魔業にほかならない。

㈢乖実《かいじつ》の非器。みずからの我見に従って経文の意味をとり、高く深い教えを理解することができない人も『華厳経』を受けいれる器ではない。

㈣狭劣の非器。広大な心をもたずに、自分ばかりの悟りを求める人々はこの経の器ではない。声聞《しょうもん》と縁覚《えんがく》の二乗はこの経の教えを絶対に聞かない。

㈤守権の非器。長いあいだの修行を完成させず、また初地に入っていない菩薩は、ほんとうの菩薩ではないので、この経の器ではないのである。

『華厳経』の教えを聞き、その教えを実行するには、この教えを信じなくてはならない。

大海と及び劫尽火との中に在りと雖《いえど》も、決定《けつじょう》して信じて疑うことなくんば、必ずこの経を聞くことを得ん。(『十地経論』巻二)

という言葉がある通り、大海と劫火の真只中にあっても、信じて疑うことがなければ、この経の教えを聞くことができるはずである。

于闐国の般若は、『華厳経』の器であった。この経のとりことなり、一心にこの経文を誦した。その読誦の力が天上界と感応し、帝釈天が二人の使者を般若のところへさしつかわしたのである。大海と劫火のなかにあっても般若のこの経に対する信心はくずれることはなかった。そのためついに天上界に上り、阿修羅を破ることができたのである。しかも般若が求めたのは無上の悟りであり、他の一切を求めることはなかった。

この経の第一品の「世間浄眼品」のなかにも阿修羅はでてくる。悪鬼であっても世間の浄眼となって現われた仏の智慧を讃歎しやまないのである。悪魔もまた仏の讃美者として現われているのがこの品なのである。大菩薩から一切の神さまや大王などがすべて集まって仏の智慧を讃歎するという劇の構成からはじまる『華厳経』のスケールはあまりにも大きい。

森羅万象の一切のもの、樹も森も川も海も、ありとあらゆる生きとし生けるものの一大曼荼羅《まんだら》の世界がこの「世間浄眼品」なのである。それが仏を中心に集まり、讃美の歌を一人一人が称えているコーラスによって『華厳経』の序幕が開かれはじめたのである。

# 世界の荘厳——盧舎那仏品

## 提雲般若と華厳部経典

『八十華厳経』を翻訳した実叉難陀《じっしゃなんだ》は于闐《うてん》国の出身者であったが、洛陽の魏国東寺において、華厳系の経論を翻訳した提雲般若《だいうんはんにゃ》もまた于闐の人であった。于闐は『華厳経』と深い関係があったことは否定することができない。

提雲般若（天智）は、学は大乗、小乗ともに通じ、そのほか呪術に長じ、禅観をよくした。ただの学者ではなかったのである。永昌元年（六八九）洛陽に来て、則天武后に拝謁した。勅命によって魏国東寺に旅装をといた。魏国東寺は武后の母の楊氏が咸亨元年（六七〇）に没すると、武后が建てた寺院で、はじめは太原寺と命名された。この太原寺は垂拱三年（六八七）に魏国寺と改名され、さらに載初元年（六九〇）には崇福寺と改められた。太原寺は東西両京に設けられていたので、魏国寺も東西両魏国寺となり、洛陽にあったのが魏国東寺、長安にあったのが魏国西寺なのである。

提雲般若が魏国東寺に来る直前、地婆訶羅《じばから》（Divākara、日照三蔵）はその前身である東西太原寺において翻訳に従事していた。東西太原寺（＝東西魏国寺）には訳場がおかれており、そこで訳経が行われた。たとえば中宗の神竜二年（七〇六）には、菩提流志《ぼだいるし》（Bodhiruci）が『大宝積経《ほうしゃく》』を訳しているのである。のちに般若三蔵が『四十華厳』を訳したのもこの寺においてであり、華厳部の経典の翻訳とこの寺が深くかかわっていたことに注目する必要がある。

それでは提雲般若はどんなお経を訳したのか。華厳関係についていえば、つぎの二つである。

大方広仏華厳経不思議仏境界分一巻（あるいは二巻）、十三紙

大方広仏華厳経修慈分一巻、九紙

前者は永昌元年（六八九）、洛陽の魏国東寺において、後者は天授二年（六九一）、同じ寺（そのときは大周東寺と改名）において翻訳されたのである（『大周録』巻二）。

『大方広仏華厳経不思議仏境界分』は提雲般若の訳だけでなく、実叉難陀の訳もある。二人とも于闐の出身であり、同じ華厳関係の経典を翻訳していることは、于闐にこのお経が流布していた証拠となる。このお経は六十巻や八十巻の『華厳経』の各品にそっくりそのままはあてはまらない。仏が如来不思議仏境界と名づける三昧に入って、相好のなかに、十方の仏刹と、過去の修行のさまざまな姿が現ずることを説いたもので、強いていえば、大本の『華厳経』の序品に相当するものである。簡単にいえば『華厳経』の縮図と考えてよいであろう。

『大方広仏華厳経修慈分』は同じく華厳部に属する小経典であり、慈心の大切さを説き、慈心を実践する者の徳を讃嘆したものである。

## 莫高窟の盧舎那仏像

敦煌、莫高窟の第四二八窟は、北周を代表する最大の洞窟である。この洞窟の南壁中央部に一つの奇怪な像が描かれている。それは天界から地獄にいたる三界六道の相《すがた》が仏の身体に描かれているのである。上方の肩には諸天が、中央には須弥山《しゆみ》や阿修羅《あしゆら》が、下方には人間、畜生、餓鬼《がき》、地獄などが衣の上に描かれているのである。この像は華厳教主である盧舎那仏ではないか、ともいわれている。

この像と似ている像は、キジールやクッチャなどの壁画のなかにも見られるという。また頸のまわりで折り返す通肩は、于闐の像と共通するといわれる（石田尚豊氏『華厳経絵』至文堂）。

于闐出身の提雲般若が訳した『大方広仏華厳経不思議仏境界分』のなかに、仏が菩提樹の下で不思議なる仏の境界と名づける三昧に入ったが、その仏の三十二相、八十種好の中に、菩薩として修行していた、ありとあらゆる行が現われているという。それは「初の光照王の因縁より、乃至、究竟の定光如来に至るまでの一一の苦行の事なり。謂《いわ》ゆる、よく頭目・手足・身分・妻妾・男女・奴婢《ぬひ》・僮僕《どうぼく》・作使・大位・宮殿などを捨てたることを顕現す」というのである。

仏の場合は、仏がかつて修行したことなどの一切が、その姿のなかに現われていたのであったが、毘盧舎那仏の場合には、像のなかに諸天から地獄までの三界六道のすべてが像内に描かれているのである。

西域地方の毘盧舎那仏は立像であった。長安の常楽坊にある趙景公寺の華厳院のなかにあった真鍮の盧舎那仏も高さ六尺の立像であった。もしも雲崗石窟の第十八窟の本尊の立像が盧舎那仏であるとするならば、南北朝から初唐にかけての盧舎那仏は立像であったのであり、後の唐代やわが国の像が坐像であったのと比較して興味があることである。

毘盧舎那仏の毘盧舎那（vairocana）は光明遍照と訳されている。法蔵の解釈によると、光明には智光と身光とがあるという。智光には真理を照す光と、あらゆる衆生を照す光の意味がある。身光には常恒にして絶えることのない光と、その光によって人々を目ざませるものとがあるという。しかも智光も身光も一体無礙となって法界に充満するとともに、一切衆生の前にその相《すがた》を光となって現わすのである。

華厳では毘盧舎那仏は単なる報身ではなく、それはありとあらゆるものに通じる法身である。仏も衆生も国土も、ありとあらゆるものが毘盧舎那仏の現われと見る。この毘盧舎那仏について説いたのが『華厳経』の「盧舎那仏品」なのである。

### 蓮華の花びら

「盧舎那仏品」は、たくさんの菩薩や世界の諸王が、仏の境界、仏の光明、仏の音声《おんじょう》などや、世界海、衆生海、仏海などとは、いったいどのようなものであるのか、という疑問を抱き、仏に教えを乞う場面からはじまる。

すると世尊は、口や歯のあいだから無数の光明を放ちたもうた。それは清浄無礙にして法界に充満する光明であったり、法界を荘厳する光明であったりする。口や歯から無数の光明を放つ姿はまことに絢爛たるものである。この光明はあらゆる国土を照しだしていく。

この光明を見た菩薩たちは蓮華《れんげ》蔵《ぞう》世界を見ることができた。その感激を一人の菩薩はつぎのように語った。

無量劫海《ごうかい》に功徳《くどく》を修し、十方の一切の仏を供養《くよう》したてまつり、無量の衆生海を教化して、盧《る》舎那仏正覚《しゃなぶつしょうかく》を成じたまえり。

盧舎那仏は無限の時間にわたって功徳を修行し、一切の仏を供養し、一切の衆生を救って、はじめて悟りを完成することができたのである。

さらに、

盧舎那仏の大智海は、光明普《あまね》く照して量有ること無《な》く、如実《にょじつ》に真諦《しんたい》の法を観察《かんさつ》して、普《あまね》く一切諸《もろもろ》の法門を照す。

と説く。盧舎那仏は無限の光明を放っているのである。そして真実の道理をよく観《み》て、一切の教えを説くのである。

この蓮華蔵荘厳世界の東には、浄蓮華勝光荘厳世界があった。さらにこの世界の南には衆宝月光荘厳蔵世界が、この世界の西には宝光楽《こうぎょう》世界が、この世界の北には瑠璃《るり》宝光充満蔵世界が、さらにこの世界の東南方には閻浮《えんぶ》檀《だん》玻《は》瓈《り》色幢《しきどう》世界が、その西南方には普照荘厳世界が、その西北方には善光照世界が、その東北方には宝照光明蔵世界が、その下方には蓮華妙香勝蔵世界が、その上方には雑宝光海荘厳世界があると説く。これらの世界のなかには、仏国土があり、そこにはさまざまな名で呼ばれる仏や、菩薩や、その眷属《けんぞく》がいるのである。

これらの世界や仏国土は無数にあるが、菩薩の数も無数なのである。その一人一人の菩薩は、また無数の眷属の菩薩をひきいて結跏趺坐《けっかふざ》しているのである。趺坐した菩薩たちは毛孔から光明の雲をだし、その光明のなかからまた無数の菩薩が生まれてくる。それと同時に無数の仏国土が現われ、その仏国土のなかには三世の諸仏が姿を現わしているのである。その諸仏はあらゆる教えをもって衆生を教化し、衆生の苦しみを救済しつつある。

そのとき世尊は、眉間の白毫相《びゃくごうそう》から光明を放ち一切の仏国土を照した。その仏国土には大蓮華が生えていた。その大蓮華の茎《くき》はたくさんの宝でできており、その葉は一切の法界を覆い、その蓮華の台は砂金によってつくられていた。法蔵はこの蓮華を解釈して、

蓮華とは、開敷《かいふ》の故にと、三乗の水を出づるが故にと。不染《ふぜん》の故にと。衆聖の蜂が探証する所なるが故なり。（『探玄記』巻三）。

といっている。蓮華は花を開き、それがいっぱいに敷きつめられるから開敷の義がある。蓮華は三乗の水をだし、その水がやがて一乗に帰していることを示すものという。さらに蓮華は純白の花を咲かせけがれがなく、その花は微妙な美しさをもっており、蜂が蜜を求めて群れ集まるようであるから、蓮華の花は尊いのであるという。

## 世界は方、円、水の如し

仏の眉間から一人の大菩薩が生まれでた。その名は一切諸法勝音菩薩という。その菩薩は偈文《げもん》をもって仏を讃えた。

仏身は諸《もろもろ》の法界に充満《じゅうまん》し、普《あまね》く一切衆生の前に現じ、受化《じゅけ》の器《き》に応じて悉く充満するも、仏は故《ことさ》らに此の菩提樹《ぼだいじゅ》に処《いま》したもう。

これは盧舎那仏が法界に満ち満ちていることを現わしている。仏身は法界に充満していながら、しかも衆生の前に応現《おうげん》する。しかも菩提樹の下の正覚の座を離れることがないのである。さらに師子炎光奮迅音《ししえんこうふんじんおん》菩薩

という勇猛にして怖れを知らない菩薩は、

盧舎那如来は清浄の法輪を転じたまい、一切法の方便をもって、如来雲普《あまね》く覆《おお》う。

と述べて、盧舎那如来の転法輪を説く。盧舎那如来の説法は衆生のみでなく、あらゆるもの、山川草木にまでおよぶものである。この世界のありとあらゆるものに法輪を転じることができるのは盧舎那如来であるからである。法輪というのは仏の教法のことである。仏の教えは円満であらゆる功徳をそなえ、衆生の惑障《わくしょう》をくだき破り、仏果にいたらせることができるので法輪というのである。莫高窟《ばくこうくつ》の盧舎那仏立像の腹中に、六道の世界がおさまっているのは、盧舎那仏の教えが天界から地獄にまで響きわたっているからである。

そのとき普賢《ふげん》菩薩は師子座に坐り、一切如来浄蔵三昧という三昧に入った。諸仏は普賢菩薩が三昧に入ったことを讃《たた》え、あらゆることができる智慧を与えた。十方の仏たちは普賢菩薩の頂《いただき》を摩《な》でたもうた。これを見た菩薩たちは偈文をもって普賢菩薩を讃えた。すると普賢菩薩は菩薩の大衆に、諸仏の清浄なる智慧は思議することができないが、自分は仏の神通を受けながら、それを皆さんに説明しようと言った。

普賢菩薩が三昧よりたつと、世界は六種に震動《しんどう》し、衆生は十種の宝王雲を雨《あめ》ふらせた。これに対して普賢菩薩は大衆を喜ばせるために偈文をもって答えた。その最初は、

諸仏の深智功徳の海は、無量無辺の刹《せつ》に充満し、方便をもって衆《もろもろ》の応《まさ》に見るべき所に従いて、盧舎那仏は法輪を転じたもう。

という偈文ではじまる。さらに普賢菩薩は十種の世界海について説く。十種の世界海とは、(1)説《せつ》世界海、(2)起具《きぐ》因縁《いんねん》世界海、(3)住世界海、(4)形《ぎょう》世界海、(5)体世界海、(6)荘厳世界海、(7)清浄世界海、(8)如来出世世界海、(9)劫《ごう》世界海、(10)壊《え》方便世界海のことである。このような十種の世界海は「已《すで》に成じ、今成《じょう》じ、当《まさ》に成ず」べ

きものなのである。これらの世界海は無数の因縁によって成り立つものである。

さらに普賢菩薩は菩薩たちに、

仏子よ、諸《もろもろ》の世界海に種種の形あり。或は方、或は円、或は方円に非ず、或は水の洄澓《かいふく》するが如く、或は復華《またはな》の形《かたち》の如く、或は種種の衆生の形をなす者あり。

と告げた。世界には方形のもの、円形のもの、どちらでもないもの、水がうずまいているようなもの、花の形のもの、衆生の形のものなどさまざまのものがあるという。

さらに普賢菩薩は世界海の体、世界海の荘厳、世界海の清浄、世界海の諸仏、世界海の劫などについて語る。世界海の海とは、「繁多《はんた》奥積《おうしゃく》し深広《じんこう》にして窮《きわ》め難きを同じく海と名くるなり」（『探玄記』巻三）と説明されている。世界海とは海のように深く広大にして限りがない世界ということである。

## 仏国土は画師のつくったもの

普賢菩薩はさらに一切の大衆につぎのように告げた。

諸の仏子よ、当に知るべし、此の蓮華蔵世界海は、是《こ》れ盧舎那仏、本《もと》、菩薩の行を修せし時、阿僧祇《あそうぎ》の世界に於《おい》て微塵数劫《みじんしゅごう》に厳浄《ごんじょう》したまいし所なり。

蓮華蔵世界は盧舎那仏が菩薩として修行していたとき、長いあいだかかって荘厳してきた世界なのである。

この蓮華蔵世界は無数の風輪によって保たれている。この世界には鉄囲山、香水海、香水河、宝樹などがある。これらのものはもちろん空想上の所産であるが、この「盧舎那仏品」が書かれた地域に、このような山や河や池があったのかもしれない。

種々の華香《けこう》及び旛蓋《ばんがい》をもって、一切の菩薩は法界に充《み》ち、能《よ》く一切の語言《ごごん》海を説く、是れ盧舎那の転法輪《てんぼうりん》なり。

とあるように、たくさんの菩薩が、華や香や旛《はた》をもって世界にいっぱいに溢れている。そのなかで盧舎那仏は、あらゆる言葉で教えを説いているのである。まことに絢爛華麗の荘厳世界である。

この世界に香水海がある。その海は衆宝で飾られ、その岸は摩尼珠《まにしゅ》でつくられ、地の上は宝の羅網《らもう》でおおわれている。海のなかは宝の水でたたえられ、岸の花はすべて花開き、栴檀《せんだん》の香りが水にたちこめ、仏の声が不断に聞こえてくるところである。それはまさしく香水の宝海なのである。

盧舎那仏の過去の行《ぎょう》は、仏の刹海《せっかい》をして甚だ清浄ならしめ、無数無量にして辺際《へんざい》無く、彼の処には一切自在を転ず。

この香水海を清浄にしたのは盧舎那仏の過去の修行なのである。菩薩であったときの修行が、香水海を清浄にしたというのは大変なことである。修行によって世界が浄められていくということは重要である。修行は単なる自己完成ではなく、世界の完成なのでもある。

香水海のなかには香水河がある。この香水河は、仏の眉間《みけん》の白毫相から流れでたものである。香水河の流れている土地には金剛の宝華が飾られ、その地には砂金がいっぱいに敷きつめられている。

さらにお経は無数の香水海や世界を説く。さまざまな仏国土は、果たして現実に存在する客観世界であるのか、どうか、それについて経はつぎのように説く。

猶《なお》工《たくみ》なる幻師《げんし》の、能《よ》く種種の業《わざ》を現ずるが如く、是の如《かく》く衆生の業《ごう》にて、仏刹は不思議となる。

彩画《さいが》の像《ぞう》を見て、是《これ》画師《がし》の造なりと知るが如く、是の如く仏刹を見るに、心の画師の成《な》す所なり。

衆生の心同じからざれば、随《したが》って諸《もろもろ》の妄想を起す。是の如く諸仏の刹も、一切皆化《け》の如し。

幻術使いが、さまざまなものをつくりだしたり、画師の描いた像などと同じく、仏国土は人間の心がつくりだしたものであるというのである。一言でいえば、人間の心がつくりだしたのが仏国土であり、それはさまざまな形をとっているという。

仏国土は一面においては盧舎那仏が清浄にしたものであると同時に、一面においては人間の心がつくりだした幻《まぼろし》にすぎない。絢爛華麗な清浄な仏国土は盧舎那仏がつくったものであるのに対して、さまざまの国土は衆生の妄想がつくりだしたものなのである。

**精進の力——普荘厳童子**

清浄な仏国土は仏のつくったもの、汚れた国土は衆生がつくったものなのである。しかも国土が成立したり、国土が滅びさっていくのは衆生の業によるのである。このあたりから経文は絢爛豪華な仏国土から暗い闇《やみ》の国土の様相を説いていく。

或は仏刹《ぶっせつ》有り起り、泥土にして清浄ならず、明《めい》を離れて常に闇冥《あんめい》なり、罪ある衆生の住する所なり。

これは暗黒の国土である。闇から闇への晦冥《かいめい》に包まれた国土である。闇夜の世界である。罪を犯した衆生が住む世界である。

或は泥土の刹有り、煩悩《ぼんのう》にて大いに恐怖し、楽《たのしみ》少く憂苦《うく》多し、薄福《はくふく》のものの処《お》る所なり。

それは泥沼の世界である。煩悩に悩まされ、苦しみのみ多く、幸福のない世界である。そこは閻羅《えんら》王（閻《えん》魔《ま》さま）がいる地獄であり、餓や渇に苦しまなければならない。

ついで経文は、苦のみの世界でなく、苦と楽とが共存する世界を説いていく。さらに光明に輝き、宝香のかおる極楽世界があると説く。普賢菩薩が願った世界こそ、この清浄な国土なのであった。それを仏国土というのである。

国土にはさまざまな国土がある。

或る国土には仏無《いま》さず、或る国土には仏有《いま》し、或る国土には一仏にして、或る国土は無量の仏有《いま》す。

仏のいる国土、仏のいない国土、一人の仏しかいない国、無数の仏がいる国などさまざまな国がある。かつて仏教国として繁栄していた于闐国には無数の仏がいたのであった。

ついで、経文は浄光普眼世界海について説く。この世界海は極楽浄土のようなすばらしい世界である。この国土の林の東には炎光《えんこう》城という城が、林の南には樹華荘厳城がある。そのほか、竜、夜叉《やしゃ》、乾闥婆《けんだつば》、阿修《あしゅ》羅《ら》、迦楼羅《かるら》、緊那羅《きんなら》、摩睺羅伽《まごらか》など、八部衆のいる城もあった。

この城の一つ炎光城のなかに愛見善慧《あいけんぜんえ》王という王さまがいた。この王さまは百億の城を統率し、三万七千の女人をもち、二万五千の子供がいた。そのなかに普荘厳《ふしょうごん》童子という子供がいた。この童子は善根を積んだため深い三昧に入ることができた。そして仏を讃歎したが、その音声は国中に響きわたった。それを聞いた愛見善慧王も歓喜して頌文を称えた。城を清浄にし、町を掃除し、宝で飾り、妻子眷属《けんぞく》とともに仏を礼拝しに行った。

すると仏は衆生を教化するためにお経をお説きになられた。このお経を聞き終った普荘厳童子はふたたび三昧に入り、一切の仏の過去の功徳海を見ることができた。普荘厳童子が偈文を説くと、一切の衆生は道心をおこした。仏はこの童子のためにさらに教えを説かれた。そのなかに、懈怠《けたい》の者は、深き方便海を解《さと》ること能《あた》わず、精進《しょうじん》の力成就《じょうじゅ》せば能《よ》く仏の世界を浄めん。

という仏の言葉がある。精進力によってこそ仏の世界に入ることができるというのである。

仏の教えによって普荘厳童子は一切法普門歓喜蔵《かんぎぞう》三昧に入ることができた。それはあまねく一切の人々を歓喜せしめる三昧であった。普荘厳童子とは修行者の代表なのであった。童子が三昧に入ったのは自利行であり、頌文をもって教えを大衆に知らせたのは利他行であった。自利と利他の二行をあわせ実践したのがこの普荘厳童子なのである。「盧舎那仏品」の最後は一人の修行者の修行の完成を説いてその幕を閉じるのである。

# 無辺の光明——如来名号品・四諦品・如来光明覚品

## 首をすげかえる——求那跋陀羅

湖北省の中部の南寄りにある江陵《こうりょう》は、長江の沿岸にある都市であるが、昔は荊州《けいしゅう》といわれ、中国の南北交通の要地であった。現在は「荊州どんす」や蒔絵の器で有名である。

この荊州の地を五世紀中頃に支配していたのは南譙《なんしょう》王義宣であった。義宣は仏教信者で、セイロン島からはるばると中国へやって来た求那跋陀羅《ぐなばっだら》（Guṇabhadra）のために、辛寺という寺に房舎を増築して、そこに求那跋陀羅を住まわせて、翻訳事業を推進させていた。求那跋陀羅はここで『過去現在因果経』など、多くの経典を訳出していた。弟子の法勇が翻訳を手伝っていた。法勇はインドに留学していたので梵語によく通じていた。

そんなとき、義宣が求那跋陀羅に『華厳経』の講義を頼んだ。ところが求那跋陀羅は、まだ十分に中国の言葉ができなく、これは困ったことだと悩んでいた。異国の言葉で講義するとなると、よほどその国の言語に通じていなければできるものではない。ただ目で文字を見て、翻訳する以上の難しさがあった。翻訳のときには梵漢両語に通じていた法勇がいたので楽にやれたが、一人で講義をするとなると容易なことではない。

しかも『華厳経』には深い思い出があったのだ。求那跋陀羅は中天竺の人で、もともとは婆羅《ばら》門の出身であり、幼少のときから天文、医学、呪術と学ばせられていたが、仏典をたまたま見て深く心に期するものがあった。家は絶対に出家して仏教の沙門となることを許さなかった。そこでやむを得ず、家を捨てて隠れ逃れて沙門となった。

求那跋陀羅は、はじめ小乗を学んだが、やがて大乗の師を訪ね求めた。大乗の師は経蔵のなかを探して見よ、と命じた。求那跋陀羅が経箱のなかから手にしたのは、まさしく『華厳経』であった。師は「お前は大乗と深い因縁がある」と言ってくれた。求那跋陀羅はこの『華厳経』を読誦し、さらに講説したのである。もちろんインドにおいて講説したのであるからインドの言葉で行ったはずである。

この因縁浅からざる『華厳経』を、はるか遠い中国の辺地で漢語で講義せよ、という要請を受けた求那跋陀羅が思いためらったのは当然であった。そのとき彼は観音菩薩に冥応を授けてくれるようにお願いした。朝夕、礼拝して神通力を与え給えと祈った。観音菩薩は、『華厳経』の「入法界品」に説かれている菩薩であった。「入法界品」では、善財童子が、補怛洛迦《ほたらか》(Potalaka、光明山)山の西の巌谷の金剛宝石に坐っておられる観音菩薩に教えを乞う話がのっている。そのなかで観音菩薩は「願くば諸の衆生、若《も》し我を念じ、若し我が名を称《とな》え、若し我が身を見れば、皆一切の怖畏《ふい》を免離することを得ん」とお説きになっていたことを、求那跋陀羅は卒然として思いだしたのであった。観音さんを念じ、み名を称えるならば、観音さんは衆生の一切の怖れや心配を除いてくださることに思いいたったのである。

そこで求那跋陀羅が観音さんに祈願をつづけていると、ある夜、夢に人が現われた。その人は白い服を着て剣をもち、人間の首をだきかかえていた。求那跋陀羅の前に来て「何を心配しているのか」と尋ねた。跋陀羅は『華厳経』を講義しなければならない事情を話した。すると白衣の人は、まったく心配はいらないと答え、剣を抜いて跋陀羅の首を切りとり、たずさえてきた新しい首とすげかえたのである。白衣の人は新しくついた首を廻して痛むことはないか、と尋ねた。跋陀羅はまったく痛みませんと答えた。その途端に豁然として目が覚め、心は喜びに溢れていた。翌朝になると漢語を話すことができたので『華厳経』を講じることができたという。

この夢のなかに現われた白衣の人こそ観音菩薩の化身であった。観音菩薩が首のすげかえをしてくれたために、跋陀羅は漢語で講義ができるようになった。まさしく『華厳経』で説かれる観音菩薩が夢に現われてくれたのである。

求那跋陀羅が中国の広州へ来たのは元嘉十二年（四三五）であり、この夢を見たのは元嘉の末年（四五一）頃と思われるので、すでに中国に来てから十数年を経過しているため、この頃には中国の言葉で講義することが可能になったのかもしれない。

そのほか求那跋陀羅が水中で観音さんのみ名を称えてたすかった例が『高僧伝』の求那跋陀羅の伝記に述べられているので、求那跋陀羅と観音菩薩は深い結びつきをもっていたことがわかる。しかも観音信仰は『観音経』によるのではなく『華厳経』にでてくる観音菩薩によったのである。

『華厳経』がはじめて訳されたのは、四二〇年であったが、その後、二、三十年たってから急速に『華厳経』の研究が盛んになってきたものと思われる。法業が『華厳旨帰』を著わし、その弟子、曇斌《どんぴん》も『華厳経』の研究者であった。曇斌は出家してから江陵の辛寺において経論の修学に努めたことがあるので、あるいは求那跋陀羅と会ったか、その名を知っていたかもしれない。急速におこった華厳研究に大きな貢献をしたのが求那跋陀羅なのである。

仏名無尽——名号品

世界には娑婆《しゃば》国土をはじめとして無数の世界がある。その無数の世界に在《いま》す如来の名号もまた無数にある。それは如来が、さまざまな身業、口業《ごう》、意業《く》をもって衆生に如来の教えを知らせるためなのである。「如来名号品」は如来の身業が遍満し、あまねく応現することを明らかにしたものである。名号は身によって成り立つものであるから、この品では如来のさまざまな名号を説くのである。求那跋陀羅も『華厳経』を読んだとき、如来の名号があまりにも多いことにびっくりしたにちがいない。

「仏、摩竭《まかだ》提国の寂滅道場に在《いま》して、初始《はじ》めて仏となることを得て、普光法堂にて、蓮華蔵の師子座の上に坐したまいき」という経文ではじまるのが「如来名号品」第三である。

仏が普光法堂で教えを説かれるので、ここから普光法堂会がはじまることになる。普光法堂会は、㈠如来名号品、㈡四諦品、㈢如来光明覚品、㈣菩薩明難品、㈤浄行品、㈥賢首《げんじゅ》菩薩品から成り立っている。華厳宗の大成者法蔵は、この六品を分けて、前の三品を信の対象たる如来の身（名号品）、語（四諦品）、意（光明覚品）とし、後の三品を信それ自体の解（明難品）、行（浄行品）、証（賢首品）としたのである。

普光法堂の蓮華蔵の師子座の上に坐られた仏のまわりには、ありとあらゆる世界からたくさんの菩薩が集まって来た。その菩薩の名は文殊菩薩をはじめとして、覚首、財首、宝首、目首、進首、法首、智首、賢首という菩薩たちであった。これらの菩薩は、数えることができないほどの菩薩とともに遠い国々から仏のみもとにやって来て、仏のみ足《あし》を礼拝し、仏を供養して結跏趺坐して坐った。それは宇宙の果てからやって来た菩薩の一大集会なのであった。

このとき文殊菩薩が仏の威神力を受けて、大衆を眺め感嘆して言った。「何とすばらしいことか。このような菩薩の大集会は未だかつて開かれたことがない」と言った。衆生の能力、性質、考え方がすべて異るので、仏は衆生を教化するために、さまざまな身、さまざまな名をもち、さまざまな衆生を救っているのであるという。

そこで、仏の名号もまたいろいろとあることになる。たとえば仏のことを悉達《しった》、満月、師子吼《ししく》、釈迦牟尼《むに》、神仙、盧舎那《るしやな》、瞿曇《くどん》、大沙門、最勝、能度などと、いろいろと呼び名が異る。仏の名号は一万にもおよぶ。この世界だけでも仏の名号は一万もある。さらに他の世界においても仏の名号は一万もある。その世界とは善護国、難養国《なんよう》、仏慧国、師子言国、安寧国、喜楽国《きぎよう》、堅固国、須菩提国《しゆぼだい》、炎道国、持地国などであり、この娑婆世界には無数の国があり、その国々によって仏のことを呼ぶ名が無数に存在するという。娑婆世界の東、西、南、北にもそれぞれ無数の世界があり、それらの世界での仏の名号も数えることができないほど多い。

それでは、どうして国や場所が異なると仏のみ名も異るのであろうか。「如来名号品」の最後はつぎの言葉で結ばれている。

皆是《みなこれ》如来の菩薩為《た》りし時、因縁を有《ゆう》する者は此を度せんが為の故に、種々の方便、口業《くごう》の音声、行業の果報、法門の権道《ごんどう》、諸根の楽《ねが》う所をもって、諸《もろもろ》の衆生をして如来の法を知らしめたもうなり。

仏がまだ修行中の菩薩であったとき、衆生済度の因縁によって、さまざまな人々を救うために、種々の方便を用いたり、さまざまな説法をしたり、姿をかえたり、教えをわかりやすくしたり、衆生の能力に応じて、仏の教えを知らせようとしたために、仏の名にさまざまな名前がつけられて呼ばれたのである。

## 無量の真実——四諦品

「名号品」では仏のみ名が無数にあることが説かれたが、つぎの「四諦品」では四諦の名がそれぞれの世界において不同であることを明らかにする。前の品《ほん》（章）では教えを説く人の名字の不同が説かれたのに対し、この品では説かれる真理の不同が明らかにされる。

仏陀が悟りを開かれ、最初に説いたのが四諦八正道の教えであるといわれる。四諦とは四聖諦ともいわれ、四つの聖なる真理という意味である。諦とは真理とか真実という意味である。四諦とは㈠苦諦、㈡集諦、㈢滅諦、㈣道諦をいう。㈠苦諦とは人生は苦であるという真理、㈡集諦とは苦の原因は無明にあるという真理、㈢滅諦とは煩悩を消滅させた理想の境地をあらわし、㈣道諦とは滅諦という理想境に到達するためには、いかなる方法によって修行したらよいか、ということを明らかにしたものである。苦諦は苦しみにみちた現実の人生、集諦は迷いの姿の根拠をあらわすものであるから、苦諦と集諦は凡夫の流転《るてん》の姿、迷いの実相を説いたものである。これに対して、理想境、悟りの世界にいたる手段方法を説いたのが、滅諦と道諦とであり、それは悟りの姿を説明したものである。

この四諦に無数の名があることを説いたのが「四諦品」であり、その説法者は文殊菩薩である。

まずこの娑婆世界では苦諦のことを害、逼迫《ひっぱく》、変異《へんい》、境界、聚《じゅ》、刺、依根、不実、癰《ゆ》、童蒙《どうもう》行という。このなかで変異というのは、自分が愛着しているもの、執着しているものが変化し破滅してゆくことをいう。

聚というのは生老病死などの四苦八苦が聚集しているから聚と呼ぶ。依根というのは苦に依って一切の悪が生じることで、根は苦ということである。あるいは六根などの感覚器官に依って苦が生じると理解してもよいであろう。癰というのは悪性のはれものであって、これができると人は苦しむので苦諦をあらわすことになる。最後の童蒙行とは子供のような無知な行いのことで、これもまた苦を生じさせるものである。そのほかの苦諦の呼び名は字を見ればおのずとわかると思う。

娑婆世界の娑婆《しゃば》とは、梵語 sahā の音写語で堪《た》え忍ぶという意味で、忍土、堪忍《かんにん》土などと訳される言葉である。この現実世界のことで、この世に生きるわれわれは、さまざまな苦しみを堪え忍ばなければならない。そこで娑婆と呼ばれる。苦諦をあらわす十種の字は、よく忍土の苦しみをあらわしている。先に述べた求那跋陀羅もインドからはるばる広州へ来て、さらに建康や荊州に流浪の旅をつづけていたので、この世が堪忍土であることを身をもって体験していたにちがいない。

つぎの集諦は、火、能壊《のうえ》、受義、覚、方便、決定、網、念、順衆生、顚倒根《てんどうこん》と呼ばれた。いずれも苦しみの原因をあらわす言葉である。さらに滅諦は無障礙《むしょうげ》、離垢浄《りくじょう》、寂静《じゃくじょう》、無相、不死、無所有、因縁断、滅、真実、自然住と呼ばれた。すべて悟りの境地と煩悩の消滅をあらわす言葉が並んでいる。つづいて道諦の別名としては、一乗、趣寂静、引導、究極希望、常不離、能捨担、至非趣、聖人随行、仙人行、十蔵という異った名字がある。これらの十種の字は、悟りにいたる方法をあらわしたものである。能捨担というのは、よく担を捨てるということ、担とは、になうこと、かつぐことである。忍土に生きるわれわれは肩にいつおろせるかわからない荷物をかついで、死ぬまで生きなければならない。有名な徳川家康の「遺訓」にも、

人の一生は、重荷を負て、遠き道をゆくが如し。いそぐべからず。

とあるではないか。背負っているものを捨てること、すなわち能捨担ということも道諦をあらわす言葉なのである。最後の十蔵というのは、『華厳経』の「菩薩十無尽蔵品」に説かれる十種の蔵のことであり、それは後に説明することにする。

この娑婆世界には四諦の名称が四十億百千那由他《なゆた》あるというから、無数にあることになる。仏のみ名も無数、真理もまた無数ありと見る『華厳経』の教えはあまりにも雄渾であり、広大である。何故このように無数の真理を説くのか。それは人生には無数の真実があるということである。苦しいことも真実、心が平安になることも真実、何か幸せを求めて努力しようとすることも真実、生きることすべて一切真実ならざるはないではないか。

このように無数の真実が説かれていれば、苦しいときは苦しみもまた真実と受けとることができよう。そうすれば、われわれの不特定、多数のさまざまなニーズに答えてくれるはずである。体と言葉と心を調和させ、悪行を除いてくれるはずである。

「四諦品」に説かれるさまざまな真実の言葉は、人生行路そのものをあらわしていると考えてよい。この無数に説かれた一言の真実にあって、心安らかになり、心豊かになることもできるし、また忍土のなかで苦しみに耐えることもできるはずである。

娑婆世界のなかで、たくさんの四諦の名称が説かれたのと同じように、東方にある密訓《みっくん》世界においても、さらに南方の最勇世界においても、さらに西方の離苦世界や、北方の真実境世界など無数の世界においても無量の四諦の名称が説かれている。

## 光明無量――如来光明覚品

如来の名号と四諦の名称が無量であることを説いた経は、さらに如来の光明が無量であることを説く。それが「如来光明覚品」である。

そのとき、世尊は両足の千輻輪相《せんぷくりんそう》より無量の光明を放って、三千大千世界のあらゆるものを照しだした。仏は師子座に登り、無数の聖者に囲繞《いにょう》されていた。仏の威神力によって、十方におのおの一人の大菩薩があって、無数の菩薩たちを従えて仏のみ許《もと》に詣でた。その大菩薩とは文殊師利、覚首、財首、宝首、徳首、目首、精進首、法首、智首、賢首などの諸菩薩であり、金色、宝色世界などのさまざまな国から集まってきた。

そのとき、文殊菩薩が仏徳を讃歎して頌文を称《とな》えた。文殊菩薩の頌文が終ると、世尊の光明は、さらに十方の国土を遍《あまね》く照し、その光明に照し出された、ありとあらゆるところの文殊菩薩は、さらにまた頌文をもって仏徳を讃える。これを何度も何度もくりかえしながら、世尊の光明は無限大の世界を照しつくす。その讃仏の歌の一つに、

愛と諸《もろもろ》の煩悩《ぼんのう》とを離れ、長流《ちょうる》永く転《てん》ぜず、正覚《しょうかく》して諸法を解《さと》り、無量の衆生を度《ど》したもう。

というのがある。仏は愛着と煩悩を棄てさって、生死に流転《るてん》することなく、真実を悟り、無量の衆生を救いたもうという。また、

相好《そうごう》を以て如来と為《な》すに非ず。無相離相なる寂滅の法なり。一切具足せる妙境界は、その所応に随《したが》いて
悉《ことごと》く能《よ》く現じたもう。

という讃仏の頌もある。顔や形を仏というのではない。ほんとうの仏は姿や相《かたち》ではなく、寂滅したものである。しかも無相の仏であるからこそ、ありとあらゆるものを具足することができる。そして衆生の願いや求

めに応じて、どんな姿にもその身を現わすことができる。

仏は何故、応現しなければならないのか。それは衆生が苦海に堕《お》ちているからである。

彼の苦の衆生は、孤煢《こけい》にして救護《ぐご》なく、永く諸の悪趣《あくしゅ》に淪《しず》み、三毒恒《つね》に熾《さか》んに燃《も》え、間《ひま》無く救う処も無く、昼夜常に火の焚《も》ゆるを見て、誓《ちか》って斯等《これら》の苦を度したもう。是則《これすなわ》ち仏の境界なり。

忍土で苦しむ衆生は、まったく頼るものもなく、一人ぼっちで生きなければならない。しかも救ってくれたり保護してくれたりする人は誰もいない。たった一人で地獄や餓鬼の世界に堕ちて苦しまなければならない。さらに貪《むさぼ》り、瞋《いか》り、おろかさという三毒が心のなかで燃えさかっている。衆生は救われずに昼夜、火に焼かれて苦しんでいる。この衆生の苦しみを見て、救おうとするのが仏の境界なのである。

慧者《えしゃ》は斯《こ》の苦を見て、之《これ》が為《ため》に法橋を設《もう》け、大悲をもって法を演説したもう。是《これ》則ち仏の境界なり。

と説かれるように、仏は衆生の苦しみを見て、法橋、すなわち彼岸に渡す教えの橋をかけて、大悲心をもって教えを説きたもうのである。

それではわれわれは、どのようにして悟りの世界に向ったらよいのか。

始めて仏を供養《くよう》したてまつりてより、楽《ねが》って忍辱《にんにく》の法を行じ、能《よ》く深き禅定《ぜんじょう》に入り、真実の義を観察し、悉《ことごと》く一切の衆をして歓喜して如来に向わしむ。菩薩是の法を行ぜば、速《すみや》かに無上道に逮《いた》らん。

この頌文のように実践すれば最高の悟りにいたることができる。まず仏を供養しなければならぬ。『華厳経』を講義した求那跋陀羅は「常に香爐《こうろ》を執持し、未だ嘗《か》って手を輟《や》めず」(『高僧伝』巻三)といわれたように、たえず香爐をもち、香をたいて仏を供養していたのであった。つぎには「楽《ねが》って忍辱の法を行じ」というのであるから、忍辱行を修したのも求那跋陀羅であった。セイロン島から中国の広州に出発した航海のなかでも、途中で海風が止み、船に積んだ飲料水もなくなり、どうしてよいかわからなくなった。船員も客も、このまま大海の上で死ぬのを待つしかなかった。そのとき跋陀羅は「心を同くし、力をあわせて十方の仏を念じ、観世音を称《とな》うべし」と皆を励ました。観世音のみ名を称えると、にわかに風が吹き出し、密雲が湧きおこり、雨を降らせてくれた。まさしく九死に一生を得たのである。中国に着いてからの難行もまた筆舌に尽しがたいものがあった。忍辱行に徹しなければ翻訳事業を完遂することはできないはずである。

さらに深く禅定に入り、真実の義を観察することは当然であった。しばしば求那跋陀羅が神通力を発揮することができたのも禅定によって修錬されていたからである。深い禅定は気を統一し、気を外に放射できるようになる。彼が現わした超能力はその結果であった。

文殊菩薩は如来の無量の光明を讃歎して、この「如来光明覚品」は終る。「如来名号品」「四諦品」「光明覚品」によって、仏の名称、仏の説いた真実、仏の光明が無辺であり無量であることがわかった。まさしく仏の身、口、意業が無量であることを知ったのである。仏も無量、真実も無量、光明も無量の法界こそ、『華厳経』に説かれる世界にほかならない。

# 無礙の境界――菩薩明難品

## 無礙のお面――新羅の元暁

韓国の慶尚北道の観光地である古都慶州市の九黄洞に国宝の芬皇《ふんこう》寺石塔がある。芬皇寺は新羅の善徳女王三年（六三四）に創建されたといわれる名刹である。現在残っている新羅の石塔のなかでは最古のものといわれている。もともとは七層塔であったが、現在は三層だけである。第一層の四面には花崗岩で龕室をつくり、その左右には、それぞれ背の低い仁王立像一体を刻んだ花崗岩がはめられている。仁王像は護法神として彫られている。

かつて皇竜寺と並んで立派な寺刹であった芬皇寺に住して、『華厳経』の注釈を書いたのが、新羅の生んだ偉大な仏教者、元暁《がんぎょう》（六一八―六八六）であった。元暁は『華厳経』に説かれる無礙自在の思想が大好きであった。出家して戒律を守る生活も、俗服を着て在家の生活をするのもまったく自由であった。瑤石宮に住んでいたやもめの王女と通じて薛聡《へきそう》という子供を生んでから、みずから自分は僧ではなく居士であると称したのである。

あるとき元暁は芝居の役者とつきあった。役者は芝居に使う大きな瓢《ふくべ》のお面をもっていた。そのお面の形は大変に奇怪であった。元暁はこのお面の形と同じようなお面をつくった。そのお面は「無礙《むげ》」と名づけられた。このふくべのお面をかぶって踊りながら歌った。その歌はどんどんと弘まった。元暁はこのお面をかぶって多くの村々を歌いながら踊り仏教を弘めた。そのため無学な田舎の人たちも、皆仏の名を知るようになり、「南無阿弥陀仏」を称えるようになったという。

このお面を「無礙」と名づけたのは『華厳経』の経文によったのである。これからその内容を述べる『華厳経』の「菩薩明難品」に、賢首菩薩の言葉として、

文殊よ、法は常爾《じょうに》にして、法王は唯《ただ》一法なり。一切無礙の人は、一道《いちどう》より生死を出でたもう。

というのがある。無礙の人は一法（＝一道）によって、生死を出でて自在無礙に生きるのである。生死は束縛であり、無礙の人は一切のありとあらゆる束縛にとらわれることがない。無礙に生きることが悟りなのである。そこでそのお面を無礙と呼び、そのお面をかぶって、束縛やこだわりを離れた念仏踊りにうち興じたのである。元暁こそ「菩薩明難品」が説きあかした無礙の人なのであった。

**髑髏の水——唯心の道理**

文殊菩薩によって讃歎された如来の光明は、やがて衆生の浄信を発起せずにはおかない。その浄信を開覚させるためには、能信の智慧が明らかにされなければならない。それを説いたのが「菩薩明難品」である。「明難品」も「浄行品」も「賢首品」も、この三品は信を明らかにするものであるが、「明難品」は信のなかの解、「浄行品」は信のなかの行、「賢首品」は信のなかの徳を明らかにするものといわれている（『探玄記』巻四）。

「明難品」という品題の「難」とは経中に説かれる十種の甚深をいうのであり、「明」とは顕揚することであり、十種の甚深を明らかにするのが「明難品」なのである。その十種の甚深とはつぎのものである。

㈠縁起甚深　覚首菩薩説
㈡教化甚深　財首菩薩説
㈢業果甚深　宝首菩薩説
㈣説法甚深　徳首菩薩説
㈤福田甚深　目首菩薩説
㈥正教甚深　進首菩薩説
㈦正行甚深　法首菩薩説
㈧助道甚深　智首菩薩説
㈨一乗甚深　賢首菩薩説
㈩仏境界甚深　文殊菩薩説

この十種甚深を明らかにすることが、「明難品」の課題なのである。

まず第一には縁起甚深が説かれる。「心性が一つであるのに、どうして種々の果報が生じるのか」という問いに対して、覚首菩薩は如実の性を説いた。

たとえば駛水《しすい》の流は、流れ流れて絶え已《や》むこと無けれども二倶《とも》に相知《あいし》らざるが如く、諸法も亦是《またかく》の如し。

水の速い流れは、流れ流れて止まることがないが、前の流れと後の流れとは互いにあい知らざるようなものである。水は一瞬も停滞することなく流れているが、一瞬、一瞬それは生滅をくりかえしているものにすぎない。水の流れとは、華厳学的に解釈すると「相由《そうゆう》」のゆえに流れるといわれる。後の水がおすから前の水は流れることができる。あるいは前の水が引くから後の水が流れることができる。前の水と後の水とが互いに相《あ》い由《よ》ることから相由というのである。また水は風に依って流れることができるし、また風によって浪をおこすことができる。さらに地面の高低によって水は流れるものである。この水の流れはあたかも人間の心の動き、心の移りかわりとまったく同じように、流れ流れていくものなのである。

第二の教化甚深では、如来はどのようにして衆生を教化していくかという文殊菩薩の問いに対して、財首菩薩が答えていく。

一切世間の法は、唯心《ゆいしん》を以て主と為す。楽《ぎょう》に随《したが》いて相を取《しゅ》する者は、皆悉く是顚倒《これてんどう》なり。

一切のものは自心の変異の所作であるから、心をもってその根本とする。しかし凡夫は唯心の道理がわからないので、欲楽《よくぎょう》などの念をおこして、ものの姿に執着するのであるが、それはすべて顚倒であり、実際にはすべては空《くう》であって、所有なきものであることがわかる。

「一切世間の法は、唯心を以て主と為す」という「菩薩明難品」の言葉を新羅の元暁はよく知っていたにちがいない。元暁は義湘とともに唐へ遊学の途についたのであったが、途中でその志《こころざし》をひるがえして入唐を放棄した。このときの事情はつぎのような説話として伝えられている。

二人は入唐求法の旅にでたが、ある夜、塚のあいだで野宿したとき、渇きをおぼえて水を飲んだが、翌朝それを見ると髑髏《どくろ》のなかに入っていた水であったことがわかり、急にはき気をもよおしたという。そこで元暁は一切のものが唯心の所造であることを悟り、夜、何とも思わなければ飲めた水も、一度髑髏《どくろ》の水とわかると、これを飲むことができないのは、一切のものが心によって生ずるためである、ということを悟ったという。

元暁はこのとき、「菩薩明難品」の「一切世間の法は、唯心を以て主と為す」という経文を思わず称えたにちがいない。唯心所造の道理を悟った元暁は、国内にとどまって、唯心の立場から一切の経論を研究し、ついに中国の仏教学者にも負けない偉大な仏教学者、独創的な思想家になったのである。

## 無量の説法

つぎは第三の業果《ごうか》甚深が説かれる。宝首菩薩の答えのなかにつぎの言葉が見える。

　大地獄の中の、衆生苦悩を受くるも、苦悩来る処無きが如く、業性《ごっしょう》も亦是《またかく》の如し。

自己の罪業の報いとして生じるもっとも恐ろしい世界が地獄である。八大地獄、八寒地獄、孤独地獄などがある。地獄は閻魔《えんま》大王の支配するところで、その配下の冥《みょう》官や獄卒《ごくそつ》が地獄に堕《お》ちた人々に拷問を加えてさまざまな苦しみを与える。『地獄草紙』などの絵巻物を見ると、この状況がリアルに描かれている。

大地獄に堕ちた衆生が苦悩を受けるが、その苦悩は外から来たのではない。自分自身のなかからつくったものである。自分の犯した罪業の報いとして生じたものである。業もそれ自体の自性はないが、必ず果報は存在する。果報はみずからが招いたものなのである。

つぎは第四の説法甚深が説かれる。仏は一法を悟るだけであるのに、どうして無量の教えを説き、無量の音声《おんじょう》をだして教化することができるのか、という文殊菩薩の質問に対して徳首菩薩が偈文をもって答える。

　猶《なお》大地は一なれども、能《よ》く種類の芽《め》を生じ、地性に別異無きが如く、諸仏の法も是の如し。

大地は一つであるが、その大地からありとあらゆる植物の芽が生じる。植物の芽は多種多様であるが、その芽をはぐくみ育てる大地は一つであり、土地の性質は異るものではない。諸仏の教えもこの通りであり、教えは大地、それを説く説法は無量である。教えは体、説法は用《ゆう》であり、体は一つであっても用き《はたら》は無数なのである。その体である教法をしっかりと体得し理解していなければ、無量の説法が生まれるはずはない。教えを聞く衆生の能力はそれぞれ異っている。勝れた人もいれば劣った人もいる。そのために種々の教えを相手の能力に応じて説かなければならない。『無量義経』には、

諸の衆生の性欲《しょうよく》不同なることを知れり。性欲不同なれば種々に法を説きたまえり。種々に法を説くこと大便力を以てす。四十余年には未だ真実を顕《あら》わさず。

とある。衆生の性質、欲望は皆異っている。その異った能力の衆生に教えを説くのであるから、さまざまな対機説法が生まれる。説法はまさしく方便力なのである。

元暁はお面をかぶり念仏踊りをして教えを弘めると同時に、多くの難解な仏教書を書いた。能力のある者には『二障義』とか『金剛三昧経論』などの難しい思想を説くと同時に、無学な民衆には「南無阿弥陀仏」を称えるように勧めたのである。まさしく説法無量に生きたのであった。

### 怨親平等の大悲

つぎは第五福田甚深が説かれる。仏の福田は一つであるのに布施の果報が異るのはどうしてか、というのが目首菩薩の問いである。目首菩薩は法を見ることきわめて明白であるので目首と名づけられた。福田とは幸福を生みだす田のことで、布施や供養などの種をまけば、必ず幸福として実を結ぶことを田地にたとえたのである。

譬えば浄満月の、普《あまね》く四天下《てんげ》を照すが如く、諸仏の聖福田も、平等《びょうどう》にして偏党《へんとう》なし。

満月が皎々とあらゆる世界を照しだすように、仏の福田は一切の衆生に対して差別なく平等であり、かたよることがまったくないというのである。「如来は平等にして怨親《おんしん》有ることなし」という経文が見えるが、これは怨親平等をいったものである。怨は自分を害する者であり、親は自分を愛してくれる者である。自分に害を加える敵も憎むべきではなく、自分を愛してくれる味方にも執着してはならず、敵も味方も平等に慈悲の気持をもって接することが怨親平等であり、それは仏の大慈悲をいうのである。昔、日本では戦争による敵味方一切の犠牲者を供養する碑を建てることがあったが、これは怨親平等の思想によったものである。この「菩薩明難品」にもこの思想が説かれているのである。

つぎには第六正教甚深が説かれる。如来の教法によって衆生が煩悩を断ずることを進首菩薩が説く。

若し無量なる諸《もろもろ》の過悪を、除滅せんことを求めんと欲せば、応当《まさ》に一切時に、勇猛《みょう》に大精進すべし。

煩悩を断じようとすれば勇猛に精進せよ、とある。しかも時々精進するのではなく、一切時に、いつでも精進せよというのである。

譬えば人の火を鑽《き》るに、未だ出でざるに数《しばしば》休息せば、火勢随《したが》って止滅するが如く、懈怠《けたい》の者も亦然《またしか》なり。

と説かれる。昔は木をこすりあわせて火をおこしたが、まだ煙が出ないうちに、しばしば休めば火のでる勢いはそがれて、火はけっして生じることがないことをいったのである。怠惰な者は火をおこすことができない。『長阿含経』に、

今、勉力せずして、後《のち》悔ゆるも益なし。（巻十、三聚経）

という言葉が見える通り、今、精進努力せず怠惰に過して、将来後悔しても何にもならないというのである。煩悩を断ずるためには大精進こそがもっとも大切であるというのである。煩悩を断ずるだけではなく、どんなことをするにしても精進力がなければ達成できるものではない。同じく『長阿含経』には、

若《も》しくは寒暑を計《け》せず、朝夕に勤修務《ごんしゅうつと》めば、事業は成ぜざるなく、終り至りて憂患《うげん》なし。（巻十一、善生経）

ともいう。寒暑にかかわらず、朝夕仕事に勤めれば、どんな事業も必ず達成することができ、最後には、何らの憂いや悩みもなくなるという。精進することの大切さを教えてくれる。

## 行の大切さ

つぎは第七正行甚深が法首菩薩によって説かれる。正法を聞くだけで実行しなければ煩悩を断ずることができないという。多聞《たもん》だけでは如来の教えに入ることはできない。

譬《たと》えば人の水に漂《ただよ》わされ、溺れんことを懼《おそ》れて而《しか》も渇《かつ》して死するが如く、説《せつ》の如く行ずること能《あた》わざる、多聞も亦是の如し。

水中に漂流したものが、溺れることを怖れて水を飲まず渇して死ぬように、教えの通りに実行しなければ、けっして救われはしない。ただ教えを聞くだけではだめである。如説修行ということが大切なのである。日蓮上人は知識だけの仏教では真の信仰は得られないと説く。

世間の学者、仏法を学問して智慧を明めて我も我もとおもひぬ。一生のうちにむなしくなりて、ゆめのごとくに申しつれども、唯一大事を知らず。よくよく心得させ給ふべし。（『さだしげ殿御返事』）

頭だけで仏法を理解してわかったように錯覚し、一生を夢のように過してしまっては、ほんとうの一大事の法門を知らないことになる。仏教は単なる知識であったならば、それは信仰や安心にはならない。有名な日蓮上人のお言葉に、

行学の二道をはげみ候べし。行学たへなば仏法はあるべからず。(『諸法実相鈔』)

というのがある。「行学たへなば仏法はあるべからず」というお言葉には千鈞の重みがある。行がなければ仏法は滅びるのである。法首菩薩も多聞だけではだめであると説く。

さらに、

譬《たと》えば貧窮《ひんぐ》の人、日夜に他の宝を数え、自ら半銭の分なきが如く、多聞も亦是の如し。

とも説く。貧乏人が他人の宝を数えているが、自分にはほとんど半銭もないように、多聞の人は貧乏人と同じく、仏法の宝を数えるだけで、自分の身にはまったく仏法がわかっていないようなものである。

譬えば良医ありて、具《つぶ》さに諸《もろもろ》の方薬《ほうやく》を知るも、自ら疾《や》みて救うこと能《あた》わざるが如く、多聞も亦是の如し。

名医がいろいろな薬の知識を十分にもっていても、自分が病気になってしまえば、自分の病《やまい》を救えないのと同じであると説く。薬の知識だけではみずからの命は救えない。多聞というのは薬の知識があるだけで、自分自身を救うことはできないことである。

## 仏の境界とは

つぎには第八助道甚深を智首菩薩が説く。仏が衆生のために六波羅蜜《はらみつ》や慈悲喜捨《じひきしゃ》の四無量心《むりょう》を説くのはど

ういうわけかということを説明する。衆生の能力に適した教えを説かねばならないという。たとえば、

慳《けん》者には布施を讃《ほ》め、禁《ごん》を毀《やぶ》るものには持戒を讃め、瞋恚《しんい》のものには忍辱《にんにく》を讃め、懈怠《けたい》のものには精進を讃め、乱意のものには禅定《ぜんじょう》を讃め、愚痴《ぐち》のものには智慧を讃め、不仁《ふじん》のものには慈愍《じみん》を讃め、怒害《ぬがい》のものには大悲を讃めたもう。

という。もの惜しみする人、けちな人には布施することの大切さを説き、戒律を破るものには持戒の大切さを教え、すぐに怒る人には忍辱《にんにく》をすすめ、怠惰なものには精進を教え、心が乱れる人には心を集中する禅定をすすめ、愚かなものには智慧を説くのである。さらに慈愛の心に欠けた人には悲しみ、愍れみの心を教え、人を害するものには大悲を、憂いに沈むものには喜びを、愛憎の念に強いものには怨親平等を教えることが大切なのである。六波羅蜜や四無量心を説くのは、さまざまな衆生の欠点を一つずつ正しく導くためである。

つぎに第九一乗甚深を賢首菩薩が説明する。六波羅蜜や四無量心が大切であると説いたあとで、ただ一法のみの重要性を明らかにする。元暁が経文を引用した「一切無礙の人は、一道より生死を出でたもう」という一文は、この賢首菩薩が説いた最初の偈文である。「法王は唯一法なり」ということを明らかにするのが一乗甚深なのである。

一切諸仏の身は、唯是《ただこれ》一の法身にして、一の心《しん》、一の智慧、力無畏《りきむい》も亦然なり。

諸仏の身は、一つの法身、一つの心、一つの智慧であり、根本においては一法なのである。衆生の能力、修行によってさまざまな仏国土の現象を見たりする。あるものは仏の寿命を、あるものは光明を、あるものは神通力を、あるものは衆会を見たりするが、それらの根本にあるものは一つの法身であり、一法なのである。元暁が『華厳経』のこの経文に着眼したのは大した力量である。

最後は第十仏境界甚深である。仏の境界とは何かということを文殊菩薩が説く。

如来の深き境界は、其の量虚空《こくう》に斉《ひと》しく、一切の衆生入るも、真実に所入無し。

仏の境界は虚空と同じである。そのなかに衆生が入っても、入った跡もない。鳥飛んで跡をのこさずというのが虚空である。それとまったく同じなのが仏の境界なのである。仏の境界はただ仏のみが説くことができる。そこで、

如来の境界の因は、唯仏のみ能《よ》く分別したもう。自余は無量劫に演説すとも尽すべからず。

となる。仏の境界は仏のみ説けるものであって、その他のものが無限の時間にわたって説いても、説き尽すことができない。仏の境界を衆生は説きあかすことができないが、仏は衆生のなかに入りこみ、さまざまな説法をする。

衆生に随順《ずいじゅん》するが故に、普《あま》ねく諸の世界に入るも、智慧常に寂然《じゃくねん》として、世の所見に同じからず。

仏は衆生を救うために衆生の能力に応じて説法する。どんな世界にも仏は入ることができる。地獄でも畜生道にでも仏は入ることができる。どんな世界に入りこんでも、仏の智慧は寂然としてけがれることなく、世間のそれとはまったく異っている。どんなに汚濁の真只中に入っても、少しもけがれることがないのである。

仏の境界はただ清浄無垢であり、どんなにけがされても垢がつくことはない。仏の境界とはどこまでも深く、どこまでも広く、どこまでも浄らかなのである。元暁はこの仏の境界を説いた『華厳経』に限りなく親しみを覚え、念仏踊りのお面を「無礙」と名づけ、みずからも無礙自在に生きた。それは仏の境界を悟り、仏の境界に生き、一切の衆生を救うという悲願に生きたからである。

# 生活のなかの仏教——浄行品

## 浄行品の実践者——道璿

奈良県吉野郡大淀町に比蘇寺《ひそでら》（吉野寺）という寺院があった。この寺は奈良時代、神叡《しんえい》、護命《ごみょう》などが虚空《こくう》蔵《ぞう》菩薩の真言を百万遍称える求聞持法《ぐもんじほう》を修したところで、自然《じねん》智宗の寺として有名であった。比蘇寺の本尊の観音菩薩は、欽明天皇一四年（五五三）に河内《かわち》国茅渟《ちぬ》海から得たところの樟木《くすのき》でつくったものといわれ、ときどき、光を放ったので現光寺とも呼ばれていた。その創建は不明であるが、このような伝説が伝わっているので大変に古い寺であったことがわかる。

天平宝字四年（七六〇）四月七日の夜、一人の信者が不思議な夢を見た。それは唐から日本に戒律や華厳の教えを伝えに来た道璿《どうせん》（七〇二—七六〇）が、六牙の白象の上に乗って、白衣を着て東に向ってたち去ってゆく夢であった。その翌日、道璿は遷化した。道璿は晩年、この比蘇寺に隠棲して「発願文」を草し、礼懺を修していたのであった。

道璿は洛陽の大福先寺の定賓《じょうひん》律師に師事して律を学んだ。さらに洛陽の南にある嵩《すう》山で普寂に参禅した。普寂は北宗禅の法系を継いだ大禅師であった。この人からは華厳も学んだ。もともと神秀にはじまる北宗禅は別の名前は華厳禅といわれており、『華厳経』と深い因縁があった。嵩山を下った道璿はふたたび東都の大福先寺へ帰って来て、大衆に禅と華厳の講義をしていた。洛陽には少し前には則天武后の離宮もあった。武后は実叉難陀《じっしゃなんだ》の訳した八十『華厳経』に序文を書いたり、華厳宗の大成者、法蔵に命じて法門寺の仏舎利を洛陽の離宮にまで奉迎させ、舎利を供養したりした女の天子である。

洛陽には有名な竜門石窟がある。日本の奈良の大仏の原型とも思われる竜門の奉先寺大仏は、『華厳経』の教主である毘盧舎那《びるしゃな》仏である。その竜門の大仏をつくるとき、則天武后は自分の化粧料のなかから出費して大仏造営の資金の一部にしたのである。

武后はまた文殊菩薩の聖地である五台山の中台に供養の鉄塔を建てたりした。五台山は『華厳経』に説かれる清涼山《しょうりょうざん》であり、『華厳経』と深い因縁のある山なのである。武后もまた『華厳経』と密接な関係をもった天子であった。洛陽で生活していた道璿もまた『華厳経』と深いかかわりをもったのである。道璿は伊河のほとりの竜門石窟を何度も訪ね、奉先寺の大仏を拝したものと思われる。

道璿が戒律と華厳に秀でていることは人々に知られるようになっていた。たまたま日本から普照と栄睿の二人が、その風聞を聞きつけて大福先寺にやって来た。道璿に戒律を日本に伝えに来日してくださいと頼むためであった。やがて道璿は日本に渡ることを決意した。

唐の開元二三年（七三五）十月、道璿は唐の都へやって来ていたインド僧、菩提仙那《ぼだいせんな》と仏哲とともに日本に向って出発した。日本の天平八年（七三六）五月、筑紫の太宰府に着き、八月には摂州の難波津に到着した。大仏建立の立役者、行基は百人の僧をつれて一行を歓迎した。

インド僧菩提仙那は『華厳経』を諷誦した高僧で、東大寺の大仏の開眼供養の法要のときには、導師の役目を果たした人であった。道璿はまた唐の法蔵が書いた華厳学の綱要書である『華厳五教章』をはじめて日本に伝えたのである。

道璿は日本人に律学を教えるため大安寺の西唐院に住し、伝戒師となった。どんなに人々に教えを説いても倦むことがなかった。「聖となる所以は、必ず持戒に依る」というのが道璿の信念であった。『梵網経行事鈔』を講じたり、『梵網経』を注釈したりした。『梵網経』は大乗戒を説く根本の経典として重んぜられていたのである。周囲の人々にはこの経を諷誦することを勧めた。

道璿の日常の生活や動作はすべて『華厳経』の「浄行品」を修することで貫かれていた。学人にはいつもつぎのように言っていた。

汝等、説の如く修行せよ。経に云う、若し人此に依りて行ぜば一切の諸天、魔、梵、竜神、八部、声聞《しょうもん》、独覚《どっかく》の動かすこと能わざる所なり。(『本朝高僧伝』巻二、道璿伝)

ここに引用されている経文は『華厳経』「浄行品」の巻末の文なのである。その経文は「仏子よ、是を菩薩の身口意《しんくい》の業《ごう》と為す。能《よ》く一切の勝妙なる功徳を得ば、諸天、魔、梵、沙門、婆羅《ばら》門、人、及び非人、声聞、縁覚の動かすこと能わざる所なり」というものであり、「浄行品」の結びの文なのである。「浄行品」の実践者こそ道璿であった。

**恋慕の心なし**

「浄行品」のなかには後世の仏教徒が必ず称《とな》える「三帰礼文」がある。「浄行品」こそ、仏教徒が清浄な生活や修行をするのに必要な実践徳目の宝庫である。

唐の総章元年（六六八）のことであった。西域より長安へ一人のインド僧がやって来た。その僧は経律論の三蔵に通じていた。高宗も敬い師事した。まだ出家していなかった華厳の法蔵は、このインド僧を頂礼して菩薩戒を授けてくれるようにお願いした。大衆は梵僧に「この青年は、華厳大経を読誦することができるし、またその意味もよくわかっているものです」と言った。すると梵僧は驚歎して「華厳一乗は諸仏の秘蔵であり、このお経に遭遇することは難しいことです。さらにお経の意味を理解できるとは驚くべきことです。もし『浄行品』の一品だけでも誦することができるならば、その人は菩薩の浄戒を具足した人であって、さらに別の菩薩戒を受ける必要はありません」と答えた。（『大方広仏華厳経感応伝』）

まさしくこの梵僧の三蔵法師の言うように「浄行品」を身につければ、菩薩戒を実践したことになるのであり、「浄行品」こそ大乗の菩薩戒を示すものなのである。

「浄行品」では、まず智首菩薩が身口意の三業を純化し、清浄にする方法を問うのであるが、それに対して文殊菩薩が百四十の願行を説くのである。煩悩によごれた日常生活の行為を清浄な行為に転じさせることを説くのである。まずその最初の願行は、菩薩の在家のときの願いを明らかにする。

仏薩家に在らば、当《まさ》に願うべし、衆生、家難を捨離《しゃり》して空法《くうほう》の中に入らんと。

父母に孝事せば、当に願うべし、衆生、一切を護養して、永く大安を得んと。

妻子集会せば、当に願うべし、衆生、愛の獄を出でて、恋慕《れんぼ》の心無からんと。

家庭は仕事の疲れをいやしてくれる安楽の場であるかもしれないが、またさまざまな苦しみをもたらす場でもある。家庭や家族にまつわるさまざまな苦難やわずらわしさを切り捨てて、空《くう》法のなかに入ることがまず大切なのである。捨離するためには出家しなければならない。日本の現在の寺院の生活は在家の生活とまったくかわらない。空法に入ることなど思いもよらない。それを僧も在家の人も当然だと思っているが、まず家難、わずらわしさを捨てて空法に住することが第一なのである。

妻子は愛情の対象ではあるが、同時にそれは桎梏《しっこく》ともなる。桎梏とは足かせ手かせであり、束縛して自由にさせないことである。そこで経文では愛の地獄をでて、恋慕の心を捨てよと説くのである。

宮本武蔵は「独行道」のなかで、

恋慕の道、思ひよるこころなし。

と説いた。武蔵は女性の愛を拒絶した。一切の執着を絶つことを目指した武蔵は、女性を恋する心も絶ったのである。

人間は一人で生まれて、一人で死んでいくだけである。生まれ、生き、死んでいくのに、自分に伴侶となるものはまったくない。たとえ夫婦であってもそうである。どんなに愛しあった二人でも、会うときも一人であり、別れても一人なのである。人間はいつ、いかなるときでも一人なのである。あい会うときも、別れても一人ということは、真の孤絶の風光を見た者のみが自覚することができることなのである。

## 三宝に帰依する

つぎには出家するときの願いが説かれる。

信を以て家を捨てなば、当に願うべし、衆生、世業を棄捨《きしゃ》して、心に所著無《しょじゃくな》けんと。

出家したならば、世間のなりわいを捨てることが大切である。世間のなりわいには必ず執着がともなう。その執着を絶つために世俗の一切を捨てることが必要となる。さらに、出家の法を求めば、当に願うべし、衆生、不退転《ふたいてん》を得て、心に障礙《しょうげ》無けんと。

といわれる。出家したならば、不退転の決意が必要となる。仏道を求めるために退転することがあってはならない。不退転ということは難しい。少しばかり修行しても、学問しても、すぐにもとへもどってしまうものである。

俗服を脱ぎ去らば、当に願うべし、衆生、道を解《さと》り徳を修めて、復懈怠《またけたい》無けんと。

出家したならば仏道を修め、功徳を修して怠惰に流されてはならない。仏道を修することだけに己れの全身心を挙して努めなければならない。つづいて三帰依が説かれる。

自ら仏に帰せば、当に願うべし、衆生、大道を体解《たいげ》して無上の意を発《おこ》さんと。
自ら法に帰せば、当に願うべし、衆生、深く経蔵に入りて、智慧海の如くならんと。
自ら僧に帰せば、当に願うべし、衆生、大衆を統理して、一切無礙ならんと。

これが有名な「三帰礼文」の原型である。中国の仏教徒も、韓国の仏教徒も、日本の仏教徒も、漢訳大蔵経にもとづく東アジア仏教圏に属する人々は、それぞれの国の発音で必ずこの三帰礼文を儀式のときに称えるのである。これを称えることは仏教徒である証《あか》しとなる。三帰礼文のつぎには五戒または十重禁戒および具足戒を受けたときの願いが説かれる。

つぎの六願は禅定の行を修するときの願いである。

結跏趺坐《けっかふざ》せば、当に願うべし、衆生、善根堅固にして、不動地を得んと。

結跏趺坐というのは坐禅のやり方の一つである。仏、菩薩の坐法で如来坐、菩薩坐ともいう。道元禅師は『普勧坐禅儀』のなかで、結跏趺坐は、まず右の足をもって左の髀《もも》の上に安《あん》じ、左の足を右の髀の上に安ず。

と説いている。坐禅をやったことがある人ならば半跏趺坐とともによく知っている坐法である。結跏趺坐して端坐すれば、不動地を得ることができるという。

つぎの六願は出処進退のときの願いである。足のあげおろしのとき、衣服を着るとき、帯を結ぶとき、上衣をつけるとき、大衣をつけるとき、それぞれの願いをこめて仏道にはずれないように決意することが説かれている。

## 自然の風景を見つめつつ

つぎには日常生活の場合に、どのような願いをもつか、ということが十二の願行として説かれている。

手に楊枝《ようじ》を執《と》らば、当に願うべし、衆生、心に正法を得て、自然《じねん》に清浄ならんと。

楊枝は比丘十八物《もつ》の一つで口のなかを清浄にする道具である。柳の枝でつくるもので先を細かく砕いたものである。柳の木自体に薬効があるとされ、これを用いることによって清涼感を味わうことができるといわれる。そこで楊枝を手にとれば心は自然に清浄になろうと説かれ、つぎの一条では楊枝をかめば、調伏の牙《きば》となって煩悩をかみくだくことができると説いている。

さらに、

水を以て掌《て》を盥《あら》わば、当に願うべし、衆生、上妙の手を得て、仏法を受持せんと。

と説かれる。水で手を洗えば、浄らかな手で仏法を受持しましょうというのである。生活のなかの仏教が「浄行品」のなかで説かれている。戒律を伝えた道璿が「浄行品」を称えていた理由もよくわかる。

仏道を修行することは路《みち》を渡るのと同じである。路にはさまざまな路がある。路を行くときさまざまな事物を見聞する。そのときの願行が、つぎの五十二条で説かれる。そのなかのいくつかをあげてみよう。

高きに趣《おもむ》く道を見ば、当に願うべし、衆生、無上の道に昇《のぼ》りて、三界を超出せんと。

高い路、登り路を歩くときは、無上の道を登って三界の苦しみから抜けでることを願うべきである。道路には塵《ちり》も舞いあがる。

道の塵《ちり》を揚《あ》ぐるを見ば、当に願うべし、衆生、永く塵穢《じんえ》を離れて、畢竟《ひっきょう》じて清浄ならんと。

道路のほこりを見れば、煩悩の塵《ちり》を離れて浄らかになろうとする願いをたてなければならない。道路を歩いていると、樹、林、高山、流水、池、泉水、橋梁、田園などさまざまな風景が展開する。それらの風景を見たときに願いを発しなければならないと説く。たとえば木の葉を見れば、

樹の茂れる葉を見ば、当に願うべし、衆生、道を以て自ら蔭《かげ》し、禅三昧に入らんと。

熱いインドにおいては、緑蔭は禅定を行うのに最適の場所である。木の花を見れば美しい花のように相好《そうごう》(顔かたち)を円満にせよと説く。さらに木の実を見れば、菩提樹の下で釈尊が正覚を成ぜられたことを思いおこし、無上の仏果を完成することを願うべきである。

そのほか流水を見れば、正法の流れを得て、仏智の海に入ることを願い、泉水を見れば、善根の無尽なることを知り、己れの境界を高めるように努めよと説く。山の渓流を見れば、塵やけがれを洗い、心を浄らかにするように願えという。

若し橋梁《きょうりょう》を見ば、当に願うべし、衆生、法橋を興造して、人を度して休まざらんと。

橋はあらゆる人を、こちらの岸からあちらの岸に渡すものである。橋を見たならば、法の橋をつくって、

人々を度すことを願いとせよ、というのである。

以上述べたように、道路を歩いて行くとき、見ることができるどんなものに対しても願行をおこすことの大切さを説いている。道璿もまた大和の美しい風景や、吉野川の清流を見ながら、「浄行品」のこの一節を口ずさんでいたにちがいない。あるいはときには故郷の洛陽を流れる洛河や伊河の岸辺の風景を思い浮べていたであろう。

## 人々との出会い――仏道の完成を目指して

「浄行品」は自然の風物を見て願行をたてるだけでなく、あらゆる人間を見ながら願いをもつのである。たとえば、

苦悩の人を見ば、当に願うべし、衆生、衆苦を滅除して、仏の智慧を得んと。

とある。苦悩している人を見れば、苦しみを除いて仏の智慧を得るように願わなければならない。あるいは、

疾病の人を見ば、当に願うべし、衆生、身の空寂なるを知りて衆苦を解脱せんと。


病《やまい》の人を見れば、身の空寂を知って、苦しみから解脱することを願いなさい、というのである。

人にはいろいろある。この「浄行品」に説かれる人々のなかには、美しく着飾った人、質素な身なりの人、楽しみを求める人、憂《うれ》いに沈んだ人、快楽に身をまかす人、強健な人、端正な人、醜《みにく》い人、恩に報ゆる人、恩に背く人など、ありとあらゆる人々が現われている。自分のまわりにいる人を見て、自分自身が反省し、みずからの願いをたてて、自分自身を高めていくことが大切であると説く。

そのほか沙門を見れば、煩悩を調伏しようと反省する。婆羅門を見たら、一切の悪を離れようという願い

をたてる。仙人を見れば、解脱しようとする願いをもつ。甲冑《かっちゅう》を着けた武装した軍人を見れば、自分は甲冑のかわりに法の鎧《よろい》を着て最上の法を得ようと決心する。

さらに帝王を見れば、法王となることを願い、自由無礙な法輪を転じたいと思ったり、王子を見れば、仏の子となって仏道を行じようと願うのである。

若し大臣を見れば、当に願うべし、衆生、常に正念を得て、衆善《しゅぜん》を修行せんと。ともいう。大臣を見れば、正念をもって衆善を行じることを願うのである。このようにあらゆる職業の人を見ても悲願をおこすことを説いている。その悲願はすべて仏道を成就することである。

道璿が日本に来て、天皇や王子や大臣たちとも会見したであろう。「浄行品」を絶えず誦していた道璿は、さまざまな人々に会ったとき、この経文の意味をかみしめていたであろう。ありとあらゆる有縁の人々のすべてが、仏道修行のえにしになっていたのである。

## 生活即仏法とは

つぎには村落に入って乞食《こつじき》をするときの願行が説かれる。

里に入りて食《じき》を乞わば、当に願うべし、衆生、深法界に入りて、心に障礙《しょうげ》なけんと。

乞食するときは、心に一切の思いや障《さわ》りがあってはならない。自在の境地にあって行乞しなければならない。人の家の門を入るときには、総持《そうじ》（陀羅尼、呪文）の門に入り、諸仏の教えを見ることを願うのである。また人の部屋に入るときには、一仏乗に入って三世に通達することを願うのである。

乞食しているとき、自分がもっている鉢がからっぽになっているのを見れば、煩悩がなくなり、心が清浄であることを願うのである。逆に鉢がいっぱいに満ちたときには、一切の善法を具足して成満させることを願うのである。

若し食《じき》を得たる時は、当に願うべし、衆生、法の為に供養して、志、仏道に在らんと。

食事を得たときには、法のために供養し、仏道修行の志《こころざし》を一層堅固にすることを誓わなければならない。仏教徒が食事をするときに称える五観の偈の第五は、

五つには道業を成せんが為に当に此の食《じき》を受くべし。

というのであって、食事は仏道を成ずるために頂くのであり、その思想は「浄行品」とまったく同じである。さらに、おいしいものを頂くときには、節制と少欲につとめようと願うのである。食事のときの願いだけでも懇切丁寧に説かれている。

ついで食事が終り、水浴のとき、洗浴のとき、暑いとき、寒いときにはどのような願行を立てるべきかが説かれる。つづいて経典を誦するとき、如来を見るとき、塔廟を見るとき、仏塔を拝むとき、如来を讃《たた》えるときなど、どのような願行をもつべきかが説かれている。

「浄行品」の最後は眠るとき、朝、目ざめるときの願いが説かれる。

昏夜《ゆうべ》に寝息《しんそく》せば、当に願うべし、衆生、諸行を休息し、心浄くして穢《けがれ》無けんと。

一日の仕事が終って休むときには、心を浄らかにして、けがれのない気持で就寝することを願わなければならない。そして明朝、おきるときには、十方の衆生を救う願いをもっておきなければならないという。

「浄行品」の最後は「仏子よ、是を菩薩の身口意の業と為す」ではじまる冒頭に述べた経文で終っている。日常生活のすべてにわたっての仏道修行の功徳を得たならば、悪魔も非人も、その人の道行を動かすことが

できないのである。生活即仏法ということをこれほど見事に説いたお経はない。『華厳経』の「浄行品」こそ、生活のなかの仏法を明らかにしたものであり、戒律の聖者、道璿がたえず称えていた経文なのである。

# 浄心の功徳——賢首菩薩品

## 一念の浄心——五台山華厳寺無著

山西省の五台山の東台と北台のあいだに楼観谷《ろうかんこく》という谷があった。その谷には金剛窟という洞窟があった。この金剛窟は文殊菩薩が出入するところと伝えられていた。五台山の滮《し》陽嶺《ようれい》で文殊の化身の一老人から『仏《ぶっ》頂尊勝陀羅尼《ちょうそんしょうだらに》経』をインドからもって帰るようにいわれた仏陀波利《ぶっだばり》が、そのお経をたずさえてふたたび五台山に入山し、最後に入ったのがこの金剛窟であった。またこの金剛窟のなかで文殊菩薩が『華厳経』を講じるのを聞いたのが五台山華厳寺の無著であった。

無著は終南山雲華寺において華厳宗の第四祖澄観より『華厳経』を学び、大暦二年（七六七）、五台山に入り文殊を見ようとした。彼は五台山に新緑がかおる五月、華厳寺に入った。

やがて金剛窟の前に行くと、一人の老翁に出会った。老翁は無著に「どこから来たのか」と尋ねた。無著は「ここに金剛窟があると聞いてやって来たのです」と答えた。老人の指さす方向を見ると一つの寺院が見えた。老人のあとについて行くと寺の門に来た。童子が出て来て門を開いた。なかの殿堂は皆、黄金でできていた。無著はこの寺で瑠璃《るり》の茶器で茶を御馳走になった。無著は一宿することを希望したが老人は許さず、帰ることをすすめた。御堂の前で老人はつぎのような偈文を教えた。

若し人、静坐すること一須臾《しゆゆ》ならば、恒沙《ごうしゃ》の七宝塔を造るに勝る。宝塔も畢竟《ひっきょう》、壊《こわ》れて微塵《みじん》とならん。一念の浄心のみ正覚を成ず。

わずか一瞬のあいだの静坐は、宝塔をつくるよりもまさるというのである。宝塔は必ず壊れてなくなるが、一念の清浄心こそ大切であることを無著に教えた。童子におくられて金剛窟の前に来ると、童子は先に見た寺は般若寺というのであると無著に教えてくれた。別れにあたって童子はつぎの偈文を無著に教えた。

面上に瞋《いか》ることなきは供養の具なり。口裏に瞋ることなく妙香を吐く。心裏に瞋ることなければこれ真の宝なり。染《ぜん》なく、著《じゃく》することなきはこれ真如なり。

顔と口と心に瞋りをもたないことが大切であり、真如とは染汚なく、執着のないことであるという。無著はこの童子にお礼を言って頭を下げた。頭をあげると、童子の姿も般若寺も忽然として消え失せていた。ただ荒涼とした岩山が見えるだけであった。老人に会ったところから白雲が湧きたち、谷間にいっぱいにひろがっていった。

そのときであった。文殊菩薩が大獅子にのって、たくさんの眷属を従えている姿が見えた。と思うと東から湧きおこった黒雲がその姿をかくした。無著はみずから見た不思議な現象を、ちょうど金剛窟にお拝《まい》りに来ていた汾州（山西省汾陽県）の菩薩寺の僧、修政たち六人に詳細に語ったのである。無著に出会った老人こそ文殊菩薩の化身であった（『広清涼伝』巻中）。

## 信は功徳の母

「浄行品」において清浄な行を説いた文殊菩薩は、つづいて賢首《げんじゅ》菩薩に対して浄信の功徳を説くことを願った。それを説いたのが普光法堂会の最後にある「賢首菩薩品」である。賢首菩薩がこの品を説くのでこの名がある。賢首とは「当体が至順にして調柔《ちょうにゅう》なるを賢と曰い、吉祥の勝徳が超絶することを顕《あら》わさんがために首となす」(『探玄記』巻四)といわれているが、一言でいえば智慧が賢く、その徳が勝れた菩薩なのである。

文殊の問いに応じて賢首菩薩はつぎのように答えた。

仏子よ、善《よ》く諦《あきら》かに聴《き》け、菩薩の諸《もろもろ》の功徳《くどく》は、無量にして辺《へん》有ることなし。
我当《まさ》に力に随いて、菩薩の少しの功徳を説かん。我が演暢《えんちょう》する所は、海の一微滴《みてき》の如し。

菩薩の功徳は無量無辺であるので、自分の能力に応じて、ほんの一滴を説こうというのである。

仏及び法と僧とに於て、深く清浄の信を起し、三宝を信敬するが故に、能く菩薩心を発《おこ》す。

仏法僧の三宝を信敬すること、三宝に対して清浄の心をおこすことがまず最初の発心なのである。五台山の金剛窟の文殊菩薩も無著に対して「一念の浄心のみ正覚を成ず」と説いたのであった。浄心とは清浄の信である。

そのためには自分の所有や快楽を放棄しなければならない。

五欲の楽、宝貨、諸の財利を求めず、亦《また》自ら安んずることを求めず、世の名聞《みょうもん》を悕望《けもう》せず。

五欲の快楽、宝石、財産、名誉などの一切を求めてはならず、さらにみずからの心の平安だけを求めてはならないと説く。ほとんど世俗に生きる者が実行できないことである。現世に生きる人間は、これらの欲望の対象によって苦しめられている。その衆生の苦を除く、救おうとする悲願に燃えて、菩薩は発心するというのである。到底、人間のできることではない。菩薩でなければこのような発心はできない。

深く諸仏及び正法を信じ、亦《また》菩薩の行ずる所の道を信じ、正心に仏の菩提に向うことを信ず。菩薩は是《これ》に因りて初めて発心す。

まず諸仏と正法を信じることが大切である。諸仏と正法に不信を抱く者は発心できないことになる。つぎには菩薩の行じる道を信じ、仏の菩提に向うことを信じ、それによって発心が可能となる。

つづいて有名な言葉が説かれる。

信はこれ道の元《もと》、功徳の母なり。一切の諸の善法を増長し、一切諸の疑惑を除滅して、無上道を示現し開発す。

この経文の「信は道の元、功徳の母なり」というのが有名な言葉となり、のちの仏教者が好んで引用する言葉である。

『大智度論』の「仏法の大海は信をもって能入となす」とともにあまりにも有名な言葉である。さらに信について、

信は能《よ》く諸の染著《ぜんじゃく》を捨離《しゃり》し、信は微妙《みみょう》なる甚深《じんじん》の法を解《さと》り、信は能《よ》く転《うた》た勝れたる衆善を成じ、究竟して必ず如来の処に至らん。

と説かれる。信とはまず染著を離れること、染著を捨てることである。五台山の金剛窟の童子は「染無く著無きはこれ真如なり」と無著に教えたが、染著を捨離することが、信であり、真如である。真如という超越的な実体などはどこにもない。心を澄浄ならしめることが信なのである。文殊菩薩が「一念の浄心のみ正覚

を成ず」と説いた一念の浄心が信なのである。人間を支配する超越者としての神とか、宇宙の根源にあると妄想される一心とか、真如を信仰することが信ではないのである。心を澄浄にしたならば、仏法の深い教えも理解できようし、衆善を行ずることも可能となり、如来のところに行きつくこともできるはずである。

信は永く一切の悪を除滅し、信は能く無師の宝を逮得《たいとく》す。

このような清浄な信によって一切の悪を除くことができるし、信は無師の宝をみずから体得することができるはずである。

**平等に供養する**

それではつぎに信を実現するにはどのようにしたらよいか。

若し一切の仏を信じ恭敬《くぎよう》せば、則ち浄戒を持《たも》ちて正教に順《したが》わん。若し浄戒を持ちて正教に順わば、諸仏賢聖に讃歎せられん。

大切なことは浄戒をたもち正教に随順することである。

戒は是れ無上菩提の本なり。応当《まさ》に具足して浄戒を持《たも》つべし。

戒こそ無上菩提の本であり、戒なくしては信もあり得ない。戒によって心を清浄にするということになる。

若し能く諸仏の家に生るることを得ば、則ち諸法に於て所著《しよじやく》無けん。若し諸法に於て所著なければ、則ち深心の妙清浄なることを得ん。若し深心の妙清浄なることを得ば、則ち殊勝なる無上心を得ん。

戒を守ることによって心を清浄にしたならば、諸仏の家に生まれることができる。そうなれば一切のものに対する執着がなくなる。執着がなくなれば心はまったく清浄となる。それによって無上の心を得ることができる。

無上の心を得れば、波羅蜜《はらみつ》を修することができるようになると説く。

若し無上なる殊勝の心を得ば、則ち一切の波羅蜜を修せん。若し一切の波羅蜜を修せば、則ち能く摩訶《まか》衍《えん》を具足せん。

六波羅蜜は大乗仏教の菩薩の実践徳目である。波羅蜜とは梵語パーラミターの音写語で、彼岸にいたることの意味で「度《ど》」と訳されている。そこで六波羅蜜のことを六度という。六つの徳目とは、㈠布施（与えること）、㈡持戒（戒律を守ること）、㈢忍辱《にんにく》（堪え忍ぶこと）、㈣精進（たゆまず努力すること）、㈤禅定（精神を統一すること）、㈥智慧（正しい智慧）を得ることの六つである。第一の布施には財施（物を与えること）と法施（真理を教えること）と無畏施（安心を与えること）の三つがある。

六波羅蜜の実践も大変なことである。在家の生活をしている人間にはこれを実践することは難しいので、できる範囲で行うか、解釈を現代向きにかえて行うしか手がないはずである。完全に実践できるのは菩薩しかない。

布施一つとってみても、どんな人にも平等に施したり、平等に供養することはできないことである。慈覚大師は『入唐求法巡礼行記』のなかで、

この山に入るもの自然《じねん》に平等の心を起し得。山中、斎を設くるに僧俗男女大小を論ぜず。平等に供養し、その尊卑大小を看《み》ず。

と書いているが、五台山に入るものは、どんな人でも平等の心をおこすものだという。ある日、五台山の華

厳寺で大きな斎会が開かれた。凡俗、男女、乞食、貧困者が集まってきた。何かおこぼれをもらうためであった。施主は、ここで斎会を開いたのは、山中の衆僧を供養するためであって、こんな乞食に供養するのは自分の本意ではないのだと言った。そのとき、乞食のなかに子供を孕《はら》んだ女がいた。その女乞食は、自分が飯食を受けとると、さらにお胎《なか》の子の分も要求した。施主は罵《ののし》り怒った。するとその女は、お胎の子はまだ生まれてはいないが、これも人の数に入るものであるから、この子にも飲食《おんじき》をください、と頼んだ。施主は激怒した。お前は馬鹿だ、胎の子はまだ生まれていないのに飯がいったい、食えるのか、と怒鳴《どな》った。すると女乞食は、自分のお胎の子に飯を恵んでくれないならば、自分も食べることはできないと言い、立ちあがって食堂を出て行った。

食堂をわずかに出た途端、この孕み女の姿は文殊菩薩にかわった。光明を放ちあたり一面を照した。金毛の獅子にのり、無数の菩薩を従えて天空に騰《あが》った。斎会に集まった数千の人々は外に走り出て、茫然として地面に倒れ伏し、声をあげて懺悔しあやまり、悲嘆のあまり涙を滂沱《ぼうだ》と流した。同時に人々は一斉に「大聖文殊師利《もんじゅしり》」の名を称えた。声がかすれ、涙が枯れるほどみ名を称えたが、文殊菩薩の姿はふたたび現われることがなかった。

人々は飯を食うこともできず、つぎのように発願した。

今より已後《いご》、供《ぐ》を送り斎を設くるには、僧俗、男女、大小、尊卑、貧富を論ぜず、皆須《すべか》らく平等に供養すべし。

男女、尊卑、貧富を論ぜず、これ以後、五台山においては平等に供養するようになったという。慈覚大師が華厳寺を訪れたときも、食堂《じきどう》のなかでは男も女も一列に並んでいた。女のなかに子供を抱いている者があると、子供の分も供養した。さらに童子も沙弥《しゃみ》も、男僧も、尼僧も皆一列に並び、平等に供養を受けていたという。円仁が「この山に入るもの自然に平等の心を起し得」と言ったのは、この供養の斎会を目のあたりに見たからであった。布施一つとってみても、あらゆる人々に平等に布施することが、どんなにか困難なものであるかがわかると思う。

## 万象を映現する――海印三昧

つづいて「賢首品」には十種の三昧門が説かれる。十種の三昧門とはつぎのごとくである。

㈠円明《えんみょう》海印三昧門　㈡華厳妙行三昧門　㈢因陀羅網《いんだらもう》三昧門　㈣手出広供三昧門
㈤現諸法門三昧門　㈥四摂摂生三昧門　㈦窮同世間三昧門　㈧毛光覚照三昧門
㈨主伴厳麗三昧門　㈩寂用無涯《じゃくゆうむがい》三昧門

信のはたらきは無限である。それを十種の三昧門のはたらきとして説いていく。信のはたらきの根本は、第一の円明海印三昧門であり、その他の九門ははたらきであり作用である。

まず円明海印三昧門では仏や菩薩の示現が説かれる。

或は刹土《せつど》有りて仏有《いま》すことなければ、彼《かしこ》に示現して正覚を成じ、或は国土有りて法有ることなければ、彼に示現して法蔵を説く。

まず仏のない国土があれば、仏がその国土に示現していく。さらに世間の名誉や利益をすべて捨て去った菩薩は、十方に示現して衆生を教化できる。五台山の文殊菩薩もまたさまざまな場所にその姿を現わし、衆生を救うのである。あるいは老人となったり、あるいは女乞食となったりして身を現じ、衆生を救ってくれ

るのである。さらに、

　或は男女の種種の形、天、人、竜神、阿《あ》修《しゆ》羅《ら》、諸の衆生の若干の身に随《したが》いて、無量の行《ぎよう》業《ぎよう》、諸の音声《おんじよう》を現ず。

とあるように、仏や菩薩は男女、天、人、竜神、阿修羅などさまざまな形に身を現わし、声をだすのである。それは観音菩薩が三十三身に応現するようなものである。

　このように応現し、示現できるのは海印三昧のはたらきによるのであるという。それでは海印三昧とはどのようなものか。海の風や浪が息《や》んで静かになったとき、万象ことごとく海面に映じるのと同じように、無明、煩悩の風波がなくなったとき、清らかな心海のなかには、三世の一切のものが悉く炳現《へいげん》する。これを海印三昧という。簡単にいえば一念の浄心のことである。心が澄浄になったところを海印三昧という。一念の「念」という字は今の心である。只今の心が清浄になること、それが海印三昧なのである。清浄の心にはすべてのものが映現する。

　ここで海印三昧を説くのは、菩薩の禅定の心の状態を説いている。のちの華厳教学では海印三昧の解釈には三義ありとするが、ここでは、その一つの菩薩の定心より海印三昧を見るのである。心が澄みわたり、万象を映すような状態になれば、そこから大いなるはたらきが生じる。菩薩はまずこの海印三昧という定に入らなければならぬ。

### 財は夢の如く浮雲の如し

つぎには華厳三昧が説かれる。華厳というのは華をもって仏果を荘厳することである。華とは万行を修することである。この定心によって法身の妙果を荘厳することを華厳三味という。経文ではつぎのように説く。

不可思議なる華厳の刹《せつ》に、一切の仏を恭敬し供養し、光明の荘厳思議《しょうごんしぎ》し難《がた》く、衆生を教化して量あることなし。智慧自在にして不思議なり、説法教化に自在を得、施戒、忍辱、精進、禅、方便、智慧の諸の功徳あり、一切自在にして思議し難し、華厳三昧の勢力の故なり。

仏を供養すること、衆生を教化すること、説法すること、十波羅蜜を実践すること、智慧のはたらきがすべて自在になるのが華厳三昧の勢力によるのである。華厳三昧を得ることができなければ、自在のはたらきはできないことになる。

説法一つとっても自在の説法など普通の人間にできるものではない。『無量寿経』巻上にも、

深く菩薩の法蔵に入り、仏華厳三昧を得て、一切経典を宣揚し演説したもう。

とあるように、経典の教えを自在に説法するためには華厳三昧を得なければだめなのである。この行法に入ることによって自在の無辺行が生まれる。

華厳三昧を説いた経は、さらに八種の三昧について説く。このなかの興味深い経文をあげてみよう。

八万四千の諸の法門、諸仏は此を以て衆生を度し、諸法の無量の門を分別し、衆生の性に随いてこれを化導す。

八万四千の法門という言葉が見える。衆生の能力はさまざまであり、八千四千の煩悩をもっているから、八万四千の法門、いな無量の法門が必要なのである。説法自在であれば無量の法門が説けるはずなのである。

第八の毛光覚照三昧においては光明のはたらきを四十四門に分けて述べている。衆生を救うために光明を放つのであるという。この光明にあえば、衆生は果報を得ることができる。光明は一切の闇冥《あんめい》を除くことが

できる。また燈明は仏を供養することもできる。
光明は済度と名づけられる。それは欲界の群生を度脱させることができるからである。光明は除愛と名づけられる。光明によって五欲の渇愛を捨てることができるからである。光明は歓喜とも名づけられる。衆生が歓喜して発心し菩提を求めるからである。

又光明を放つあり無慳《むけん》と名く、彼の光、覚悟して貪惜を除き、財宝は常有《じょうう》に非ずと解知《げち》し、悉く能《よ》く捨離して所著なからしむ。

光明は無慳とも名づける。衆生の貪《むさぼ》り、物惜しみを除いてくれるからである。財宝は永久に存在するものではない。必ず消滅するものなのである。五台山の無著も文殊菩薩の化身より「宝塔も畢竟《ひっきょう》、壊れて微塵とならん」と教示されているのである。経文にも「財は夢の如く浮雲の如し」と悟らなければならないと説かれているのである。

また光明は忍荘厳と名づけられる。

彼の光、瞋恚《しんい》の者を覚悟して、瞋恚と増上慢とを捨離し、常に柔和《にゅうわ》、忍辱《にんにく》の法を願わしむ。

瞋《いか》りと自分が最高に偉い、自分こそ悟りを開いたと思っている者は、まず瞋りと増上慢とを捨てよという。そのためには柔和であること、忍辱の教えを実行することが大切である。無著が金剛窟の童子から教えられた偈文のなかにも、顔も口も心も、けっして、瞋ってはならず、瞋ることがないこと、それこそが真の宝であると言われたのである。

このようにして光明を放つことが、あくことなく説かれていく。光明によって眼耳鼻舌身意《げんにびぜっしんい》がことごとく清浄になっていく。さらに色声香味触法《しきしょうこうみそくほう》も清浄になっていく。この光明は仏の毛孔より出でて一切の衆生を照しだしていく。

光明のあとには寂用無涯の三昧が三十五頌にわたって説かれていく。それは限りなくくりかえされてあきることがない。日本人の感覚では、よくも同じようなことがあきることなく説かれていくと思われるかもしれない。賢首菩薩がこの品を説き終ると、十方の世界が六回にわたってゆれ動き、光明に照されて悪道が滅んだという。十方の如来は賢首菩薩の前に現われて、右の手を伸《の》ばして賢首の頭を摩《な》でたもうた。如来たちは「善《よ》い哉《かな》、善い哉、真の仏子よ、快《こころよ》くこの法を説けり、我随喜《ずいき》す」と言われたのであった。

# 清浄なる梵行

## ――仏昇須弥頂品・妙勝殿上説偈品・菩薩十住品・梵行品

### 大住聖窟――盧舎那《るしゃな》仏の坐像

霊泉寺は、河南省安陽市の西南三十キロにある太行山脈の支脈、宝山の東麓にある。霊泉寺は東魏の武定四年（五四六）に建てられた寺で、はじめは宝山寺と呼ばれたが、隋の開皇年間（五八一―六〇〇）に霊泉寺と改名された。

開皇十一年(五九一)、霊泉寺に住していた霊裕《れいゆう》は、隋の文帝の招請によって都の長安にいたり、国統（僧尼を統管する最高の僧官のこと）に任命された。その後ふたたび霊泉寺に帰った霊裕は、寺院の規模を拡大したため、霊泉寺は「河朔第一古刹」と称されたほどの大寺院となった。この宝山霊泉寺に葬むられ、墓塔が建てられた人こそ、隋の霊裕（『続高僧伝』巻九）なのであった。

『華厳経疏』ならびに『華厳旨帰《しき》』あわせて九巻を著わし、その他の経論の注釈書も数知れず、さらに『光師弟子十徳記』というような大徳の伝記まで書いた霊裕は、宝山に石窟を開鑿《さく》した。そのことを霊裕没後、約五十年後に、初唐の仏教史家、道宣はつぎのように記している。

宝山に於《おい》て石龕《がん》一所を造り、名づけて金剛性力住持那羅延窟《しょうりきじゅうじならえんくつ》と為す。面別に法滅の相を鐫《けず》る。山幽に林竦《そび》え、言、切に事彰《あら》わる。毎春、遊山の僧、皆、往きて其の文理を尋ね、読者歔欷《きょき》して操を持せざるなし。其の遺迹の、人を感ずること此の如し。

霊裕は宝山に石窟を造営した。その岩壁には仏法の滅尽する相を刻した。毎春、宝山を訪れる僧は、その刻された文章を読み、すすり泣きし、護法の情熱に共感したという。この金剛性力住持那羅延窟こそ宝山の西側にある大住聖窟なのである。

西暦五七四年に北周の廃仏が、さらに五七七年には北斉の廃仏が行われ、寺院は破壊され経典は焼かれ、僧は還俗《げんぞく》させられた。この悲惨な廃仏を、身をもって体験した霊裕は『滅法記』という書を著わしており、経法を永遠に伝えるために経典を石に刻したのである。霊裕が造営した那羅延窟は大住聖窟と呼ばれた。この大住聖窟は隋の開皇九年（五八九）の開鑿であり、霊泉寺石窟群のなかでは、もっとも勝れたものである。この窟は、霊泉寺の西五百メートルにある宝山の、南麓の石灰岩の断崖の上に、南に向って彫られている。門の横木には「大住聖窟」と書かれている。門の外の両側の石壁には浅い龕が彫られ、護法神として右側に那羅延神、左側に迦毘羅《かびら》神王が浮き彫りされている。那羅延（Nārāyaṇa）神はビシュヌ神の別名で堅固力士、金剛力士とも呼ばれ、この神名をとって霊裕は金剛性力住持那羅延窟と名づけたのである。

さらに門の外の両側の石壁には『法華経』『大集経《だいじっきょう》』『摩訶摩耶経《まかまや》』などの経文が刻されている。

石窟の内部の北壁には盧舎那仏が、東壁には弥勒《みろく》仏が、西壁には阿弥陀仏をおさめた仏龕があり、盧舎那仏龕には高さ一・〇二メートルの盧舎那仏が結跏趺坐しており、左右には菩薩の立像がある。さらに洞窟の南壁には「世尊去世伝法聖師」と題記されて、摩訶迦葉《まかかしょう》、阿難以下、西天二十四祖の祖師の像が刻されている。

大住聖窟は霊裕が造営した石窟であるが、その本尊は『華厳経』の教主、盧舎那仏なのである。大住聖窟を造営した霊裕とはどのような人物であろうか。

## 『華厳経』の菩薩──霊裕

道宣は「衍法師は道を伏して俗を伏せず、裕法師は道俗倶に伏す」と評したが、衍法師とは大徳曇衍《どんえん》であり、裕法師とは霊裕なのである。曇衍は僧尼を信服させたが、俗人の信頼を得ることができなかった。それに対して霊裕は僧尼も俗人もあらゆる人々を信服させた。このように偉大な霊裕は、定州、曲陽（曲陽県）の人で幼少より、沙門を見れば敬い、屠殺の声を聞いては心を痛めた。七歳で父母の反対をおしきって出家しようとしたが果たさず、十五歳のときやっと出家できた。北斉の高僧、慧光律師に師事しようとしたが、慧光が没したため、道憑《ひょう》に師事し『十地経論』を学んだ。この道憑こそ、当時の鄴《ぎょう》の都において「憑師の法相」と称されたほどの大学者であった。この道憑も霊裕と同じく霊泉寺石窟のなかの大留聖窟を造営した人なのである。霊裕が大住聖窟を開鑿したのは師の影響であるかもしれない。大留聖窟は「道憑石堂」と呼ばれたのである。また霊泉寺の旧址に北斉の石塔があるが、その塔には「大斉河清二年三月十七日宝山寺大論寺憑法師焼身塔」と書かれ、今なお墓塔が現存しているのである。『華厳』『涅槃』『地論』『律』などの教えを体得した霊裕は、鄴都に名をほしいままにして講筵を重ね、ついに裕菩薩といわれるようになった。

たまたま北斉の皇后が病《やまい》にかかり、『華厳経』の講義を聞きたいと言った。僧官たちは霊裕を法主に推して講師とした。そのとき、雄鶏が一羽、大衆にまじって講義を聞いていた。講義が終ると、雄鶏は鳴きながら飛びあがり、西南の樹上で夜をあかした。すると皇后の病がにわかになおった。霊裕は袈裟《けさ》三百を布施されたが、人々に分ち与えた。

宝山寺を建立した霊裕の境遇を一変させたのは北斉の廃仏であった。二十余人の僧といっしょに村落に隠れ、昼は俗書を読んでカムフラージュし、夜は仏理を語りあった。食糧を得るため卜書をつくり、これを売って費用を得た。

隋の時代になり仏法ふたたび復興するや、文帝の召命によって長安に入り、文帝の信任を得たが、のち演空寺に住し、道俗を教化した。死の直前に「命断じて人路を辞し、骸《むくろ》を鬼門の前に送らん。今より一別の後、更に幾何《いくばく》の年にか会せん」と告げて、大業元年（六〇五）正月二十二日、八十八歳で没した。仏教史家、道宣は「東夏に法流れてより、化儀、等しきを異にするも、教を立て行を施して、信を千載に取るに至っては、裕、其の一なり」と評した。講経と戒行を守り、道俗の信頼を得た第一人者こそ霊裕であった。今も宝山霊泉寺の付近で静かに眠っているにちがいない。

## 吉祥の地とは——仏昇須弥頂品第九

前章の「賢首菩薩品」第八で、第二の「普光法堂会」が終り、第三「忉利天会」に入る。忉利天会では「仏昇須弥頂品」「菩薩雲集説偈品」「十住品」「梵行品」「初発心菩薩功徳品」「明法品」の六品が説かれる。このなかではじめの二品は本会の序説、あとの四品が正説といわれる。

第一は「仏昇須弥頂品《しゅみちょうぼん》」第九である。この品は仏が須弥の頂に昇ることを説いた品である。須弥(Sumeru)山は妙高山といわれ、この山の頂きの中央に帝釈宮がある。前の品では信を明らかにしたので、この品では行と位とが昇進することを説くため、まずその最初にこの仏昇須弥頂品が説かれたのである。経文は、爾《そ》の時に世尊は威神《いじん》力の故に、此の座を起ちたまわずして、須弥《しゅみ》の頂《いただき》に昇り、帝釈殿に向いたまえり。

という一文ではじまる。世尊は菩提樹下の金剛宝座を離れることなく、須弥山の山頂にある帝釈殿に移られたのである。法蔵が「動と静《じょう》と無礙《むげ》にして、去らずして而《しか》も進むが故に昇と云うなり」(『探玄記』巻五)と解釈するように、動静一如にして坐を立たずして昇っていくところに、仏のほんとうの姿がある。それは仏身は法界に通じているからである。

この宮殿には、かつて迦葉《かしょう》如来、拘那牟尼《くなむに》仏、拘楼《くる》仏、随葉《ずいしょう》如来、尸棄《しき》如来、毘婆尸《びばし》仏、弗沙《ふっしゃ》仏、提舎《だいしゃ》如来、波頭摩《はずま》仏、錠光《じょうこう》如来などの十仏が来たところであり、まさしく吉祥《きちじょう》の地なのである。これらの十仏は仏のなかでも「諸の吉祥の中にて最も無上なり」といわれる仏であり、その吉祥なる仏が来られた場所であるから「是の故に此の地は最も吉祥なり」といわれたのである。

そのとき世尊は師子座に昇って結跏趺坐したもうた。坐し終るや、この宮殿は忽然として忉利天のように広大となった。

## 痴惑《ちわく》の網――菩薩雲集妙勝殿上説偈品第十

世尊が天に昇ってまさに説法をはじめようとしたとき、その説法を聞く大衆が必要となる。大衆が集まって来て仏を讃歎する偈文を説いたのが「菩薩雲集妙勝殿上説偈品」なのである。そのとき十方世界から法慧、一切慧、勝慧などの十人の菩薩をはじめとして無数の菩薩が妙勝殿に雲のように集まってきた。世尊は両足の指から百千億の光明を放って、十方の世界と菩提樹下の妙勝殿を照した。

まず法慧菩薩から仏の徳を讃歎した。

諸仏の大眷属たる、清浄の菩薩衆は、斯《ここ》に十方より来り、跏趺《かふ》して正しく安坐せり。

とあるように、十方から雲集した菩薩衆は、この宮殿に安坐して仏の説法を待った。

一切慧菩薩はつぎのような偈文を捧げた。

無量無数劫に、常に如来を見たてまつると雖《いえど》も、此の正法の中に於て、猶《なお》未だ真実を観《み》ず。妄想をもって諸法を取り、痴惑の網を増長して、生死の中に輪廻《りんね》し、盲冥《もうめい》にして仏を見たてまつらず。

無限のあいだ如来を見ていても、その真実を見ることができなかった。その理由は、妄想と痴惑《ちわく》とをもって見るからである。妄想と痴《おろ》かさがあるかぎり、生死のなかに輪廻し、盲冥となった目には仏を見ることができないというのである。人を盲冥にするのは妄想と痴《おろ》かさなのである。

それでは痴惑を離れるにはどのようにしたらよいのか。

因縁の故に法生じ、因縁の故に法滅す。是の如く如来を観ずれば、究竟《くきょう》して痴惑を離る。

一切のものは因と縁とによって生滅する。この仏教の根本真理を知るならば、痴惑を離れることができるというのである。

勝慧菩薩の頌文にはつぎの言葉がある。

如来の智は甚だ深く、一切能《よ》く測《はか》る莫《な》し。真実の法を知らざれば、世間は悉く迷惑す。

如来の智慧は限りなく深い。凡俗のよくおしはかれるものではない。如来の智慧がわからぬ凡俗は迷い惑うのである。

## 仏法のなかに心定まる――菩薩十住品

そのとき法慧菩薩は仏の神力を承《う》けて、無量方便三昧に入り、その三昧の力によって十方の千仏の世界の外に、千仏世界の無数の仏を見たてまつることができた。その仏は皆等しく法慧と名づけられた。

これらの仏は法慧に告げた。「法慧よ、汝はよく無量方便三昧に入った。それは十方の諸仏の加護と、盧《る》舎那《しゃな》仏の本願力と、汝の善根《ぜんこん》力とによって得たのであるが、汝をして広く法を説き、法界の理を体得させるため、菩薩の十住を説け」と。この「菩薩十住品」は十住を説き、この十住によって仏果を得ることを明らかにしたものである。

十住とは、㈠初発心住、㈡治地住、㈢修行住、㈣生貴住、㈤方便具足住、㈥正心住、㈦不退住、㈧童真住、㈨法王子住、㈩灌頂住である。この十住はあとに説く「十地品」の十地と対応するものである。

まず初発心住においては、菩薩が初発心において十の力分を得て、菩提心を堅固にすることができる。霊裕も出家の志《こころざし》をたてたのは七歳のときであった。初発心の大切なことは改めて言うまでもないことである。

治地住より以下、それぞれ菩薩は十種の法を修する。正心住のなかには、

仏を讃《ほ》め仏を毀《そし》るを聞くも、仏法の中に於て心定まりて動ぜず。法を讃め法を毀《そし》るを聞くも、仏法の中に於て心定まりて動ぜず。

という言葉が見える。仏法が廃絶されても、復興されても、まったく動じなかったのが霊裕の一生であった。霊裕菩薩はだからこそ真俗すべての人々に生き仏として信じられていたのである。仏教が復興され、文帝に好遇されても、けっしてそれに便乗することはなかった。また北斉の廃仏の折も毅然として仏教者の道を守っていた。まさしく『華厳経』の注疏をつくった霊裕は、この「菩薩十住品」のこの句をしっかりと胸に秘め

ていたにちがいない。仏法のなかに心定まって動じなかった人こそ霊裕であった。さらに不退住に入ると、「其の心堅固にして動転せず」ということになる。

有仏と無仏とを聞くも、仏法の中に於て退転せず。法有るも法無きも仏法の中に於て退転せず。

仏法があろうとなかろうと、まったく退転しないのである。霊裕は廃仏があろうと、復仏があろうと、ひたすら仏法に生き、まったく退転することがなかった。仏法を不断ならしめるために、ひたすら石に経典の文字を刻したのである。

## 毀誉《きよ》褒貶《ほうへん》は梵なり——梵行品

そのとき正念天子は法慧菩薩に、出家者の清浄な梵行とは何かについて問うた。梵行の梵とは清浄のことであり、梵行とは欲望を断ずる修行、清らかな修行のことである。これに対して法慧菩薩は十種の法を修さなければならないと説いた。十種の法とは、

㈠身、㈡身業、㈢口、㈣口業、㈤意、㈥意業、㈦仏、㈧法、㈨僧、㈩戒

である。この「梵行品」では十住を完成させるための行が説かれる。たとえば身業についてはつぎのように説かれる。

若し身業是れ梵行ならば、当に知るべし、身の四威儀は則ちこれ梵行なり。左右に顧眄《こめん》し、足を挙げ足を下《おろ》すも、則ちこれ梵行なり。

四威儀というのは、行くこと、止まること、坐ること、臥すこと、すなわち行住坐臥のことである。左右をふりむいて見ること、足のあげさげ、すべてこれ梵行となる。どんな動作もそれが清浄な行とならなければ

ばならない。「教を立て行を施して、信を千載に取るに至っては、裕、其の一なり」といわれた霊裕は単なる学者ではなかった。その行もまた清浄行であった。隋の文帝が霊裕を都へ招請したときの勅命のなかに「法師、梵行精淳にして理義淵遠《りぎえんおん》、玄教を弘通《ぐつう》して、聾瞽《ろうこ》を開導《かいどう》す」とある。梵行はあくまでも浄らかで、しかも学は深遠、仏教を弘めて迷っている衆生を導いた人こそ霊裕であるというのである。

文帝は霊裕に対して「自分は三宝を尊崇して、大乗を闡揚《せんよう》し、正法を護持せんことを願っている。徳行勝れた法師を召して功業を営みたい。よろしく自分の意を体して早く京に入るべし」という命令をくだした。霊裕はこの勅書を見て、この勅命を拒否しようと考えたが、これも一つの業縁と考え、歩いて長安に行った。文帝からさしつかわされた迎えの車馬には、けっして乗ろうとはしなかった。ときに七十四歳であった。洛州から長安まで、この老齢で歩いて行くことは容易なことではなかった。

普通の人であれば、ときの権力者である帝王に招かれれば喜んで上京するのに、霊裕は迎えの車馬に乗らず、歩いて行ったのは、権力者におもねることなく、ひたすら仏者として梵行に徹して生きたのである。

長安城に入った霊裕は大興善寺に住した。国統に任ぜられようとしたが、固辞して国へ帰ることを願い、文帝や高官たちの要請をふりきって下野したのである。『華厳経』の「梵行品」のなかに、

称譏毀《しょうきき》誉《よ》は則ちこれ梵行なり。

という言葉があるが、称《ほ》められようと譏《そし》られようと、すべて梵行なのである。毀誉褒貶《きよほうへん》があっても、みずからは梵行を保ち、梵行を修していればよいのである。

## 死は世の定め

一切の行が梵行となれば、ものの見方もかわってくる。

「梵行品」の最後には、

一切の法は幻《まぼろし》の如く、夢の如く、電《いなずま》の如く、響《ひびき》の如く、化《け》の如しと観《かん》ず。

という言葉が見える。一切のものは幻、夢、電、こだまのようなものであるという。さらにまた、

一切の諸法は自性無きが故なり。

という言葉もある。一切のものに自性がないことは、一切のものが縁起によって成り立っていることを示している。縁起している一切のものは無常なるものである。人間の身体も生命もまた無常なものである。『維摩経』の「方便品」にも

是《こ》の身は無常にして、強きことなく、力なく、堅きことなく、速《すみやか》に朽《く》つるの法にして、信ずべからざるなり。

という言葉が見える。このわれわれの身体は無常であり、けっして強いものでも堅固なものでもないのである。ちょっと身体が不調になると、あっという間に死んでしまうこともある。自分は強健だと思っていても、それは錯覚なのである。

一切は無常であり、すべてのものは滅ぶべきものであることを冷儼に受けとめていた霊裕は、肉親に対しても非情の目で見つめていた。あるとき、母の病《やまい》が重いということを旅の途中で聞かされた。母のいるところまで行っても臨終に間にあわないと悟った霊裕は、あえて行くことをしなかった。「自分が行って母の病を見とったとしても、母の命が助かるものではない。自分は鄴の寺へ帰ったら、母の来生の幸福を祈るだけでよい」と言ったのである。母子の骨肉の親愛の情をも捨てきった霊裕は、まさしく世俗の煩わしさを一切

断ち切り、仏道のみに生きた人なのであった。

一生を仏道のみに生きた霊裕も、肉身をもつ限り、無常をまぬかれることができなかった。やがて霊裕も年老いてきた。鄴の都には「裕師、将《まさ》に過世せんとす」という流言が生まれた。霊裕法師がまもなく世を去るであろうという噂話がひろがった。

『長阿含経』に、

それ生れて死するは自ら世の常なり。(巻二、『遊行経』)

という言葉がある通り、生まれたものが死んでいくのは世の定めなのである。

霊裕よりやや後輩である三論宗の大成者、吉蔵は「死不怖論」を著わし、つぎのように言っている。

夫れ死は生より来る。宜《よろ》しく生を畏るべし。吾れ若《も》し生れずんば、何に由りてか死なん。其の初生を見て、即ち終死を知る。宜しく応に生を泣くべし。応に死を怖るべからず。(『続高僧伝』巻十一、吉蔵伝)

死を思いきわめることは、生への畏敬と生への充実につながる。

人はいつか必ず死ぬときを迎えるというこの一事を、たえず念頭に置いて一日一日を生きていくことが肝要である。この一事を不断に忘れることなく日々を生きる者は、どんな職業に従事する人であっても、それぞれ己れの本分を尽すことができるのである。

このように見れば、仏者としてほんとうの生き方が可能となる。死の自覚によって生きることの大切さをほんとうに知るとき、人は毎日毎日の生の充実を心がけるようになる。毎日毎日、発心するようになる。そこで「梵行品」の最後は、

初発心の時に、便《すなわ》ち正覚を成ず。一切法の真実の性を知り、慧身を具足し、他に由りて悟らざればなり。

という言葉で結ばれている。初発心の大切さは自分自身が自覚することなのである。その初発心の菩薩の功徳について説き明かすのが、つぎの「初発心菩薩功徳品」第十三なのである。

# 初発心の功徳
## ——初発心菩薩功徳品・明法品

### 五台山木瓜寺の曇韻

山西省の五台山の北台の麓《ふもと》に木瓜《もくか》寺という寺があった。北台に登るには、昔から必ずこの寺を通らなければならなかった。この木瓜寺はいつ、建立されたのかわからないほど、昔からあった古い寺であった。この寺に仏恵という長髪の女が住んでいた。年齢は七十四、五歳で、外形は愚かな女に見えた。その姿は少しもかわらなかった。今、百歳になる老人が、若いときに見たときも老女の姿のままであったという。木瓜寺の伽藍を修理し、いつも堂守の仕事をやっていた。

五台山の北方の繁峙《はんじ》県に住む三百人あまりの村人は、いつも仏恵に従って北台に登った。たまたま雹《ひょう》にあったとき、仏恵の案内で北台を下った。仏恵がつる草を空中に投げると、つる草は室にかわり、仏恵も村人も空中に浮んだ部屋に入ることができたという。人々はこの老婆を肉身菩薩と呼んだ(『広清涼伝』巻上)。

この木瓜寺に二十余年間住して、単身、窯《かま》を焼きながら、破衣をまとって暮したのが五台山曇韻《どんいん》(『続高僧伝』巻二十)であった。この木瓜寺のあたりは寒さが厳しく、谷川の渓流のほとりに木があるだけで、その他の峰々は夏に高山植物が咲き乱れているばかりであった。曇韻はこの寺で昼夜に坐禅した。三十余年前に誦していたお経をふたたび口で称えたところ、一字も残すことなく誦することができたので、その経文を写した。曇韻は十九歳で出家したとき、五台山の北にある五岳の一つの恒岳にある蒲吾《ほご》山に登り、静かなところで経文を読誦する生活をつづけていたのである。

そのとき栖隠《せいいん》禅師に出会った。禅師は「お経を称えることは修行の一つにちがいないが、読誦のみでは道を得ることはできない。大切なのは坐禅して観心に努めるべきである」と諭した。曇韻はこのお告げを受けて大きな衝撃を受け、読誦を止めてひたすら坐禅に励むため、五台山に入山し、木瓜寺に単身住したのであった。

五台山で二十余年修行した曇韻は、その後比干山に行ったりしたが、その禅行は少しもかわることはなかった。誦経よりも坐禅をしなければならぬという初発心の願いを一生涯貫き通したのであった。いかなることがあっても禅行を怠ることがなかった。蚤《のみ》や虱《しらみ》にかまれても、かまれるままにまかせながら四十余年を過し、ようやく六十歳に達して、ついに蚤や虱もたからなくなったという。人間ではなく仏体になったのである。

毎年、春秋の二回は仏名を誦する法会を行い、冬と夏には減食して坐禅した。常に大衆と別の室で坐禅をした。もし坐禅をしたまま昏倒すれば、たちあがって仏を礼拝した。貞観十六年（六四二）、端坐したまま、太原郊外の平遙山で没した。

曇韻は十九歳で山に入ってから、六十余年のあいだ、名利を求めることがまったくなかった。侍者をつけることもなかった。たった一人の坐禅であった。公の僧籍に名前をのせることもなかった。天子や貴人に奏上するようなことは一切しなかった。権門に近づかなかったのである。十九歳で蒲吾山に入山してから、その遍歴する山は、五台山、比干山、平遙山などであった。十九歳のときの初発心、初一念を一生涯貫き通したのである。

## 初発心の大切さ――初発心菩薩功徳品

初発心の菩薩の功徳の広大なことを説いたのが「初発心菩薩功徳品」である。「初発心菩薩功徳品」第十三と「明法品」第十四は、ともに忉利《とうり》天会《てんえ》の六品のなかの最後の二品である。

初発心の菩薩の功徳は、どんなに修行した人の功徳よりも大きいという。経文はそれをさまざまなたとえによって説いている。

たとえば第二のたとえを見てみよう。第一の人は一念のあいだに東方の無量の世界を通り過ぎる超能力をもっているが、この人が無限の時間をついやしても、世界の果てまでたどりつくことはできない。また第二の人はさらに大きな超能力をもっていながら、一念のあいだに第一の人が行った世界の果てまでは行きつくことができない。このようにして第三の人、第四の人と、いっそう神力自在な超能力をもった人が、無限の時間をかけて行っても世界の果てまでは行くことができない。第四十の人も世界の果てまで行くことができない。かくして百人目の人は最勝の超能力をもっていたため、やっとのことで世界の果てまで行くことができたが、この百人目の人も、初発心の菩薩の功徳の広大さ、深遠さを知ることができないというのである。このような人よりも、初発心の菩薩の功徳は大きいというのである。

ついで法慧《ほうえ》菩薩が初発心の菩薩の功徳の広大なことを頌文をもって説いた。そのなかには、菩提《ぼだい》心は無量にして、清浄の法界に等《ひと》しく、著無《じゃくな》く所依《しょえ》無く、無染《むぜん》なること虚空《こくう》の如し。

という頌文がある。菩提心は限りがない。それは一切の執着を離れたものであり、一切の依り所をもたないものである。無依に生きることは容易ではない。人は誰かに、何かに依って生きているものである。依るべきものをもつものは弱い。曇韻は一生、独りで坐禅した。もちろん法会や禅会に招かれれば、喜んで布施行を行った。しかし依るべきものは一切捨て去った。恐らく五台山の北台の修行がそうさせたのである。私が数年前に五台山の中台へ登ったとき、吉祥寺の僧が、三千メートルの北台で、冬期たった一人で八ケ月分の食糧をもって岩室へ入り、坐禅と読経に過したことを聞いたことがあるが、零下三十度を越え、烈風吹きすさぶ山頂の生活は、まったく依るべきもの、頼るべきもののない生活であったにちがいない。しかも、

彼、衆《もろもろ》の諸行を修し、寂滅《じゃくめつ》にして所依《しょえ》無く、其の心、常に安住して、動ぜざること須弥《しゅみ》の如し。

と経文にあるように、曇韻のように無依で生きた人の心は、須弥山《しゅみせん》のように不動なのである。法施以外のことは一切行わなかった曇韻の心は、微動だにもしなかった。四十余年の道心を支えたのは初発心の一念であった。経文はさらにつぎのように説く。

勇猛《ゆうもう》に勤《つと》めて精進《しょうじん》し、速《すみや》かに菩提心を発《おこ》せ。最勝の楽《らく》を求めんと欲せば、応《まさ》に疾《と》く諸漏《しょろ》を断《だん》ずべし。

勇猛心を発して精進しなければならない。人間の生活で最勝の安楽とは何か。坐禅こそ安楽の法門なのである。人間のやることは、誰かのため、自分のため、出世するため、有名になるためとか、あらゆることを「ため」のためにする。坐禅は悟るためにするのでも、偉くなるためにするのでもない。ただ坐禅することが最勝の安楽なのである。この最勝の安楽を求めようとすれば、諸漏、すなわち、あらゆる欲望を断じなければならない。煩悩を断じ尽した六十歳の曇韻には蚤も虱もまったくすいつくことがなかったのである。

初発心の大切なことをお経はつぎのように説く。

三世の人中の尊と、一切功徳の業と、無上なる菩提の果とは、皆、初発心に由《よ》る。

三世の人中の尊とは仏のことである。仏と、無量の功徳と、無上の菩提は初発心によって得られるものなのである。初発心の大切なことを説き明かしたのが「初発心菩薩功徳品」なのである。

### 心に憂喜《うき》なし——明法品

そのとき、精進慧《しょうじんえ》菩薩が法慧菩薩に対して、どのように清浄の行を修したらよいか、と質問したのに対して、法慧菩薩が清浄の行について説いたのが「明法品」第十四なのである。

まず第一には不放逸《ふほういつ》の実行である。不放逸ということは怠けるな、ということである。不放逸を実行するには㈠戒律を清浄にすること、㈡愚痴《ぐち》を離れること、㈢他人にへつらわないこと、㈣不退転を得ること、㈤静寂《じゃくじょう》を求め、凡夫を近づけないこと、㈥世間の幸せを求めないこと、㈦善行を実行すること、㈧菩薩道を実践すること、㈨心に汚れのないこと、㈩みずからを知ることの十種の行が大切であるという。

不放逸の行を実行することができたならば、さらに十種の浄法を修行しなければならない。そのなかには、

心、常に寂静にして未だ曽《かつ》て散乱せず、好きを聞くも悪しきを聞くも、心に憂喜《うき》無きこと、猶《なお》大地の如し。

という経文も見える。心を禅定によって寂静にし、けっして散乱することがない、無限の統一力によって不動心に安住させる。そうなると、良いことを聞いても、悪いことを聞いても、心に喜びが生じるわけでもなく、憂《うれ》いがおこるわけでもない。凡人は、いやなことを聞けば不愉快になるし、嬉しい話やお世辞を聞けば

思わず喜ぶようにできている。大地のような不動心に住すれば、どんな話を聞いても心が動かされることはない。六十年あまりの長いあいだ、坐禅一すじに生きた曇韻はこのような境地にあったのではないか。

人間が一つの目的に向って全力を挙げて仕事に没頭しているとき、やはり不動心の境地にあり得る。少しでも怠惰や疑いや迷いがおこると、他人のことが気になるものである。禅の言葉に「驀直去《まくじきこ》」というのがあるが、まっしぐらに行け、ということである。右顧左眄《うこさべん》することなく、まっすぐに行くことである。

さらに諸仏を歓喜せしめる十種の法の実行を説く。

㈠には所行精勤《しょうごん》にして退転せず。
㈡には身命を惜《おし》まず。
㈢には利養を求めず。
㈣には一切の法を修するに、猶《なお》虚空の如し。
㈤には巧《ぎょう》方便の慧をもって、諸法を観察し法界に等同なり。
㈥には諸法を分別して心に所倚《き》なし。
㈦には常に大願を発《おこ》す。
㈧には清浄なる忍智の光明を成就《じょうじゅ》す。
㈨には善く一切の損益《そんやく》の諸法を知る。
㈩には所行の法門、皆 悉《ことごと》く清浄なり。

このなかのはじめの三つを見よ。不退転の修行、不惜身命《ふじゃくしんみょう》の修行、利益や名誉を求めない、まさしくこの三つは曇韻が四十年あまり行った修行なのであった。この修行によって皆清浄となるという。蚤も虱もたからないような清浄無垢の身体となるのである。

## 煩悩克服の教え

ついで「明法品」では十種の清浄の行、十種の清浄の願、十種の無尽の宝蔵を説き終り、さらに衆生の教化のやり方について述べる。

貪欲《とんよく》多き者には不浄観《ふじょうかん》を教え、瞋恚《しんい》多き者には、大慈観を教え、愚痴《ぐち》多き者には、教うるに勝智の法門を具足するを以てし、生死に楽《ねが》うものには、三種の苦を教え、諸有《しょう》に著《じゃく》する者には、空の法門を教え、懈怠《けたい》の衆生には、精進を行ずることを教え、我慢《がまん》の衆生には、平等観を教え、心諂曲《てんごく》の者には、菩薩の心は寂静にして有《う》に非ざることを教う。

貪欲の多い者には身体が不浄であることを観ぜしめる。たとえば美しい女性に執着するとする。そのとき、どんなに美しい人でも死んだならば、死体が次第に腐敗して、ついに白骨と化する姿を心のなかで観想し、美人に対する執着心を捨てさせるのである。

瞋《いか》りっぽい人には大いなる慈しみの心を教える。愚痴《ぐち》の多い人には一切のものが無常であり、すべては変化していくことを教える。地位でも財産でも永恒にかわらずつづくものは何もないことを悟れば、地位や財産が減っていっても諦《あきら》めがつく。愚痴を言わなくなる。

さらに貪り、瞋り、痴かさの三毒にむしばまれている人に対しては、勝れた智慧をそなえることをすすめる。またこの人生の快楽のみに心を奪われている人には三つの苦しみを教える。三苦とは苦苦《くく》と壊苦と行苦《ぎょうく》である。苦苦というのは、病気や飢えなどからおこる心身の苦しみである。壊苦とは自分が愛着しているものが壊《こわ》れたときに感ずる苦悩である。自分の子供や愛する人を失ったときの苦しみ、悲しみは経験がある人でないとわからない。行苦というのは、一切のものが無常であり、うつろいゆくものであるが、それから受ける苦しみをいう。この三苦は生きている限り、どんな人でもまぬかれることはできない苦しみである。まさしく「人生は苦なり」である。快楽に溺れている人には、この三苦を教えて快楽に溺《おぼ》れる迷いから目を覚まさせるのである。

さらに一切のものが永恒に存続し、変化しないと考えている人に対しては、一切のものは因と縁によって成り立っていることを教え、空を悟らしめる。また怠惰な人には精進の大切なことを教え、己れのみ高しと慢心している人に対しては、人は皆平等であることを教える。さらにへつらいの心の強い人に対しては、心をいつも平安に、寂静にたもつことを教える。

このようにありとあらゆる煩悩や迷いをもった人々に対して、それを克服する道を教えるのが菩薩なのである。

## 清浄な十波羅蜜

つづいて清浄な十波羅蜜《はらみつ》が説かれる。

㈠檀《だん》波羅蜜――一切衆生のために、内外のものを捨てて、物おしみする心をおこさない。

㈡尸《し》波羅蜜――戒を守りながら、戒にとらわれることがない。

㈢羼提《せんだい》波羅蜜――忍辱行《にんにくぎょう》のことで、あらゆる苦しみに堪《た》え、好いことを聞いても、悪いことを聞いても、心に喜びも憂いもなく、まったく心が大地のように動かされない。

㈣毘梨耶《びりや》波羅蜜――精進行のことで、勇猛に精進して、心がしっかりしていて、まったく退転することなく、智慧を完成させる。
㈤禅《ぜん》波羅蜜――清浄な三昧に入り、煩悩がなく仏の知慧をそなえる。
㈥般若《はんにゃ》波羅蜜――教えを聞き、教えを正しく観察して、一切のものに自性がないことを知る。
㈦方便波羅蜜――衆生の願いに応じて身を現じ、衆生を教化する。
㈧願波羅蜜――一切の衆生を救い、仏を供養し、修行して智慧を得ることを願う。
㈨力波羅蜜――煩悩を離れて清浄となり、自利利他の力をそなえる。
㈩智波羅蜜――一切のものの真実を知り、仏の智慧を理解する。

以上のように清浄の十波羅蜜が説かれる。この十波羅蜜によって、一切の衆生を教化し、悪道を離れさせ、精進させて、もろもろの苦しみから離れさせるようにする。そして、

貪欲多き者には、離欲観《りよくかん》を教え、瞋恚多き者には、平等観を教え、邪見多き者には、因縁観を教える。という。貪りの欲心の多い人には欲を離れさせ、瞋りの多い人には、一切の人々は平等であることを教え、邪見の多い人には、因果の道理を信じさせ、一切のものが因縁によって生じていることを知らしめるというのである。

とくに初発心のとき、衆生が悪道に堕《お》ちているのを見たならば、大師子吼しなければならない。「我れ当《まさ》に其の心の病を知り、諸《もろもろ》の法門を以て、之《これ》を済度《さいど》すべし」と。衆生の心の病《やまい》を知るのが、菩薩であり、それによって衆生を済度するのである。

## 六和敬の実践

このような清浄な十行を行じる者は三宝を興隆することができる。

菩薩摩訶薩《ぼさつまかさつ》は、衆生を教化して、菩提心を発《おこ》さしむ、是の故に能《よ》く仏宝を断ぜざらしむ。

甚深《じんじん》なる諸《もろもろ》の妙法蔵《みょうほうぞう》を開示す、是の故に能《よ》く法宝を断ぜざらしむ。

威儀と教法とを具足し受持す、是の故に能く僧宝を断ぜざらしむ。

三宝とは仏・法・僧の三宝である。この三宝に帰依することは、仏教徒の基本的条件である。

さらに大願を発して仏宝を不断ならしめ、十二縁起を解説して法宝を不断ならしめ、さらに六和敬《ろくわきょう》を行じて、僧宝を不断ならしめることを説いている。十二縁起は原始仏教の教えとしてあまりにも有名であるので、ここでは六和敬について説明しておく。

六和敬は六和合ともいわれ、悟りを求めて修行する者どうしが、六つの点において、互いに仲よくし敬い合うべきことを説いたものである。

㈠身和敬（身業同）――礼拝など身体で行う行為を同じくする。
㈡口《く》和敬（口業同）――言葉を同じくする。
㈢意和敬（意業同）――心のもち方を同じくする。
㈣戒和敬（同戒）――戒法を同じくたもつ。
㈤見和敬（同見）――正しい見解を同じくする。
㈥利和敬（行和敬・同施）――衣食などの利を同じくする。

この六和敬によって僧宝不断ならしめることができる。仏法を求めて集団生活をするものの根本的なあり方が説かれている。

さらに経文はつぎのように説く。

仏の種子を衆生の田に下し、正覚の芽《め》を出す。是の故に能く仏宝を断ぜざらしむ。

身命を惜まずして正法を護持《ごじ》す、是の故に能く法宝を断ぜざらしむ。

善く大衆を御《ぎょ》して心に憂悩《うのう》無し、是の故に能《よ》く僧宝を断ぜざらしむ。

仏の種子を衆生の心に植えつけ、正覚の芽をださしめることによって仏宝を不断ならしめる。仏の種子を植えつけることは大切である。これが絶えれば仏法は滅びる。

また法宝不断ならしめるためには、不惜身命の決意をもって正法を護持しなければならない。曇韻は梵行を全うするため、坐禅を志す仲間とともに禅門を開いた。ちょうど北周の廃仏によって仏法が廃絶された後であるため、正法を護持するための不退転の決意が大衆のなかにみなぎっていたのである。

僧宝を不断ならしめるためには、大衆を統理しなければならない。大衆の心に心配ごとがあってはならない。安心して修行に励むことができなくてはならない。

「明法品」では、最後に法慧菩薩が重ねて仏の威神力を受けて偈文をもって教えをまとめて終る。

菩薩の修行する所は、真実にして虚偽《きょぎ》無《な》く、衆生の類を度脱《どだつ》して、諸《もろもろ》の煩悩の苦を離れしむ。

是の如きの法を成就せば、愚痴《ぐち》の闇《やみ》を除滅し、一切の魔を降伏《ごうぶく》して、究竟《くきょう》じて菩提を得ん。

このように十種の清浄の行を修行した菩薩は真実の教えにかない、衆生を救い、煩悩の苦しみから離れさせる。さらに清浄の行を修するならば、愚痴の闇夜を照しだし、光明を見出すことができる。愚痴の闇を除くことは容易なことではできない。

五台山の木瓜寺に曇韻は二十余年間、単身でこもりながら、修行に励み、ついに文殊菩薩の霊相を拝することができた。愚痴の闇は、それだけの修行でも除くことはできなかった。さらに四十年あまりの修行を必要とした。あわせて六十年あまりの修行によって「名利を希《ねが》わざ」る心境に到達できたのであった。

愚痴の闇を除滅すれば、当然、一切の悪魔を降伏することができる。この世には無数の悪魔がいて、さまざまな誘惑の手をさしのばしてくる。ちょっとした誘惑の手によって、今まで営々と築きあげてきた富も地位も一瞬にして失うことになる。悪魔の誘惑にのらない不動心を養わなければならない。

# 唯心の風光——仏昇夜摩天宮自在品・夜摩天宮菩薩説偈品

## 唯心偈を授けられた竹林寺法照

中国の四大霊山の一つである五台山には、唐代の浄土教の法照が創建した竹林寺がある。唐の開成五年(八四〇)五月、この竹林寺に参拝した日本の慈覚大師円仁の記述によると、当時の竹林寺には、律院、庫院《くいん》、花厳《けごん》院、法花院、閣院、仏殿院の六院があって、一寺院には四十名ばかりの僧が住んでいたという(『入唐求法巡礼行記』)。

現在の五台山竹林寺は台懐《たいかい》鎮の西南六キロの竹林寺村の西側にある。私が行った一九八五年夏には、明代に創建された高さ約二十五メートルの白塔と石碑があっただけであった。中台に登る道から遙かに白塔を眺めると、お花畠のなかにくっきりと浮んでいるのを見ることができた。現在は立派な仏殿が背後に建立されたが、円仁が見た唐代の竹林寺の荘厳さには到底およぶべくもない。

竹林寺を開いた法照は、唐の大暦二年(七六七)二月十三日、南岳衡山の祝融峯にある雲峯寺の食堂のなかで粥を食べていた。するとお椀のなかに五台山仏光寺が映《うつ》ってきた。その寺の東北一里あまりの山の下に谷川があり、そこに石門が見えた。法照は石門をくぐったと感じた。さらに五里ほど行くと大聖竹林の寺と書かれた一寺があった。驚いて見ているあいだに消え失せた。二十七日の朝も、またお椀のなかに華厳寺など五台山の寺院がありありと見えてきた。文殊菩薩をはじめとする一万の菩薩のお姿も見えてきた。食事が終ると忽然として消え失せた。あまりの不思議さに法照はびっくりした。僧院に帰って僧たちにこのことを語り、五台山に行った人を探し求めた。すると、嘉延《かえん》と曇暉《どんき》という二人の僧が、自分たちは五台山の仏光寺に宿泊しましたが、あなたが見た景色とまったく同じですと語った。

湖南省衡山県にある祝融峯と五台山とはあまりの遠隔の地にある。筆者もかつて祝融峯へ登ったことがあるが、雲霧にとざされ、たえず気流が流れ、一メートル先も視界がとどかぬ祝融峯はまさしく霊山であった。その寺院の食堂で食事をとっているお椀のなかに、五台山の風光がそのまま映っていたということは、いったい、何を暗示しているのであろうか。

法照は大暦四年（七六九）夏、湖南省衡陽県の湘東寺の高楼において五色の雲のなかに浮ぶ楼閣を見た。そのなかには文殊菩薩や一万の菩薩がいたが、忽然として消え去った。

その晩、法照は一人の老人に会った。七十歳をこえた老人は、法照に、「どうして五台山に行かないのか」と尋ねた。「五台山への道はあまりに険しいので行かないのです」と答えた。老人は「師よ、急いでお行きなされ」と言った。法照は決意した。どんなことがあっても五台山に登らなければならぬと。

八月十三日、南岳衡山の同志十人とともに五台山に向って出発し、翌年の四月五日、はるばると五台県にやって来た。はるか彼方の仏光寺から数十条の白光が見えた。六日、仏光寺へ行くと、その寺はかつて祝融峯でお椀のなかに見た寺とまったく同じであった。さらに大聖竹林の寺に行っても、かつてお椀に映った寺と同じであったという（『広清涼伝』巻中）。

法照は大聖竹林の寺において、文殊と普賢の二聖に会うことができた。法照に対して文殊菩薩は、念仏こそ諸法の王であるから、ひたすら念仏すべきことを教えた。さらにつぎの偈文を説いた。

諸法は唯心もてつくる。心は得べからずと了《さと》れよ。つねにこれに依《よ》って修行するを、これ真実相と名づく。

また普賢菩薩は、

忍辱《にんにく》は即ちこれ菩薩の因、無瞋《むしん》は必ず端正の報を招く。

と説いた。法照は二人の大聖より教えを受けて歓喜した。文殊菩薩は法照に、菩薩院から順次に巡礼するように教えた。

大聖竹林の寺で二聖より教えを受けた法照は華厳寺、金剛窟、東台、中台などの霊地を巡拝したのであった。法照はのちに、文殊菩薩に会った大聖竹林の寺の場所に竹林寺を創建したのである。浄土教の法照が文殊菩薩より賜わった偈文は「唯心」の偈なのであった。

## 吉祥なる宝荘厳殿——仏昇夜摩天宮自在品

「仏昇夜摩天宮自在品」第十五から第四夜摩天宮会に入る。この第四会では四つの品が説かれる。仏が夜摩天宮という天上の宝殿に昇って説くのである。「仏昇夜摩天宮自在品」は第四会の請仏序にあたる。請仏序というのは仏を夜摩天宮宝殿にお迎えする言葉である。

仏が夜摩天宮の師子座にお着きになると、今まで響きわたっていた音楽がやみ、寂然とした静寂がやって来た。すると夜摩天王が昔、過去仏のみもとにおいて種《う》えた善根を思いおこしながら、偈文を説いた。それは「諸《もろもろ》の吉祥の中にて最も無上なり」といわれる十人の如来が、どのような吉祥な宮殿にお入りになったかということであった。その十人の如来とお入りになった宮殿はつぎのようであった。

名称如来——摩尼荘厳殿
宝王如来——甘露上味殿
喜王如来——雑宝荘厳殿
慧《え》眼《げん》如来——殊特最勝殿
饒益《にょうやく》如来——清浄宝山殿
無師如来——微妙宝香殿
天人中尊——軽微妙香殿
無去如来——明浄普眼殿
分別如来——娯楽荘厳殿
苦行如来——等色普照殿

これらの十人の如来は、世間の燈《ともしび》であり、智慧無量であり、世間の尊であり、無上の師であり、それぞれの如来はもっとも吉祥なる宮殿におわしたのである。このように夜摩天王が偈文をもって如来の徳を讃歎し終るや、世尊は夜摩天宮宝殿の師子座において結跏《けっか》趺坐《ふざ》されたのである。

十人の如来は吉祥のなかの最上者であり、そのおられた宮殿も吉祥であったという記憶を夜摩天王は思いおこしたが、それ以上に、今、世尊が坐られた宝殿は吉祥中の無上なるものであるというのである。簡単にいえば無上の吉祥なるすばらしい宮殿において第四会の説法がはじまるというのが、この「仏昇夜摩天宮自在品」第十五なのである。

ところで法照が大聖竹林の寺を見た景観が『広清涼伝』巻中に描かれている。

中に一百二十院あり。院中には皆、宝塔ありて荘厳せり。その地は純《もっぱ》らこれ黄金なり。渠流《きょりゅう》と花果とその中に充満す。

黄金の大地の上に宝塔があり、渓流と花果が充満しているというから、まさしく浄土のような景観であった。『華厳経』で説かれるもっとも吉祥な場所が、法照が見た大聖竹林の寺の風光なのである。

## 仏を見ること難し——夜摩天宮菩薩説偈品

夜摩天宮の宝殿に結跏趺坐した仏のまわりには、たくさんの世界から仏、菩薩が集まり、それぞれ結跏趺坐した。この宝殿のなかは仏、菩薩で充満した。仏の名は常住眼、無量眼、真実眼、不動眼というように眼という字がついており、菩薩の名は功徳林、慧林、勝林、無畏林などとすべて林の字がついている。菩薩の名に林の字がつくのは、法界の行を行じ、法界の徳を完成することをあらわし、その徳の高いことを樹になぞらえ、行の広さを林と称したのである。この十人の菩薩が偈をもってそれぞれ仏を讃歎した。

まず功徳林菩薩が偈文を称えて仏を讃歎する。その偈文の一つをあげる。

一切諸《もろもろ》の世界は、能《よ》く仏を思議する莫《な》し。彼の衆生の願に随《したが》いて、一切皆悉《ことごと》く見たてまつる。

仏は普通のものには考えることも見ることもできない。ただ衆生の願いによって見ることができるのである。法照は五台山へ行き文殊菩薩に会いたいという強烈な願いをもっていた。そのために遠く離れた衡山の祝融峯にいながら、五台山仏光寺の風光や、文殊菩薩をはじめとする一万の菩薩の姿を食事のお椀のなかに見ることができたのである。

夜摩天宮の師子座におられる仏や、十如来や、この法会に集まった無数の菩薩の姿は普通の人には見ることはできない。強烈な願いがなければ見ることはできない。この法会に集まった十如来の名を見よ。常住眼、無量眼というように全部、眼がついている。きびしい眼、透徹した眼、仏を見ることができる眼をもっているのである。

さらに慧林《えりん》菩薩はつぎのように言う。

不可思議劫《ふかしぎごう》にも、天人師には値《あ》い難く、離苦の諸《もろもろ》の大人の、此の会《え》も亦《また》遇い難し。

天人師というのは仏である。離苦の大人は十如来である。仏にも十如来にも、この夜摩天宮の法会にあうということは、無限の時間をかけてもあうことは難しいというのである。この法会を見ることができた慧林菩薩は感激の声を放ったのである。

## 心と仏と衆生は一つ——唯心偈

第九番目の如来林菩薩は有名な唯心偈を説く。

心は工画師の如く、種種の五陰《おん》を画き、一切世界の中《うち》に、法として造らざる無《な》し。
心の如く仏も亦爾《またしか》なり。仏の如く衆生も然なり。心と仏と及び衆生とは、是の三差別《しゃべつ》無し。
諸仏は悉く、一切は心より転ずと了知したもう。若し能《よ》く是の如く解《さと》らば、彼の人は真の仏を見たてまつらん。

心は工画師が絵を描くように、どんなものでもつくりだす。迷える凡夫の心も、悟った仏の心も、すべて同じく心のはたらきであるにすぎない。心と仏と衆生は無差別であるという。われわれの心が迷えば衆生になり、悟れば仏になるにすぎない。衆生も仏もわれわれの心のはたらきであり、心の動きによる。仏といっても、心がつくるものである。だから心と仏とは区別なく、心が迷って凡夫となるとき、心と凡夫とは区別がない。

先に引用した書き下し文の原文である「心如工画師、画種種五陰、……心仏及衆生、是三無差別」までの文を、古来「唯心偈」または「如心偈」と称し、鎌倉時代の明恵上人は『華厳唯心義』二巻を著わし、この唯心偈に注釈している。

法照は五台山の大聖竹林の寺において文殊菩薩に会い授記を受けたが、文殊菩薩の教えのなかに「諸法は唯心もてつくる」というのがある。一切のものは心がつくるものであるという。心のはたらき、心のもち方一つで凡夫になったり、仏になったりするのである。衆生と仏を悪魔と神としてもよい。人の心は一瞬のうちに悪魔になることもあるし、一瞬のうちに神になることもある。悪魔も神も人間の平凡な心も区別がないものである。別に哲学的な一心というようなものをたてる必要はない。ただわたしたちの平凡な日常の心が悪魔になったり、神になったりするのである。

**破地獄の偈**

「唯心偈」につづいて、最後に如来林菩薩はつぎのように説く。

若し人求めて、三世一切の仏を知らんと欲せば、応当《まさ》に是《かく》の如く観ずべし。心は諸の如来を造ると。

三世一切の仏を知ろうとすれば、心が一切の仏をつくると観ぜよ、ということである。この偈文は『八十華厳経』ではつぎのようになっている。

若人欲了知　三世一切仏
応観法界性　一切唯心造

この偈文を古来から「破地獄の偈」と呼んでいる。何故に「破地獄の偈」というかといえば、つぎのような因縁話がある。

唐の文明元年（六八四）のことであった。都に王さんという人がいた。この人は善を修することもなく、戒を守ることもなかった。やがて病にかかり死んだ。二人の獄卒に引かれて地獄の門前にやってきた。そこには地蔵菩薩がいた。地蔵菩薩は王さんに一行の偈文を称えるように教えた。その偈文は『六十華厳経』の

若人欲求知　三世一切仏
応当如是観　心造諸如来

という文句であった。地蔵菩薩は王さんにこの経文を授けて、「この偈文を称えるならば、地獄に堕《お》ちることはない」と告げた。王さんは地獄に堕ちる恐怖から逃れたい一心で、この経文を一心に称えた。やがて閻羅王の前に引かれていった。閻羅王は王さんに「その経文を称えて、いったい何の功徳があるのか」と質問した。王さんは「わたしはただこの十四句の偈文をひたすらお称えしているだけです」と答えた。閻羅王は王さんの罪を許し、地獄に堕とすことをしなかった。王さんは三日後、蘇生したが、この偈文をしっかりと記憶していた。王さんはお寺へ行き、僧たちにこの話をし、おぼえている偈文について尋ねると、『華厳経』の偈文であることがわかった。王さんはこのみずから体験した話を空観寺の僧定法師に詳しく語ったという（『華厳経伝記』巻四）。

このような説話によって、この偈文は「破地獄の偈」と呼ばれ、人々はこの偈文をおぼえるようになった。この偈文さえ称えていれば地獄に堕ちることはないと確く信じられたのである。

現在、禅定でお施餓鬼のときに読むお経があるが、その冒頭はつぎの経文ではじまる。

若《じゃ》人《じん》欲《にょ》了《りょう》知《し》　三《さん》世《し》一《い》切《しい》仏《ふ》
応《いん》観《かん》法《は》界《かい》性《しい》　一《い》切《しい》唯《ゆい》心《しん》造《ぞう》

この最後の経文「一切唯心造」という言葉が『華厳経』の唯心思想を簡潔にあらわしている。恐らくこの経文も「破地獄の偈」文がかえられて用いられるようになったものと思われる。文殊菩薩が法照に説いた偈文は「諸法唯心造」であったが、「諸法唯心造」も「一切唯心造」もまったく同じ意味をあらわしたものである。

## 心浄ならば衆生浄なり

先に引用した「唯心偈」の最初に「心は工画師の如く」とあり、心を工画師が自在に描《えが》くことにたとえているが、このたとえは『雑阿含経』巻十にもある。

長夜《じょうや》に種々に貪欲《とんよく》、瞋恚《しんに》、愚痴《ぐち》もて、種種に(染せられたりと)、心悩むが故に衆生悩み、心浄《きよ》まるが故に衆生浄まると。譬《たと》えば畫師、畫師の弟子の善く素地を治め、衆の彩色を具《もっ》て意に随《したがい》て種種の像類を図画するが如し。

このたとえでは、画師が、弟子が画紙をきちんとととのえ、手でしっかりとおさえている画面に、さまざまな色彩で、自分の意のままに、思い通りのさまざまな図像を描くことができることをいっている。画師はどんな色でも、どんな形でも自由に描ける。それとまったく同じように、人間の心も、貪《むさぼ》り、瞋《いか》り、愚《おろ》かさなどのさまざまな煩悩によって染《ぜん》せられ、色つけられている。人の心もさまざまな色彩でいろどられていくのである。そして心が悩むことによって衆生が苦しんでいく。心が浄らかになっていけば衆生もまた浄らかになる。ここで心悩むとあるのが、『華厳経』の「唯心偈」では、衆生となり、心浄まるのが仏となる。心が悩めば衆生であり、心が浄まれば仏となり、心と衆生と仏がまったく別でないことが、『雑阿含経』にもすでに説かれているのである。

心を清浄にすれば仏となり、心をけがせば衆生となる。法照は、文殊菩薩より「諸法唯心造」の偈文を賜わる直前に、つぎのような言葉を受けている。

汝ら解脱を求めんと欲せば、まさに先ずわれの慢《まん》心を除くべし。嫉《しっ》妬と名利とおよび慳《けん》貪《どん》と、かくのごときの不善意とを去却し、まさにもっぱらかの弥陀の号を念ずべし。すなわち仏の境界に安住すること能《あた》わん。もし仏の境界に安住すること能わば、この人は常に一切の仏をば見ん。

解脱を求めようとすれば慢心を除けというのである。さらに嫉妬と名利と貪りのような煩悩を除き、弥陀の名号を念ずることに専念すれば仏の境界に安住することができ、一切の仏を見ることができるという。『華厳経』では、一切が心よりつくられたことを知れば、真の仏が見られるという。表現は異なるが同じことを言っている。かくして煩悩を断《た》てばどうなるか。文殊菩薩はつづいてつぎのように言う。

もしすみやかに、もろもろの煩悩を断つこと能《あた》わば、すなわち、真如の性を了達すること能わん。苦海の中に在りて常楽すること、たとえば蓮《れん》華《げ》の水に著《つ》かざるがごとし。しかして心は清浄にして愛河を出でば、すなわち、速やかに菩提の果を証すること能わん。

煩悩を断ずることができれば、真如の月を見ることができる。泥水のなかから生えている蓮華の花は、泥水をつけることなく清浄な花を咲かせている。それとまったく同じようにわれわれ人間も苦海の泥水のなかに生きていながら、平安な安らかな境地に入ることができる。そのとき心はどこまでも明澄に澄《す》みわたり、清浄になる。愛欲の大河を出でて悟りを完成することができると言っている。

一切のものが唯心造であるということは、われわれの心が清浄になれば仏となり、煩悩におおわれれば衆生となるということである。『雑阿含経』の「心悩むが故に衆生悩み、心浄まるが故に衆生浄まる」ということと、文殊菩薩が法照に授けた教えと、『華厳経』の唯心偈はまったく同じことをいっていることがわかる。

## 仏の音声は深妙なり

「夜摩天宮菩薩説偈品」の最後は、智林菩薩の偈文で終る。

如来の声を聞くと雖も、音声《おんじょう》は如来に非ず。声を離れて復《また》、如来の等正覚を知らず。

仏の声を聞いても音声そのものは仏のものではない。しかし、だからといって音声を離れては、仏の悟りを知ることはできない。仏の音声は単なる音声ではなく、仏の命がそこに宿っているものである。法照は大聖竹林の寺において、文殊菩薩と普賢菩薩の言葉を聞いたが、その言葉は単なる音声ではなかった。だからこそ「法照は聞き終りて歓喜《かんぎ》し踊躍《ゆやく》し、疑網《ぎもう》はことごとく除く。法照は礼謝し終り、合掌して立つ」と言われるのである。文殊や普賢の二聖の言葉は、単なる音声ではなかった。その言葉を聞いた法照は、今まで胸のなかに抱いていた、ありとあらゆる疑網をすべてとり除くことができた。疑団がすべてなくなり、心は秋の大空のように一点のくもりもなくなった。「夜摩天宮菩薩説偈品」の最後は、智林菩薩のつぎの言葉で終る。

是の処《ことわり》甚だ深妙なり。若し能《よ》く分別して知らば、無上の道を荘厳《しょうごん》し、諸《もろもろ》の虚妄《こもう》を遠離《おんり》せん。

一切諸《もろもろ》の如来は、仏法を説くこと有《あ》ること無くして、其の所応に随いて化《け》し、而《しか》も為《た》めに法を演説したもう。

仏の音声の不思議さは、はなはだ深妙なものであり、この理がわかれば悟りを完成させ、迷妄から離れることができるという。仏は衆生の能力に応じて法を説くのである。「その所応に随いて化し」とあるように、衆生の願いに応じて仏は現われ教化し説法してくれるのである。

南岳衡山の祝融峯にいた法照のお椀のなかに、五台山の風光や、文殊菩薩をはじめとする一万の菩薩の姿が現われたのは、法照の熱烈なる願いに感応したから、その姿をお椀のなかに現わしたのである。求むる心、願う心なくして仏や菩薩は、けっして音声を出したり、その姿を面前に現わすものではない。

# 無尽の宝蔵——功徳華聚菩薩十行品・菩薩十無尽蔵品

## 石窟の行者——樊玄智

中国、陝西省《せんせい》の中部の黄陵県《こうりょう》や宜君県《ぎくん》にはあまり大きくはないが、いくつかの石窟がある。黄陵県双竜郷の香坊村には香坊石窟がある。この石窟は陳家山という山の断崖にあり、沮河《そが》に臨んだところにある。あまり大きくない洞窟のなかの正面には弥勒《みろく》菩薩が結跏趺坐《けっかふざ》しており、その上には飛天の像が彫られている。この石窟には男の供養人十体と女の供養人が十二体彫られ、その供養人たちの名前も書かれているのが特徴である。

この石窟の入口から右へ五メートル離れたところには高さ五メートルの龕《がん》が彫られ、そこには四メートルの高さの磨崖《まがい》大仏がある。そのわきには二人の脇侍菩薩が手に蓮花の蕾をもってひかえ目に立っている。

また宜君県にある福地ダムの断崖にも石窟があり、そのなかには釈迦仏が結跏趺坐しており、そのまわりには男女の供養人が端坐している。このような一仏二菩薩がいる小さな石窟が宜君県には散在している。

これらの石窟がいつ頃つくられたかははっきりしないが、その様式は竜門の東魏の石窟や、鞏県《きょうけん》石窟の供養人礼仏図などと似ているといわれるので、南北朝の末葉につくられたものかもしれない。

現在の黄陵県や宜君県は、唐の時代、坊州と呼ばれていた。この坊州の赤沙郷に住んでいたのが樊玄智《はんげんち》という華厳行者であった。この村から三里離れたところに一つの石窟があった。それは現存している石窟と同じように規模が小さいものであったにちがいない。その石窟は単なる礼拝の対象でなく、修行者がそのなかに入って坐禅をする場所でもあった。

樊玄智はこの石窟にとどまること二十年あまりであった。昼は『華厳経』を読誦し、夜は坐禅をしていた。彼がお経を読誦していると、鳥や獣が林のなかに集まってきた。寂然として樊玄智の誦経の声に聞きいったのであった。誦経はただ声をだしてお経を読めばよいというものではない。その声に音徳がともなわなければならない。

誦経の音徳を慕って虎や豹《ひょう》などの猛獣までもが樊玄智のそばへ来てひれ伏すようになった。あるとき悪人が樊玄智を崖からつき落した。しかしまったく身体を損することなく、宛然としていたという。唐の永淳元年（六八二）のことであった。村人が石窟のなかから光が発しているのを見た。怪しんでなかをのぞくと、樊玄智が坐亡している姿を認めた。村人たちが屍を外に出すと光が消滅した。村人たちは屍を火葬にふして塔を建てた。ときに七十余歳であった。

樊玄智は生涯、居士として終った。十六歳のときに家を捨てて長安にでて、華厳宗の開祖とされる神僧杜《と》順《じゅん》禅師について修行し、『華厳経』を読誦することを命としていた。終南山至相寺に入山して『華厳経』の教理を学習したが、樊玄智がもっとも力をそそいだのは『華厳経』の読誦であった。彼がお経を誦すると、そのたびに口のなかからつぎつぎと舎利が現われたといわれ、その数は百粒あまりになったという。樊玄智はその舎利をみずから供養するとともに、多くの人々に分かち与え、これを布施したという（『華厳経伝記』

巻四)。
樊玄智が口から舎利をだしたこと、その舎利を供養したこと、人々に布施したことによって、人々は舎利の功徳を知り、舎利供養の大切なことを知ったにちがいない。だからこそ華厳宗の大成者、法蔵が長安からはるか西方にあった扶風の法門寺の仏舎利塔の前で、わずか十六歳の少年のとき、みずからの指を焼き発願したのであり、晩年には則天武后の命によって、法門寺の仏舎利を東都の内宮に迎える役目を立派に果たしたのである。樊玄智こそ居士でありながら、舎利供養をした華厳行者であった。

## 菩薩の十行とは――功徳華聚菩薩十行品

第四夜摩《やま》天宮会の序論につづき、ここでは本論である「功徳華聚菩薩《くどくけじゅぼさつ》十行品《ぼん》」と「菩薩十無尽蔵《むじんぞう》品」について述べる。「十行品」では功徳林菩薩が十種の行を説く。「十無尽蔵品」では無尽の宝蔵が説かれる。
仏の神力を受けた功徳林菩薩は善伏三昧（煩悩を制伏し、おこらないようにする三昧）に入った。諸仏が功徳林菩薩の頂《いただき》を摩《な》でると、三昧からたちあがって菩薩の十行を説いた。

　仏子よ、何等をか菩薩摩訶薩《まかさつ》の行と為《な》す。菩薩に十行有り、三世諸仏の宣説したまう所なり。何等をか十と為す。一には歓喜行《かんぎぎょう》、二には饒益《にょうやく》行、三には無恚恨《むいこん》行、四には無尽《むじん》行、五には離痴乱《りちらん》行、六には善《ぜん》現《げん》行、七には無著《むじゃく》行、八には尊重《そんじょう》行、九には善法行、十には真実行なり。

菩薩の十行とは、(一)歓喜行、(二)饒益行、(三)無恚恨行、(四)無尽行、(五)離痴乱行、(六)善現行、(七)無著行、(八)尊重行、(九)善法行、(十)真実行である。この十行について経は説明を加える。
(一)歓喜行とは平等に一切の衆生に恵み施すことである。施し終って後悔しない、報いを求めない、名誉を求めないのがこの布施行である。樊玄智が口からでた舎利を惜しみもなく人々に布施したようなものである。菩薩がこの歓喜行を修すると、一切の衆生の心には歓喜があふれた。一切の衆生を歓喜させること、それが歓喜行なのである。それは施す者、受ける者、布施する物の三つがすべて空であり、一切の執着を離れた行だからである。

㈡饒益行とは仏の戒を守ることである。浄らかな戒をたもって、一切の煩悩を離れることである。樊玄智も誦経と坐禅の生活に徹したが、在家の信者である居士でありながら、戒を守ったにちがいない。そうでなければ誦経のとき、音徳がそなわり猛獣がひれ伏すはずがない。魔王や天女のどんな誘惑があってもそれにひきつけられることがない。「心浄きこと仏の如し」となるのがこの行の実践である。この行を実践するためには「一切法は夢の如く電《いなずま》の如し」と悟ることが必要となる。

㈢無恚恨行とは忍辱《にんにく》行である。たえず和顔《わげん》にして愛語し、他を害することがない。たとえ刀杖をもって身に毀害《きがい》を加えられようとも瞋《いか》ることがないのである。

㈣無尽行とは精進することである。精進を行ずることである。樊玄智も誦経と坐禅のために石窟のなかに住すること二十余年であった。精進というのは継続することよりほかにない。一つのことを三十年やればどんなことでもさまになるものである。

㈤離痴乱行とは禅定を修することである。それによって正念に住し、心を散乱させないことである。正念に住すれば、「好悪の声を聞くも心に憎愛なし」ということになる。正念に住していた樊玄智は、悪人によって崖から落とされても身に傷をおうことがなかった。

㈥善現行とは一切が無相であることを観じる智慧をいう。一切のものが無相の相であることがわかると、無縛無著《むばくむじゃく》の法門に入ることができる。

(七)無著行とは一切の執着を離れながら、しかも一切の世間に随順《ずいじゅん》することを願うことである。どんなものを見ても心に執着がない。これができるということは大変なことである。心に執着をもたない人こそ、自由な人、自在な人である。「仏国を見て心に所著なく、若くは仏国を去るも、心に余恋《よれん》なし」というのが無著行を修した人である。浄土のような好ましいところを見ても、ここに生まれたい、そこに行きたいという執着もなく、仏国土や浄土から離れても、それを慕う気持はさらさらないというのである。

(八)尊重行とは一切衆生を救い、悟りを完成させる願いをもつことである。この尊重行の実践者は「自ら己《おの》が安きを求めず。但《ただ》一切の衆生を調伏《じょうぶく》し、一切の衆生を浄くし、一切の衆生を度せんと欲するのみ」でなければならない。さらに「怨親等《おんしんひと》しく観じて、差別無く、究竟《くきょう》じて彼岸に到り、具足して無上の菩提を成就せしめんと欲すればなり」という心がけが必要である。怨親平等ということは口では簡単にいえるが、実際にこれを実行することは至難のわざなのである。

(九)善行法とは十種の身となって一切の衆生を利益する行である。一切衆生の家となり、救護《くご》となり、帰依となり、尊導となり、師となり、燈となり、明《みょう》となり、炬《ともしび》となり、光となり、種々の燈となることである。簡単にいえば衆生の頼りとなり、光明となることである。舎利を口からだした樊玄智は、まさしく衆生の光明であったにちがいない。

(十)真実行とは諸仏の真実の教えを学び、一切の衆生を済度する行である。この真実行の実践者は本願に従って衆生を清浄にしようとする。本願とは宇宙、大自然のいのちそのものであり、そのいのちに生かされて道を具現していくのである。

十行を説いたあと、功徳林菩薩は偈文をもってふたたび説いたが、その偈文の一つには、

見る者 悉《ことごと》く空《むな》しからず、修する所、皆真実にして、業行を壊《え》す可《べ》からざるは最勝の所行なり。

とある。修行するところが皆真実であるとは、華厳教学の言葉でいえば「挙体全真《こたいぜんしん》」となる。樊玄智の口からでたつばきは、そのまま舎利となり、彼の音声は音徳をそなえているために、鳥獣すべてがそれを聞いたのであった。音声がそのまま仏声となるのが挙体全真なのである。そのまま行うこと、言うこと、考えることが仏の行であり、仏の言葉であり、仏の心となっていることをいう。

## 十種の無尽蔵――菩薩十無尽蔵品

つづいて功徳林菩薩が十種の無尽蔵（無尽の大行）を述べるのが「菩薩十無尽蔵品」である。「無尽蔵品」の冒頭はつぎの言葉ではじまる。

仏子よ、菩薩摩訶薩《まかさつ》に十種の蔵有り。三世諸仏の演説したもう所なり。何等《ら》をか十と為す。信蔵、戒蔵、慚《ざん》蔵、愧《ぎ》蔵、聞《もん》蔵、施蔵、慧蔵、正念蔵、持蔵、弁《べん》蔵、是を十と為す。

十種の蔵とは㈠信、㈡戒、㈢慚、㈣愧、㈤聞、㈥施、㈦慧、㈧正念、㈨持、㈩弁である。蔵とはしまっておくところの意味で、くらのことである。あらゆるものがそこにしまわれており、そこから出てくるところのものである。

㈠信蔵とは一切のものが空であり、無相であり、不生であることを信じ、心を澄浄ならしめることである。信蔵を完成すれば、不退転の信、不乱の信、不壊《え》の信、不著の信を得ることができる。『華厳経』に対する不退転の信がなければ、そのお経を何十年も誦経することは不可能なことである。樊玄智には信蔵が確立し

ていた。

㈡戒蔵とは十種の清浄戒をたもつことである。十種の清浄戒とは饒益《にょうやく》戒、不受戒、無著戒、安住戒、不諍《じょう》戒、不悩害戒、不雑《ぞう》戒、離邪命《りじゃみょう》戒、離悪戒、清浄戒のことであり、それぞれについて経文は説明を加えている。饒益戒とは衆生を利益《りやく》し安楽にすること、不受戒とは外道の戒を受けないこと、無著戒とは欲界の戒に執着しないこと、安住戒とは五逆罪（父を殺し、母を殺し、阿羅漢《あらかん》を殺し、僧の和合を破り、仏身の血を出すこと）の罪をつくらないこと、不諍戒とは衆生が互いに諍わないこと、不悩害戒とは呪術、薬草によって衆生の悩害を救うこと、不雑戒とは雑戒をたもたず、十二縁起を観察して清浄の戒をたもつこと、離邪命戒とは浄戒をたもって一切智を求めること、不悪戒とはみずから戒をたもつといわず、破戒者を見ても罵《ののし》らないこと、清浄戒とは殺、盗、邪婬、妄語、悪口《あっく》、麁言《そごん》、両舌、雑《ぞう》語、貪瞋恚《とんじんに》、邪見を離れ、十善をたもつことで、一言でいえば清浄の戒をたもつことである。

㈢慚《ざん》蔵とは無慚の行を離れて悟りを完成させることである。「自ら我が身、及び余の衆生を惟《おも》うに、去来《こらい》現在に無慚の法を行ぜり」とあるように、人はみずから深く反省するとき、自分も他人も昔から今にいたるまで無慚の法を行じていたという。無慚の行とは三毒、虚偽などの不善によって行われるものである。毒念をもって人間が互いに害しあうことである。

㈣愧蔵とは一切の貪《むさぼ》りを愧《は》じて仏道を完成させることである。人は財宝、妻子、名誉などあらゆるものを貪り求めて「心に厭《あ》き足ることなし」といわれる。貪りはまた新たな貪りを呼び、とどまるところがない。それは自分も他人もよくよく反省してみれば貪欲の心をもっていることにかわりはない。

㈤聞蔵とは多聞蔵のことである。仏が説かれた教えを聞いて無上の学道を完成させることである。

衆生は長夜《じょうや》に生死に流転《るてん》して、童蒙《どうもう》凡夫は道を修することを知らず。我当《まさ》に昼夜に精勤《しょうごん》に学問して、一切の諸仏の法蔵を受持し、究竟して無上菩提を成就《じょうじゅ》し、広く衆生の為に、真実の法を説きて、普《あまね》く一切をして無上道を成ぜしむべし。

これによってわかるように、われわれは長いあいだ、闇夜をさまよい歩き、どのように仏道を修行してよいか、まったく盲目になっている。だからこそ昼夜に精進して学道し、無上の悟りを完成させ、闇夜を歩く人々に真実の教えを説かなければならないという。

**富貴は無常なり——施すことの難しさ**

つぎに十種の無尽蔵の第六施蔵について説明を加えたい。

㈥施蔵とは十種の布施をいう。十種の布施とは修習施法、最後難施法、内施法、外《げ》施法、内外施法、一切施法、過去施法、未来施法、現在施法、究竟施法である。

第一修習施法とは平等の施をいう。みずから貪著することなく一切に恵み施す。「我が身、饑《うえ》に苦しめば彼も亦饑に苦しむ」のであり、食を施してあまりがあればみずから食するのが修習施法である。これは普通の人間のできることではない。ごく普通の人でも食がなければ、人間の肉を食するようになる。戦争中、飢えに苦しんだ兵士の惨状を見れば、人間とは何とすさまじい動物であるかがわかる。極限状況にあれば、この修習施法は実行できないほど困難な教えである。

第二最後難施法とは、他人のために自分の身命を犠牲にすることである。これは「菩薩の最後の行じ難き施法」といわれる。これも普通の人にはできない。敦煌の莫高窟《ばっこうくつ》の第二五四窟の南壁に北魏時代の壁画が描かれている。薩埵《さった》太子が飢えに苦しむ虎の親子に自分の体を与えようと、みずからの体を傷つけ、断崖から飛びおりた画が右上に描かれ、右下には虎の親子がむらがり、その肉を貪っている図が描かれている。その画面の上方には薩埵太子のための供養塔が見える。このようにみずからの体を飢えた動物や人に与えることは普通の人間にはできないが、それを実行できる人こそ仏なのである。

第三内施法とは血肉、脳髄《のうずい》などを求める者があれば喜んでこれを施すことである。やはり一命を捨てて他人の命を救う布施である。

第四外施法は地位、財産を請う者があれば、喜んでそれを与えることである。財宝をもち、位人身をきわめたとき、それを与えることである。「富貴は無常なり、必ず貧賤に帰さん」とあるが、大変によい言葉である。人間の地位や富貴は無常であることを銘記しなければならない。

第五内外施法は内施法と外施法とをあわせ実行することで、身体と財宝とを請う者があれば喜んでこれを与えることである。「我が身と財宝とは、倶《とも》に堅固に非ずして、無常危脆《きぜい》なる磨滅《まめつ》の法なり」ということを認めなければ、この布施行は実行できない。

第六一切施法とは、一切の愛着を捨てて、すべてのものを請うままに与えることである。

第七修過去施法とは、過去の所行に一切執着せず、衆生を教化することである。人間は過去のことをいつまでも考えていては何もできない。「過去の諸法は皆悉く捨離《しゃり》せん」とあるように、過去のものを捨てることが大切である。過去も捨て、未来も思わず、ひたすら今に生きることが大切である。過去のものはふたたびとりかえすことはできないし、未来のものはまだ来ていないからである。

第八修未来施法は未来のものを思わず、ひたすら現在、教化のためには努めることで、第七の修過去施法といっしょに実践すべきことである。口でいうのは簡単であるが、第六も第七も実行することは難しい。

さらに困難なのが第九修習現在施法である。現在に生きることも容易ではない。

一切の諸行は皆、悉く夢の如く、一切の所行は皆真実に非ず。衆生は知らざるが故に、悪道に流転すと。現在、行っているさまざまな行為も、それは夢の如くであり、真実ではないと知ることが大切なのである。これを知らない人は悪道に流転してゆく。

第十究竟施法とは、この身は不浄で頼み難しと考え、衆生の願うままに一切を施すことである。

**誦経の音声を聞く**

ふたたび十蔵の順番に従って簡単な説明を加える。

(七)慧蔵とは一切のものの真実相を知ることである。一切のものは業報と因縁によってつくられている。一切のものには、自性はなく、堅固でなく、真実でなく、すべてのものが空であることを悟らなければならない。一切のものが空であることを悟り、その真実の教えを説くのが慧蔵である。

(八)念蔵とは正念蔵のことで、諸仏の法蔵を念持することである。法蔵を念持すれば一切のものに執着することがないと説く。

(九)持蔵とは聞持蔵のことで、諸仏の教えを聞持することである。仏の教えを聞くとは、自己の絶対否定することである。そうなれば「唯仏のみの境界にして、余は能《よ》く及ぶことなし」ということになる。自己や自分がある限り、仏の教えを聞くことはできない。

(十)弁蔵とは智慧を体得して、衆生のために教えを説くことである。諸仏の経典に違《たが》うことなく、一日に一句一味の法を説いて尽きることがないことである。樊玄智のように一生涯、『華厳経』を読誦することも一つの弁蔵のあり方である。音徳が鳥獣草木の心を打つということは弁蔵のきわまったものといえよう。

以上述べた十種の無尽蔵を説いたのが、この「菩薩十無尽蔵品」である。無尽蔵とあるからには、この十蔵は無尽である。無尽というのはなくなることがないことである。あたかも泉水が涸れることなく、無限に湧き出るようなものである。無尽とはまた不断の精進をいう。不断の精進によって十蔵から永遠に汲みとるべき真実がある。石窟にこもること二十余年、坐禅と『華厳経』の読誦に過した樊玄智は、まさしく不断の精進を実践していたのであった。彼はこの「十行品」や「十無尽蔵品」をいったい何回ぐらい読んだのであろうか。何度も何度も読誦しているうちに経文は暗記してしまったにちがいない。頭で暗記したのではなく、身体全体が十行や十蔵の教えとなっていったのである。

坊州の村はずれの石窟のなかに『華厳経』を読誦していた樊玄智の胸に去来したのは何であったろうか。それはあるいは施蔵の教えであったかもしれない。一切の愛着を捨て、過去も未来も現在も捨て去った境涯で、ひたすら読誦を実践したからこそ、寂然として声なき森のなかで、鳥獣がその音声《おんじょう》を聞き、頭をうなだれていたのではないか。華厳行者の誦経の音声が今なお聞えるような気がする。

# 無量の廻向——如来昇兜率天宮一切宝殿品・兜率天宮菩薩雲集讃仏品・金剛幢菩薩十廻向品



## 兜率天にいた慧遠と僧休

西安市（長安）でもっとも規模が大きい寺院は大興善寺《こうぜん》である。現在は大興善寺公園という名前で呼ばれ、公園内には樹木が茂り、竹林があり、その中心部には山門楼、天王殿、鐘鼓楼、大雄宝殿、観音殿、法堂、方丈などの建物が静かにたたずんでいる。この大興善寺は隋の文帝によって命名された由緒のある寺院なのである。

隋の開皇十七年（五九七）のことであった。『華厳経』を講義していた霊幹が病《やまい》にかかった。やがて悶絶して意識を失った。身体は次第に冷たくなっていったが、心臓だけが冷たくならなかったので、埋葬しなかった。何日かたって意識が覚醒してから人々に不思議な物語を語った。その内容はつぎのようである。

二人の従者が門前に立っており、招かれた霊幹はいっしょに空中を歩くようにして行くと、大きな花園に着いた。そこには七宝の樹林がおい茂っていた。二人の従者は姿を消した。霊幹一人だけが花園に入っていくと、林も池も山もすべて珍宝で飾られていた。あまりのまばゆさのために正視することができなかった。一本の樹の下の花座に一人の人が坐っていた。

「霊幹よ、お前よくここへ来た」と言ったのはあの有名な浄影寺慧遠《じょうようじえおん》法師であった。思わず霊幹は「ここはどこでしょうか」と尋ねた。すると慧遠は「ここは兜率《とそつ》天であり、自分は僧休法師とここに生まれたのだ。すぐ南の花座の上にいるのは僧休法師だ」と答えた。霊幹がよくよく見ると、なるほど僧休法師が坐っているではないか。しかしその姿は生身の姿ではなく、頭には天冠をかむり、朱と紫の衣を着ていたが、その言葉は昔のままであった。慧遠はさらに「お前さんと、その弟子たちは、皆ここに生まれるであろう」と言ったという。

これが霊幹が悶絶してから死後の世界の入口で体験した事実であった。兜率天の花園に行った霊幹は、地論宗の学匠である慧遠や僧休に出会ったのであり、霊幹も死んだのちには、この兜率天に生まれることを知ったのである。

## 大興善寺に住した霊幹

兜率天を垣間見ることができた霊幹は、十歳のとき寺に遊び法要を見たり、説法を聞くのが大好きであった。十四歳のとき鄴《ぎょう》の都の大荘厳寺の曇衍《どんえん》大徳について弟子となり、寸陰を惜しんで学問した。講堂に入るときには、兜率天のような天宮に入るのと同じ気持であった。十八歳にして『華厳経』を講じた。あまりにも秀才であったため、人々は驚き怪しんだ。

北周の廃仏にあって難を避けたが、やがて隋の復仏の時代となると、ふたたび活動を開始した。たまたま華厳経結社が設けられていた。その結社の指導者は海玉法師であった。華厳経結社に招かれた霊幹は、講中の人々のために進んで『華厳経』を講じた。

隋の開皇七年（五八七）、勅命によって長安の大興善寺に住し、訳経、証義の任にあたった。ちょうど闍那《じゃな》崛多《くった》（ジニャーナグプタ）がお経を訳していたので、それを助けたのである。

仁寿三年（六〇三）、隋の文帝は全国百十三州に舎利塔を建てたが、大興善寺の僧であった霊幹も、勅命によって舎利を洛州の漢王寺に安置した。大業三年（六〇七）、大禅定寺が建てられると勅命によって寺の上座となった。大業八年正月、七十八歳で没した。遺体は火葬にふされ終南山に葬られた。

霊幹の一生は『華厳経』の参究にあった。経本にもとづいて『蓮華蔵世界観《れんげぞう》』および『弥勒天宮観』を著わした。生涯を兜率天に上ることにかけていた霊幹は、死に臨んで、ふたたび青衣の童子二人の出迎えを受けた。兜率天の城外に行ったが、まだなかに入ることができなかった。そこで足を上げて目を上方にあげて城中の宝樹を見ようとした。そのとき弟子の童真は死に臨んだ霊幹の目が上方を見ようとしているのに気がついた。兜率天宮に入れば霊幹の願いは遂げられるはずであった。霊幹はやがて息をひきとったが、兜率天宮に入ることができたであろうか。

### 宮殿の荘厳――如来昇兜率天宮一切宝殿品

『華厳経』の第五会である兜率天宮会では、十廻向が説かれる。この会のなかには「如来昇兜率天宮一切宝殿品」「兜率天宮菩薩雲集讃仏品」「金剛幢菩薩十廻向品」の三品が説かれる。最初の二品はこの会の序文にあたり、第三品が正宗分である。兜率天宮とは兜率天の宮殿であり、弥勒菩薩がここで説法しているといわれる。霊幹が『弥勒天宮観』をつくったのは兜率天に関係があるからである。実際に兜率天宮に入ったことがある霊幹だからこそ、天宮の様子を詳細に記述できたにちがいない。

まず「如来昇兜率天宮一切宝殿品」は仏をお招きすることを説く。仏は夜摩天宮の宝荘厳殿を離れることなく、兜率天宮の一切宝荘厳殿にお入りになった。仏は荘厳された師子座に着かれた。この宮殿はありとあらゆる荘厳具で飾られていた。百万億の妙宝で飾られた宮殿は、霊幹の見た珍宝で飾られた林地山池の景観とまったく同じであった。

宮殿のなかには百万億の天神、竜王、夜叉《やしゃ》、阿修羅王、金翅《こんじ》鳥王、化楽天王をはじめとして、ありとあらゆる諸天諸王が仏を恭敬《くぎょう》し、礼拝していた。これらの人々は、

如来の出世は甚だ値遇《ちぐう》すること難く、功徳具足し、智慧無礙《むげ》にして、平等に正覚したまえるを我今見たてまつることを得たり。

と言う。仏に会えた喜び、仏を見ることができた喜びをあらわし、香華、抹《まっ》香などで仏を供養した。

兜率天王は仏を讃歎して、

無礙の如来は猶《なお》満月のごとく、諸の吉祥の中にて最も第一なり。来りて衆宝荘厳殿に入りたまいき。是の故に此の処最も吉祥なり。

と述べた。満月のごとき仏を吉祥中の大吉祥とし、その仏のおられるこの宝殿も、またもっとも吉祥なところであると讃えた。

### 菩薩の讃仏偈――兜率天宮菩薩雲集讃仏品

つぎに金剛幢《どう》菩薩をはじめとして十人の菩薩が、それぞれの世界の菩薩をひきいて、仏のみもとに詣《いた》り、礼拝供養した。このとき、世尊は両膝《ひざ》より百千万億の光明を放って一切の世界を照した。十人の菩薩は偈文

をもって仏徳を讃歎した。

まず金剛幢菩薩は、
如来出世せず、亦《また》涅槃《ねはん》あることなし。本の大願力を以て、自在の法を顕現したもう。

仏の出世や涅槃がなくとも、宇宙の生命力は、自在に一切のものを生かしたもうのである。仏あるも、仏なきも、大自然の生命力は、ありとあらゆる場所に発現していくのである。『華厳経』の本尊である毘盧舎那《びるしゃな》仏とはまさしくかくの如きの仏である。だからこそ「色身は如来に非ず、音声《おんじょう》も亦《また》是の如し」と言われるのである。

その本願力とは法身の力でもある。夜光幢菩薩は、
譬《たと》えば一心の力、能《よ》く種種の心を生ずるが如く、如来の一法身は、諸仏の身を出生《しょう》ず。

と述べる。一心の力、意志の力、願力の力がさまざまな心を生じるように、法身があらゆる仏身を出だすのである。法身は目に見えない。それは大自然の生命力そのものである。その生命力が仏を生みだすのである。

三世一切の仏は、法身悉《ことごと》く清浄にして、その応化《おうけ》する所に随《したが》いて、普《あまね》く妙色身を現じたもう。

法身は清浄である。その清浄な生命力が発現して仏の色身を生じさせるのであり、肉身をもってこの世に現われた仏は、宇宙の生命力がつくりだしたものにすぎない。『華厳経』はこの宇宙の生命力を毘盧舎那仏と呼んでいるのである。

それでは法身はどこにいるのか。それに対して宝幢菩薩はつぎのように説く。

法身は処所なくして、十方界に充満し、仏身は思議し難く、空の分際なきが如し。

宇宙の大生命のはたらきそのものである法身は目に見えるはずもなく、その存在する場所もない。しかし、

どこにも存在していないかというとそうではなく、十方世界に充満しているのである。この法身はわれわれの頭や知恵ではとらえることができない。それはあたかも虚空（＝大空）に限定がなく、その際《きわ》がないのと同じく、広大無辺なものなのである。

さらに真宝幢菩薩はつぎのように説く。

衆生は虚妄《こもう》の故に、これ仏なり、これ世界なりとなす。もし真実の法を解《さと》らば、仏もなく世界もなし。

われわれ衆生は迷妄のなかに生きている。そのためこれが仏だ、これが世界だというように分別する。しかし、真実の法身の世界から見れば、仏も世界も存在するものではない。仏だ世界だと迷妄のために、かりに分別しているにすぎない。このようにそれぞれの菩薩が偈文によって仏を讃歎した。

**十種の廻向——金剛幢菩薩廻向品**

このとき、金剛幢菩薩は仏の威神力を受けて、明智《みょうち》三昧に入って百万の諸仏を見たてまつった。これらの諸仏はすべて金剛幢と名づけられた。諸仏は金剛幢菩薩に、「善いかな、善いかな、汝はよく三昧に入った」と言われた。それは盧舎那仏の本願力によるからである。諸仏は右手で金剛幢菩薩の頭の頂《いただき》を摩《な》でて、廻《え》向《こう》について説くことをうながした。

そこで金剛幢菩薩は十種の廻向を説いた。

㈠一切の衆生を救護して衆生の相を離れたる廻向

㈡不壊の廻向

㈢一切の仏に等しき廻向

㈣一切処に至る廻向
㈤無尽の功徳蔵の廻向
㈥平等に随順する善根の廻向
㈦随順して等しく一切の衆生を観ずる廻向
㈧如相廻向
㈨無縛無著の解脱廻向
㈩法界無量の廻向

この十種の廻向について経文は詳細に述べていく。十廻向とは、菩薩が修するところの善根を、衆生と菩提と真如の三つに廻向させることである。廻向の廻とは転ずること、向とは向うこと、趣《おもむ》くことである。

この十種の廻向は三つに分類できる。㈠衆生廻向とは、大悲をもって衆生を救うことであり、㈡菩提廻向とは、善根を正しく無上の悟りにおもむかしめることであり、㈢真如廻向とは、相を捨てて、理に証入することである。十種の大行をもって三つに廻向させることを説いたのが十廻向の法門である。

第一救護一切衆生離衆生相廻向の場合には、自分の善根を廻向して、一切衆生のために舎となり、護となり、帰となり、趣となり、安隠となり、大明となり、炬《きょ》となり、灯となり、尊となり、主宝臣となる決意をもって衆生を救おうとするのである。

衆生の状況はいったいどうであろうか。

衆生は常に愛網のために纒《まと》われ、無明に覆蔽《ふくへい》せられ、有愛に染著《ぜんじゃく》してこれがために走使せられて、自在を得ず、苦獄に縛《ばく》在し、諸魔の業に随い、諸仏の所《みもと》に於て心に疑惑《ぎわく》を生じ、出世の道を得ず、安隠の処を見ず、常に無量の生死の曠野に馳《は》せて無量の苦を受く。

衆生は愛欲にまとわれ、無明におおわれ、地獄の苦しみに縛《しば》られ、心に疑惑を生じ、平安な境地を知らず、生死の荒野にさまよい、苦しみを受けているのが衆生の現実である。菩薩はこの衆生の苦しみを救うために、己れが積んだ善根を廻向するのである。

第二不壊《ふえ》廻向以下においても、経文はまず長行（文章）をもってその内容を説き、つづいて金剛幢菩薩が偈文によって再説する。以下、重要な経文をあげながら、その内容を述べよう。

## 廻向して彼岸にいたる

第三廻向のなかにつぎの文が見える。

若し家に在る時は、妻子と倶《とも》なるも、未だ曾《かつ》て暫《しばら》くも菩提の心を離れず、……与《とも》に同止すと雖《いえど》も心に所著なし、本の大悲を以ての故に、在家の属《ぞく》に処《しょ》し、大慈を以ての故に、妻子に随順するも、菩薩の浄道に於て障礙《しょうげ》する所なし。

在家の生活にあって、妻子といっしょに住んでも、妻子の言うことに従っても、菩薩の清浄な道を守ることができるという。在家仏教の根本がここに述べられている。

第四至一切処廻向のなかでは、一切の善根の功徳の力を一切処にいたらしめる。それによって一切処にいたる身業、口業、意業をまず得ることができ、さらに一切処にいたる、ありとあらゆるものを得ることができる。一即一切の教えが説かれる。

第五無尽功徳蔵廻向では、一切の善根を廻向して、一切の仏刹を荘厳する。この廻向によって十種の無尽功徳の蔵を得ることができる。

菩薩は一切の虚妄の見を、已《すで》に滅し已に棄《す》てて永く余すことなく、世間の煩悩の熱を遠離《おんり》して、究竟清浄の趣《しゅ》に到ることを得。

この第五廻向に入ると、虚妄の我見と煩悩をすべて捨て去ることができるようになる。霊幹が兜率天に入ることができたのは、煩悩を捨て去り、ただ心臓のみが動いている状態であったからかもしれない。

第六随順一切堅固善根廻向では、一切の施行を説き、とくに清浄の布施について述べる。なおこの段のなかには廻向について説明が与えられている。

廻向とは何の義ぞや。永く世間生死の彼岸に度《わた》るが故に廻向と説き、諸陰の彼岸に度るが故に廻向と説き、語言道の彼岸に度るが故に廻向と説き、衆生相の彼岸に度るが故に廻向と説き、身見の彼岸に度るが故に廻向と説き、不堅固の彼岸に度るが故に廻向と説き、……諸の世間法の彼岸に度るが故に廻向と説く。

廻向とはありとあらゆるものの彼岸に渡ることなのである。布施行を行うのも彼岸に渡るためである。

第七等心随順一切衆生廻向では、菩薩が無量の善根を修習し、衆生のために無上の福田となり、衆生を清浄ならしめることを説く。

勤修《ごんしゅう》し精進して懈怠《けたい》なければ、一切の願に於て退転せず、菩薩は廻向して彼岸に到り、よく清浄なる妙法の門を開く。

精進し怠ることがなく、一切の願いを達成するために不退転の決意があれば、廻向して彼岸に到達することができるというのである。霊幹は兜率天宮に入り、慧遠や僧休と会って以後、さらに以前にまさるほど、

「端然として観行し、交《まじわり》を人物に絶った」のであった。端然不動に住し、一切の人間との交際を絶たなければ、兜率天宮に入ることはできない。人間や世間とのわずらわしい交際はすべて絶ち、ひたすら坐禅に励む必要がある。

### 無限の廻向

第八如相廻向とは、修するところの善根を真如に向って廻向する。如相とは真如相のことである。菩薩がこの廻向に安住すれば、

一切法の自性《じしょう》は自性有ることなしと廻向し、相如《そうにょ》の如く善根も亦爾《またしか》り。一切の法は無相の真実相なりと廻向し、法如の如く善根も亦爾り。

となる。一切のものは無自性であり、真如もまた無自性、善根もまた無自性となる。一切のものが無相であること、それこそが真実の相《すがた》であることを知るのである。廻向したからといって善根が増すものでもなく、廻向しないからといって善根が減ずるものではない。無相の善根、無功徳の善根こそほんとうの善根だからである。霊幹が、海玉法師が華厳経結社をつくると知るや、みずから『華厳経』の教えを一人でも多く知らしめんとして講義を行ったのも、ただ善根を積むためではなかった。それは一切の報酬を求めない無功徳の善根であった。

第九無縛無著解脱とは、相に縛せられず、見に執着しない解脱の心をもって、善根を廻向することである。

無縛無著の解脱の心を以て普賢の自在を得、一華の中に於て一切の厳浄せる世界をして皆悉く安住せしむ。

束縛のない無心の心によって、普賢菩薩の自由自在の境地に到達することができると、一華のなかに一切の厳浄の世界を見ることができる。厳浄の世界とは霊幹が見た兜率天宮の如きであり、蓮華蔵世界の如きものである。しかも、その世界を一輪の花のなかに見ることができるというのである。

第十法界等無量廻向とは、法界に等しい無量の仏を見、無量の衆生を調伏し、その善根をもって一切の衆生に廻向することである。

この廻向に住すれば、法界に等しい無量の一切の仏を見ることができる。法界に等しい無量の衆生を調伏《ちょうぶく》することができる。法界に等しい無量の仏刹を荘厳することができる。法界に等しいとは、虚空のような無限大の世界をいう。無限大の廻向とは、まことに雄大であり、雄渾であり、人間の智恵でははかり知ることができないほど大きいものである。

善根を何かに廻向するということは、普通は功徳を積むことであるが、このように法界と等しき廻向となると、廻向する善根も、廻向されるものも無限大となる。『華厳経』の目指したものは、まさしく無限の世界なのである。

このような無限の世界に生かされている人間の営みはあまりにも小さい。人間の営みなど法界から見れば、芥子《けし》粒の如きものである。このことを知るとき、人間の営みは謙虚さを知る。

霊幹はかつて気絶して兜率天宮の光景を見て、ふたたび蘇生したが、やがてほんとうの死期が近づいた。一旦、意識を失ったがふたたび気がついた。そのとき弟子の童真が「何か見ましたか」と尋ねると、霊幹は「大水遍満して華の車輪の如くなるを見、幹其の上に坐す」と答えた。華の廻るように大水が溢れだしている上に自分が坐っているのを見たと、童真に告げ、最後に「所願足りぬ」と言って息を引きとったのである。

大水の上に坐っているようでは、願心が不足の結果だというのである。蓮華蔵世界に生まれることができずに、大水遍満のなかに生じてしまったのである。浄影寺慧遠などが坐っていた兜率天宮にも生じることができなかった。一度は悶絶して天宮の荘厳世界を見ることができたが、ほんとうに死ぬときは、そこに生まれることができなかった。それは願心が足りなかったためなのである。

霊幹のように、その生涯にわたってただひたすら『華厳経』を奉じ、『華厳経』に命をかけ、『華厳経』を講じた人であっても、死後に兜率天宮に生まれることはできなかったのである。そこに生まれることを願い、『弥勒天宮観』という書物までも書いた霊幹であったが、ついに兜率天宮に転生することはできなかった。ましてわれわれ凡人がどうして兜率天宮に転生することができようか。その兜率天宮にあって仏が説いたのが、「昇兜率天宮一切宝殿品」以下の三品なのである。その深妙さ、霊妙さを改めて思い知るのである。

# 歓喜の妙道——十地品（Ⅰ）



## 天宮を見た大覚寺慧光

嵩《すう》山の山麓にある少林寺は、少林寺拳法で有名であり、また達磨大師が隠棲していた場所としても人々に知られている寺である。この少林寺は北魏の孝文帝が仏陀禅師のために建ててくれた寺である。

この仏陀禅師はインドの禅者であったが、中央アジアから西域の諸国を遊歴し、やがて北魏の都、平城（大同市）へやって来た。平城には有名な雲崗の石窟がつくられていた。仏陀禅師もこの雲崗石窟の、北魏の帝王の姿に似せてつくられた巨大な仏像を、まのあたりに見て驚いたにちがいない。それは現存する雲崗の第十六窟から第二十窟までの仏像である。遊牧民であった匈奴の王様の顔は雄壮であり魁偉であり、見る人を圧倒してやまない力強さをもっていた。

平城の城内にいた資材百万といわれた康家は仏教の信者で、仏陀禅師のために別院を建ててくれたので、禅師はそこに住してひたすら禅定を修した。

孝文帝が都を洛陽に遷都するや、仏陀禅師もいっしょに洛陽に行き、嵩山に住んだり、洛陽の禅院に帰ったりしていた。ちょうどそのとき、十三歳の慧光が父に連れられて洛陽に来ていた。この慧光こそ律宗の大徳になった人であるとともに、『華厳経』研究の権威となった人である。

父とともに仏陀禅師の禅院に行った慧光は、四月八日、禅師より三帰戒を授けられた。仏教徒になることを誓ったのである。禅師は慧光の眼光炯々《けいけい》として焔のような光を発しているのを見て、この子はただものではないと思ったという。経を誦しても憶えが速く、夏にはついに出家させた。常人に非ざる才能を示した慧光は、禅師の指示によってまず戒律の学を修めたが、まさしく慧光は律学の一方の雄となったのである。

その頃、洛陽にインドからやって来た勒那《ろくな》摩提《まだい》は、『十地経』の世親の注釈である『十地経論』を漢語に翻訳する仕事に従事していた。慧光はその訳場に列していた。当然、『十地経』や『十地経論』の内容に精通した。『十地経』とは『華厳経』の「十地品」のことで、独立した経典として、インドにおいては流布していたものである。『十地経論』の内容に通じた慧光は、その学力をもって『華厳経』や『十地経』やその他の大乗経や、『四分律』の注釈書を著わしたのである。当時の名流の儒者が慧光の学徳を重んじ聖人として崇めたといわれる。

慧光は単なる仏教学者ではなかった。霊能者でもあった。ある年、旱《ひでり》がつづいた。人々は慧光のところへ来て雨を降らしてくれるように頼んだ。そこで慧光は洛陽の西南にある嵩山の池のほとりに行き、山神に焼香して雨を祈った。すると洛陽の原野には烈しい降雨があった。

北斉の時代になると、北斉の都の鄴《ぎょう》に招かれて国統に任ぜられた。いわば宗教大臣である。宗教行政にも卓越した手腕をふるったのである。死の前日にも車に乗って役所に向ったが、大覚寺の門を出たとき、門の屋根が裂けたり、役所で執務中に、土塊が手にもっていた筆の前に落ちてきても、平素とまったくかわることなく泰然自若としていたという。

やがて死に臨み気息が絶えようとするや、天宮が降りてくるのを見た。その天宮とは兜率《とそつ》天宮であったのか、「十地品」が説かれた他化自在天宮であったのか、それは誰一人知るものはない。恐らく天宮のなかに迎え入れられ見事な往生を遂げたものと思われる。ときに七十歳であった。華厳宗の大成者、法蔵は『華厳経伝記』巻二のなかに、この慧光の伝記を収めて、その遺徳を称えたのであった。

## 大悲の心をもつ——第一歓喜地

『華厳経』のなかでも重要な地位を占めるのは「十地品」である。菩薩の修行の深まりの境地を段階的に説いたのが「十地品」である。「十地品」第二十二から「宝王如来性起品」第三十二にいたる十一品は、第六会の他化自在天宮における説法である。他化自在天宮とは欲界の第六天にあたり、欲界の天では最高の位《くらい》である。世尊がこの他化自在天宮の摩尼《まに》宝殿の上におられて説法したのである。慧光が死ぬ直前に見たのも、この他化自在天宮の荘厳された風景であったかもしれない。

仏の神通力を受けた金剛蔵菩薩は、はじめて十地について説きあかした。十地とは㈠歓喜地、㈡離垢地、㈢明地、㈣焔《えん》地、㈤難勝地、㈥現前地、㈦遠行《おんぎょう》地、㈧不動地、㈨善慧地、㈩法雲地である。諸菩薩を代表して解脱月《げだつがつ》菩薩は、十地の重要性について、

十地は是れ一切の仏法の根本にして、菩薩具足して此の十地を行ぜば、能《よ》く一切の智慧《ちえ》を得ん。

と述べ、その内容を明らかにすることを請うたのである。金剛蔵菩薩は解脱月菩薩の要請に答えて十地について説き明かすことになった。

第一歓喜地は大いなる歓喜を生じるところである。それは諸仏、諸菩薩の心を念じることによっておこる

宗教的な喜びなのである。大いなる喜びが生じるのは「大悲をもって首《しゅ》とする」からである。「悲心は智慧の首」といわれるように、大悲心がなければ衆生を救うことはできない。智慧だけではだめなのである。

慧光は出家したての若い頃、人々から「聖沙弥《しょうしゃみ》」といわれた。それは「利養《りよう》を獲《う》れば、受けて還《かえ》りて施した」からであった。利養とは人から物や金銭をもらうことである。人から施し物を受ければ、必ずまた他の人に施したのであった。あるいはまた、みずから習って理解した経典の内容を、人々に語ってきかせたのであった。簡単にいえば、財施と法施を実行したということである。『十地経』を学んでいた慧光は、まず「歓喜地」に入った菩薩の実践をひたすらみずからもまた実行しようとしたのであった。

常に慈悲心を行じ、恒《つね》に信有《あ》りて恭敬《くぎょう》し、慚愧《ざんぎ》の功徳《くどく》備《そな》わり、昼夜に善法を増し、功徳の実利を楽《ねが》いて諸欲を楽わず。

と経文にあるように、常に慈悲心をもつことが大切である。信心によって仏、菩薩を敬い、みずから恥じることを知り、昼夜に善の功徳を積むことだけを願って、みずからの快楽を充足させることを一切求めないのが、歓喜地に住した菩薩の実践にほかならない。現在の世のなかではこの教えとまったく反対なことが行われている。他人に対する慈悲心はなく、みずからの欲望の充足と快楽だけを求めていれば、それは必ず地獄に堕ちるようになる。常に慈悲の心を抱くこと、これが歓喜地における修行なのである。そのためには大いなる願い、願心をもつことが大切である。

### 三聚浄戒——第二離垢地

つぎは第二離垢地である。ここは煩悩の垢を離れて清浄な戒律をたもつところである。まず三聚浄戒《じゅじょうかい》が説かれる。三聚浄戒とは、摂律儀《しょうりつぎ》戒、摂善法《しょうぜんほう》戒、摂衆生《しょうしゅじょう》戒のことである。摂律儀戒とは一切の悪を断じ、戒を守ることで、具体的には不殺、不盗、不婬、不妄語などを守ることである。摂善法戒とは積極的に善を実行することで、摂衆生戒とは一切の衆生を摂取して、あまねく利益を施す利他行のことである。経文では不婬について、

　邪婬を離れて自ら妻色に足《た》り、他の女人に於て一念をも生ぜず。

と説いており、在家の立場にたった不邪婬戒をすすめている。

摂善法戒で大切なことは、人に善法を説くだけでなく、みずからもまた善法を実行しなければならないことである。

　若し人自ら善を行ぜずして、他の為《ため》に法を説き、善に住せしめんは、是の処《ことわり》有《あ》ることなし。

みずから善を行ずることなく、他人のために教えを説き、善を実行しなさいと言っても、それはまったく道理にあわないことで、まずみずから善を実行し、しかるのちに他人にそれを教えることが大切なのである。しかもその善の内容は布施、愛語、利益《りやく》、同事の四摂法《しょうぼう》である。大乗の菩薩の実践としての四摂法の大切さはここで改めて言うまでもあるまい。善行為とはこの四摂法の実践なのである。

この第二離垢地において三聚浄戒が説かれていることは重要である。仏陀禅師が慧光にまず戒学を修得することを教えたのはそのためであった。仏陀禅師は慧光に対してつぎのように言った。

　此の沙弥は常人に非ざるなり。若し大戒を受けなば、宜《よろ》しく先づ律を聴《き》くべし。（『続高僧伝』巻二十、慧光伝）

慧光の異常な才能を見ぬいた仏陀禅師は、まず律を学ぶことをすすめたのである。律は智慧の根本にかか

わるものであるから、才能のある者でなければ、なかなか理解できないからである。経論だけを習学していれば、戒律を軽んじるようになることを怖れたからである。戒律を蔑視するような考えをもつと、仏法を危うくするし、修道の障害になることを心配したからである。

この仏陀禅師の教えに従った慧光は道覆《どうふく》律師の下で律学を口伝《くでん》によって伝授された。慧光は『四分律』の条文を学び、且つそれを実行したのである。若いときのこのような律学の修錬が、慧光の偉大な人格を築きあげる大きな素地であったことを知らなければならない。

**仏法のみ貴し——第三明地**

つぎの第三明地は発光地ともいわれる。まず第三地に入ろうとすれば、十種の深心が必要であると説く。十種の深心とは、浄心、猛《みょう》利心、厭《おん》心、離欲心、不退心、堅心、明盛《みょうじょう》心、無足《むそく》心、勝心である。煩悩を離れ、仏道を求めるために必要な十心である。無足心というのは足ること無き心であり、無限の向上心をいうのである。

説の如く行ずる者は、乃ち仏法を得ん。
但口言《ただくごん》のみを以ては是の処《ことわり》有ることなし。

とあるように、教えの通りに実行しなければ仏法をほんとうに自分のものとすることはできない。ただ口だけ、頭だけでそうかと思うだけではだめなのであって、教えを実行することが何よりも大切なのである。十波羅蜜《はらみつ》のなかでいえば忍辱《にんにく》波羅蜜と精進《しょうじん》波羅蜜が重視されるのが第三明地なのである。

どんな苦しみにも耐えて仏法を求めなければならないことを、経文はつぎのように説く。

法を求めんと欲するが為の故に、備《つぶ》さに阿鼻《あび》の苦をも受けん。何《いか》に況《いわ》んや人間の、小小なる諸の苦悩に於《おい》てをや。

阿鼻の苦というのは阿鼻地獄に堕された苦しみである。阿鼻地獄は極悪人の行くところで、地獄のなかでもっとも苦しいところである。苦しみを受けてたえず泣き叫ぶ叫喚《きょうかん》地獄なのである。仏法を求めるためには阿鼻地獄の苦しみを受けてもかまわぬというのである。阿鼻地獄の苦しみに比べれば、人間世界の苦しみなどは問題にならないというのである。このようなことに耐えられなくては仏法を求めることはできない。

さらにつぎの経文を見よ。

日夜、常に精進し、聴受《ちょうじゅ》して厭《いと》い倦《う》むことなく、読誦して法を愛誦《あいぎょう》し、唯《ただ》、法のみを以て貴《とうと》しとなす。

日夜、常に精進して倦《う》むことなく、経文を聴くこと、読誦することが大切であるという。まさしく慧光の若きとき、仏陀禅師の下で一心不乱に経典を研究していた姿が彷彿としてくるではないか。一切をあげて、ただ仏法のみ貴しとし、他の一切を犠牲にすることが学道の心がまえである。

## 真妙の明珠——第四燄慧地

つぎは第四燄慧地（燄地）である。智慧の火がよく煩悩を焼きつくすので燄慧地という。ここではまず四正勤《しょうごん》、四如意《にょい》足《そく》、八正道を修することが要求される。四正勤とは悟りを得るための修行法の一つであり、㈠未だ生じてない悪や不善を生ぜしめないように発心し精進すること、㈡すでに生じた悪や不善を断じるように努めること、㈢未だ生じていない善を生じるように努力すること、㈣すでに生じた善を失わず、ますます増広させるように努力することで、この四つを行ずることが四正勤である。言葉でいうのは簡単であるが、実際に行うことは大変な努力を必要とする。四つのうちの一つだけでも実行することは容易なことではない。

四如意足とは、四神足ともいわれるもので、禅定によって神通力をおこすことができることをいう。足とは原因であり、意の如く、さまざまな神通力を顕わす原因となる。ここでは「欲定《よくじょう》」ということが説かれる。「欲定にて断の行を成就《じょうじゅ》する」と言われる通り、まず不善を退治することを強く願うのが「欲」であり、「定」とは心を一つの対象に集中させることである。この定力によって煩悩を断ずることを「断の行」というのである。煩悩を退治することを強烈に願い、そのために禅定を修し、心を統一するのが「欲定」である。

禅定の修練によって神通力は発揮される。雨を降らした慧光の神通力も禅定によって鍛えられた力による。当時、ある軍閥が僧尼から徴税し、寺の財産を軍備に充当しようとした。これに対して「敢《あえ》て反対する者は斬る」ことを布告した。そのとき、僧官であった慧光は断乎として徴税に反対した。僧尼や寺院から絶対に税金を徴集すべきではないと主張した不退転の力は、禅定によって養われたものである。反対する者は斬る、と言われれば、普通の人であれば反対する気力が失せてしまうはずである。命がけの主張ができるのも禅定力によって錬えられていたからである。

菩薩がこの第四地に住すれば、千億の悪魔も清浄道を破壊《はえ》することはできない。それはあたかも「真妙の明珠の、水雨の為《ため》に敗られざるが如し」と説かれているように、第四地に住すれば、その智慧も清浄となり、それは明珠にたとえられる。どんな泥水をかぶっても、雨にうたれても、けっして清浄さ、明澄さを失うことがないのである。

## 無明の闇路を越えて――第五難勝地

第五の難勝地においては断じ難い無明に勝つことができる。この段階に入ると、まず苦集滅道の四聖諦、世諦、第一義諦などのさまざまな真理を知ることができるようになる。諦とは真理のことである。世諦（世俗諦）を知ると同時に第一義諦を知ることは難しいことである。世諦とは世俗の立場での真理であり、第一義諦とは最高の真理をいうのである。経文には「菩薩は衆生の意に随《したが》いて歓喜せしむるが故に世諦を知る。一乗を究竟《くきょう》するが故に第一義諦を知る」とあるが、衆生を喜ばせることによって世俗の真理を知るのである。慧光が祈雨したり、徴税を中止させたり、物を人々に施したりするのは、すべて世俗の真理をわきまえていたからである。

人間が生きていくためには世俗の仕事もしなければならない。生きているということは、食事もとり、眠る場所も必要であり、現代であれば生活するために何らかの方法で収入を得なければならない。慧光の場合であれば僧官になったり、晩年には国統のような高い社会的地位に就任しているのである。そのなかでのさまざまな苦労が当然あったはずである。慧光が世俗の事がらで心労していたとき、仏陀禅師は慧光を呼んで、「吾が子を度する、果向（四向四果、四つの修行目標と到達した境地のこと）を心に伝えんことを望むのみ。何ぞ乃ち区区として方に世語を事とするや。……道務は子の分に非ざるなり。如何ぞ自ら累さん」と言ったのである。自分がお前さんを弟子としたのは禅の修行とその境地を伝えたいからである。僧官などのさまざまな俗務はお前さんの分限ではない。そのような俗務に累されてはならないと言ったのである。僧官の俗務と、禅定の実践とを見事にこなしたのが慧光であり、それは「十地品」の第五難勝地の教えを身をもって実践したのであった。

第五難勝地において磨きあげた智慧や善根はすべて衆生を救うためであった。経文には、

作《な》す所の一切の善根は、皆衆生を度せんが為《ため》の故に。一切衆生の為に安楽を求めんが故に。一切衆生を利益せんが為の故に。

とあるように、一切衆生の苦悩を救い、解脱させるために善根を積むのが、難勝地に住する菩薩であった。

菩薩がこの難勝地に住すると、念者と呼ばれたり、智者と呼ばれたり、堅信者、随慧者、得神通者などというろいろな名前で呼ばれるようになる。一切のものを忘れなくなるので記憶に秀でた人という意味で念者と呼ばれた。また「決定《けつじょう》智慧の故に、名けて智者と為す」とあるように、智慧によってすべての事がらを決定できるので智者といわれた。まさしく慧光のような持戒者を堅心者というのである。慧光は「志を立ててより、貞静《ていじょう》は堅心者であった。「持戒を捨てざるが故に、名けて堅心の者と為す」とあるから、戒律を守る人にして堅く戒業を存す」といわれたように、出家して生涯にわたって戒を守り、貞静な一生を貫いたのであり、慧光こそまさしく経文に説かれる堅心者であった。日本でいえば栂尾《とがのお》の明恵《みょうえ》上人のような一生不犯の人であった。

さらに経文は「善く禅定を修するが故に、名けて得神通の者と為す」と述べているが、慧光はまた得神通者の名に価することはすでに述べた通りである。

菩薩がこの難勝地に住すると、

我、当に一切衆生に於て首と為り勝と為り、乃至、一切衆生に於て依止者と為るべし。

という誓願を立てるようになる。衆生を救うための主人公となり、もっとも勝れた者となり、一切衆生の依り所となろうというのである。「衆生は甚だ愍《あわれ》むべし。無明の闇《やみ》に堕在《だざい》し愛の因縁に繋《つな》がる」から、これを

救わなければならないし、菩薩は闇を照す灯火とならなければならない。衆生は無明の闇路をさまよい、愛欲の網につながれているというのは、仏や菩薩から見ていえることなのである。われわれ凡夫は無明の闇路をさまよいながらその事実を知ることはない。仏や菩薩から見れば、何と危ないことであるのか。

さらに経文は「世間を利せんが為の故に、経書等を造立し」と説くが、慧光の一生は利他行の実践に燃えたち、多くの経書を著わしたのであった。『続高僧伝』は慧光の著書について「凡そ撰する所、勝鬘《しょうまん》、遺教《ゆいきょう》、温室、仁王《にんのう》般若等、皆注釈有り。又再び四分律の疏百二十紙を造る」と記録している。そのほか『大乗義律章』『僧制十八条』など多くの著書を著わしたのである。経書を書くことも衆生を利するためであって、みずからの名声を高めるためではなかった。「作す所の諸の善業は、皆衆生を利せんが為にす」と『華厳経』に説かれている通りを、そのまま実践したのが慧光の利他行であった。

以上、「十地品」の第一歓喜地から第五難勝地までの菩薩の行法とその結果について説いたのであるが、経文はそれぞれの地について詳細に説いており、簡単に説き明かすことは不可能である。それぞれの地の状況を説明するだけでも多くの紙数をついやさなければならないが、ここでは紙数の関係で概説したにすぎない。十地の半分まできたので、つぎには残りの第六現前地から第十法雲地までのあいだの修行の段階、悟りの段階の深まりを説くつもりである。智慧があり能力の勝れた人でなければなかなか理解し難い教えではあるが、教えのなかの一つでも実行することによって菩薩の道に近づきたいものである。

# 甘露の法雨――十地品（Ⅱ）

## 『華厳経』を聞く雁《かり》――大覚寺僧範

華北に建国した北斉《せい》の文宣帝（五五〇―五五九在位）のとき、その都の鄴《ぎょう》（河南省臨漳県《りんしょう》）には多くの寺がつくられた。

都の大寺四千、僧尼八万、講席の数二百あまり、仏法を聴問する在家の信者一万人といわれたほどであった（『続高僧伝』巻十、靖嵩伝）。

その鄴の都に顕義寺《けんぎ》という大寺があった。膠州刺史《こうしゅうしし》の杜弼《とひつ》が供養者となってこの寺で講経会《こうきょうえ》が行われることになった。講経者には杜弼の要請によって鄴都の東大覚寺の僧範《そうはん》が選ばれた。僧範は『華厳経』研究の第一人者であった。

僧範の冬の講義が『華厳経』の「十地品」の第六地まで進んできたとき、一羽の雁が飛んで来て、寺塔の東から廻りながら講経堂のなかに入り、高座に坐って講経していた僧範に対して、地にひれ伏して聞きいっていた。やがて講義が終ると、寺塔の西からいずこともなく飛び去ったという。

また夏の講義がはじまったときであった。雀が飛んで来て、じっと講義を聞きいっていたし、かつて済州において講義をしたときには、ふくろうが聴講したという。雁や雀は温好な鳥であるが、ふくろうは昔から悪性残忍な鳥で凶悪なものにたとえられるが、そのふくろうさえも、僧範の『華厳経』の講義を聞いたというのである。

僧範は幼少より群書を読み、二十三歳のときには中国古典はもとより、インドの呪術にまで通じ、その学識はあまねく人々に認められていた。やがて仏教に志し、みずからの指を焼いて供養した。のちの華厳経の大成者、法蔵も出家前に燃指《ねんし》供養したが、この僧範も同じことをやったのである。燃指供養ということは強い決意と願心がなければできるものではない。

二十九歳のとき、ある僧の『涅槃《ねはん》経』の講義を聞いて仏教の秘極を知り、ついに鄴都の寺において出家したのである。その後、『法華』『華厳』の二経を学び、さらに当時の大学者、慧光に師事した。やがて鄴都において法筵を開くや、千余人の聴集が集まり、当時の明匠とうたわれたのである。大儒者といわれた徐遵明や李宝頂などに対して菩薩戒を授けた。儒者に菩薩戒を授けた感化力の偉大さを知ることができる。その著述はほとんどの大乗経典におよび、多くの注釈書を著わした。もしこの書の一つだに存在していれば、北斉の仏教学の高い水準を知ることができたにちがいない。

僧範は儒者から釈家にかわった人であったが、人々の崇信は日に日に増し、一大の高僧といわれた。布施の品物はすべて門人に与え、一つとして身に着けることなく、衣食について不満をもらしたこともなかった。喜怒を一切顔にあらわすことなく、戒法を守ること厳しく、終始かわることなく、一もってこれを貫いた。しかも、もっとも意をそそいだのが『華厳経』の研究であり、昼はこの経を講ずることを来報の業とした。夜は千仏を礼することが常であった。病《やまい》のため天保六年（五五五）三月二日、八十歳で没したが、この人の英悟の質を継ぐ者はいなかったという。

## 唯心を行じた捨身の行者――法喜禅師

僧範が『華厳経』の「十地品」の第六地の講義をはじめると、雁が聴講したというが、「十地品」の第六現前地は重要な修行の段階なのである。第六現前地において般若の智慧が現前し、有名な「唯心偈」が説かれる。さらに第七地においては広大な心が、第八地においては神通力が、第九地においては智慧の光があまねく照すことが、第十地においては諸仏の法雨を受けることが説かれている。

第六現前地に入ると、菩薩が世尊を讃歎する言葉を述べる。さらに妓楽《ぎがく》を従えた天女たちが仏の功徳を讃歎する言葉を発する。その言葉のなかには、

常に布施を行じて、諸《もろもろ》の衆生を利益《りやく》し、本来清浄《しょうじょう》なりと雖《いえど》も、戒を持《たも》ちて心を堅《かた》くす。

という経文も見えている。まさしく僧範の生涯をいっているかのようである。雁がひれ伏して聴講したのも当然のことであった。

解《げ》脱月《だつがつ》菩薩が金剛蔵菩薩に第六地の風光の説明を求めると、金剛蔵菩薩は第六地に入るには、十種の平等を得なければならないと答えた。十種の平等とは一切法の無性《むしょう》、無相《むそう》、無生《むしょう》、無滅《むめつ》、本来清浄、無戯論《むけろん》、不《ふ》取不《しゅふ》捨《しゃ》、離《り》、幻夢《げんむ》、有無不二《うむふに》を悟ることである。

この六地に入った菩薩は、ついで十二因縁を観じると同時に、

三界は虚妄《こもう》にして、但是《ただこれ》一心の作《さ》なり。十二縁分は是皆《これみな》心に依《よ》る。

という「唯心偈」を観じる。この世界は妄念によってつくられたもので、十二因縁も心に依って成り立つこ

とを明らかにしている。この「唯心偈」の一文は、偈文のほうではつぎのように表現されている。

三界は但《ただ》貪心に従って有りと了達し、十二因縁は、一心の中《うち》に有りと知る。是《かく》の如くなれば則《すなわ》ち生死は、但心より起る。心若し滅することを得ば、生死も則ち亦《また》尽きん。

ともに同じことをいっているのであり、貪心や妄心が三界の幻影をつくりだしていることをいうのである。生死というのは迷いの世界、流転《るてん》の世界のことである。迷いの世界も貪りの心がつくりだしてきたものにすぎない。

唐のはじめの頃、長安に近い藍田県《らんでんけん》の津梁寺《しんりょうじ》に住した法喜《ほうき》は、みずからの病《やまい》を感じ、余命久しくないことを悟り、あえて医薬をのむことなく、門人に「無常がやって来た。あわてふためいてはならない。静かに黙然として、自分をあの世に送りなさい。他人を自分の部屋に入れないで欲しい」と伝え、部屋のなかで一心に「三界虚妄、但是《たんぜ》一心《いっしん》」と称えていた。『華厳経』の唯心偈を称えながら、死を迎える準備をしていた。そのときであった。門人たちは林の北のほうに、音楽と車馬の音声を聞いた。門人たちはこれは極楽からお迎えが来たのだと知って、すぐさま法喜に知らせた。すると法喜は「自分は世間の果報は一切これを捨ててしまった。どうして極楽に生まれたいと思うのか。そんなことはわずらわしいだけだ」と答えて、禅定に入りながら端然として一言も発しなかった。部屋には香の匂いが充満した。五更のはじめになって端坐したまま没した。顔色は鮮やかで、常に入定しているようであった。

生前から法喜はみずからの遺体は山野にさらして、鳥獣に布施したいと望み、死骸を置くべき幽谷を弟子に指示していた。しかし弟子たちは死後の顔貌のあまりに端然としているを見て、死体を山に放置することをためらった。そこで岩をうがって窟をつくり、そこに安置しようとした。すると、その日の夕方に暴風雪が降りしきり、積雪一尺、山路を覆いかくしてしまった。遺体を運ぶ途中において、死んだはずの法喜の声が聞こえた。「自分は屍《しかばね》を山野にさらして鳥獣に布施しようと思っているのに、どうして埋蔵しようとするのか。自分の志《こころざし》と違うではないか。雪が荒野を真白にした。すぐに葬列を止めよ」と。しかし大衆はこの法喜の願いを無視し、岩窟内に遺体を安置した。

しばらくたっても遺体はそのままの姿をかえることはなかった。信者の一人が遺体を見に行ったが、神色泰然としてかわっていることはなかった。その後、しばらくたっても遺体が損壊していないのを怪しんで、その覆っていたところの納衣をまくりあげると、遺体は何ものかに食べられているではないか。項から下は枯骨が鮮明に浮きでていたのであった。顔面はそのままであったが、首から下はすべて食べ尽され、ただ骸骨を残すのみであった。それこそが法喜の本願なのであった。(『続高僧伝』巻十九、法喜伝)。

「青渓の禅衆は、天下最と称す」といわれた荊州の青渓山寺で、若き頃に坐禅を修行していた法喜の死は、まことにすさまじいものがある。死の直前より「三界虚妄、但是一心」を称え、極楽へ行くことも拒否した法喜であったからこそ、このような奇蹟がおこったのであった。死体は鳥獣へ布施するというのが法喜の本願であった。それを死してのち、葬られてのちに達成した強烈な意志は、儒夫《だふ》をしてたたしめるものがあるではないか。死後、極楽浄土へ往くために念仏を称える者たちとは天地懸隔の相違があろう。

「三界虚妄、但是一心」をこの身体に体現させれば、死後の世界などはあってもなくてもよい。それは人間の貪心がつくりだした幻影にすぎない。死ねば一心もなくなる。一心がなくなれば極楽も地獄もない。残された肉体は鳥獣に食べさせればよい。法喜のような禅者こそ「三界虚妄、但是一心」をそのまま実行した人なのである。葬式も墓も一切不用と観じた法喜は、空無のなかに生き、空無のなかに死んで行ったのである。

一切の世間の果報を捨て去り、極楽に往くことを拒否した法喜の心を去来したのは何であったか。終南山から吹きおろす吹雪の下で、その遺体は何を見ていたのであろうか。人は一人生まれて一人死するものであるが、一人死するとき、極楽に生まれる望みをはじめから一切捨て去った捨身の行者こそ法喜なのであった。

### 願力と神通力――第七遠行地

第七地に入った菩薩は、声聞《しょうもん》、縁覚《えんがく》の二乗の境地を遠く過ぎ去ることができるので遠行地と呼ばれる。第六地より第七地に入るには十種の妙行を実践しなければならない。そのなかには、

三界を遠離《おんり》して、而も三界を荘厳《しょうごん》す。

という実践もある。求道者はまず三界を遠離しなければならない。僧範が儒者から仏者に転向したとき、「空門に寂想《じゃくそう》して世務に縁《よ》らず」(「法喜伝」)といわれたように、世間のなりわいの一切を捨て、ひたすら坐禅に没入し、一切が空であることを悟り、世間の雑務や人間関係に心を労することがなかった。しかし三界を捨てただけでは菩薩とはいえない。菩薩は利他の誓願に生きなければならない。そこで三界を荘厳しなければならない。三界を荘厳するとは、この現実の世のなかで菩薩行を実践することなのである。

第七遠行地のなかではつぎのように説かれている。

仏子よ、譬《たと》えば二の世界の如し。一は定《さだ》めて垢穢《くえ》なり。是の二の中間は、得て過ぐ可きこと難し。

この世のなかには清浄な世界とけがれた世界の二つがあるが、この中間を通ることは困難であるという。普通の人間ではどちらかの世界にかたよって生きることになる。清浄な世界にだけ生きていれば、けがれた汚濁《おじょく》に満ちた泥沼に生きる人々を救うことができない。また汚濁の世界にだけ生きていれば、一生涯かかっ

てもその人に救いはない。しかしながら菩薩は、汚濁のなかに沈めば沈むほど、清浄な世界を強く意識しなければならない。

此の世界を過ぎんと欲せば、当に神通《じんづう》及び大願力を以てすべし。

とあるように、三界を荘厳し、汚濁の世界を清浄な仏国土にするためには、神通力と大願力が必要だというのである。神通力によらなければ、汚濁の世界の真只中に入りこむことができない。さらに経文は、

菩薩も亦是《またかく》の如し。雑道《ぞうどう》を行ずるは、得て過ぐ可きこと難《かた》し。大願力と大智慧《ちえ》力と大方便力とを以ての故に、爾《そ》の時、乃《すなわ》ち過ぐることを得。

雑道を行ずることは困難である。雑道を行ずるとは、三界を荘厳することである。経典を講ずること、註疏を著わすこと、すべてこれ雑道であるが、大いなる願い、大いなる智慧、大いなる方便の力がなければ雑道を行ずることはできない。とくに大切なのは大いなる願い、願心なのである。行住坐臥、衆生を救うという願心をおこす菩薩は、十波羅蜜《はらみつ》を具足しなければならないと説く。十波羅蜜を実践する菩薩は、

我、当《まさ》に一切衆生に於《おい》て首《しゅ》と為り勝《しょう》と為り、乃至一切衆生に於て依止《えし》者となるべし。

という願いをもち、衆生済度のために勇猛心を発揮してはたらくことができる。

### 不壊《ふえ》の境涯——第八不動地

修行が完成して動じることがなく、自然《じねん》に菩薩行が行われる地を不動地という。不動地に入った菩薩は深《じん》行《ぎょう》の菩薩といわれる。この菩薩は一切の世間の相や一切の貪著《とんじゃく》を離れ、しかも、声聞や縁覚の徒が絶対に破ることができない不動の境地に住することができる。

不動ということは簡単にはできない。二年や三年修行したり、芸道や武道をやってもすぐにあともどりしてしまうものである。どんなことがあっても、退歩することがない境地に到達することは難しいことである。

不動地に入るを名けて深行の菩薩と為す。一切世間の測《はか》ること能《あた》わざる所にして、一切の相を離れ、一切の想《そう》と、一切の貪著《とんじゃく》とを離れ、一切の声聞、辟支仏《びゃくしぶつ》の壊《やぶ》ること能わざる所なり。

不動地に入った深行の菩薩は、世間の常識でこれを測ることができないほど、深遠の境地に住しているのである。想念、妄念、貪著、執着の一切をたち切った菩薩であり、この菩薩の境涯を他の人が破ることはできない。だからこそ不動地の菩薩というのである。「喜怒《きど》を形《あら》わさず、穢《え》を洗い禁《きん》を奉じて、終始一の如し」といわれた僧範こそ不動の如き境地に住していたのであった。喜怒哀楽《あいらく》の感情をあらわさず、一切の汚濁けがれを洗いおとし、清浄な世界に住し、戒律を守って一もってこれを貫く、終始かわらぬ境地こそ、不動地の菩薩といってよい。雁や雀までが十地の講義を聞いたということは、僧範の「十地品」の講義が単に頭で行われたのではなく、全身心を挙して行われたからなのである。それは不動の講筵であった。

諸《もろもろ》の仏子よ、菩薩の此の地は壊《え》す可からざるが故に、名けて不動地と為す。智慧転《てん》ぜざるが故に、名けて不転地と為す。

金剛の如く不壊であるから不動地であり、智慧も確固として動くことがないので不転地であり、その他、この第八地は威徳地、童真《どうしん》地、自在地、成《じょう》地、究竟《くきょう》地などさまざまな名で呼ばれているが、その根本は不動というところにある。しかもその不動を支えるのは禅定力の堅固さであることを忘れてはならない。

## 説法無尽——第九善慧地

この第九地に入った菩薩は智慧が勝れ、どんなところにおいても教えを演説することができる。この地九地に入るには十種の智慧が必要となる。そのなかの一つには、

如来《にょらい》の深密《じんみつ》の法蔵《ほうぞう》に入らんと欲す。

とある。仏の説いた真理の蔵、すなわち経蔵のなかに深く入ることが必要である。経蔵に入らなくては、仏の教えがわからないからである。僧範が死力を尽して学んだのは『法華』『華厳』『十地』『地持《じじ》』『維摩《ゆいま》』など、ありとあらゆる大乗経典であった。まさしく経蔵の深奥をきわめ尽したのであった。

経典の講義というのは、ただ自分が深く勉強しただけではできるものではない。対機説法という言葉があるように、講義を聞く人の能力をよく把握していなければならない。高名な儒者や、教養のある役人にする場合と、一般の人や農民にする場合など、相手に応じて教えを説ける能力を必要とする。そこで、

菩薩、是の地に住すれば、悉《ことごと》く衆生の心と、諸根《しょこん》と及び欲楽《よくぎょう》と、種々の差別《しゃべつ》の義を知り、深心に善《よ》く思惟《しゆい》して、宜《ぎ》に随《したが》いて法を説く。

この第九地に住した菩薩は、衆生の心と能力と願望と、それぞれの聴講者が同じでなく、種々さまざまであることをよく知らなければならないというのである。さらに、

菩薩はこれ法師《ほっし》なり。猶《なお》師子王、牛王《ごおう》、宝山王の如く、安住して畏るる所なし。

といわれるように、菩薩は法師であり、大法を宣説するものであり、それは百獣の王たる師子王や、牛王や宝山王のようであり、師子吼してまったく怖れるところがあってはならないというのである。恐らく僧範の説法は師子王のようであったにちがいない。でなければ雁やふくろうが説法を聞くために飛んで来るはずが

ない。

第九地に住した菩薩は四無礙弁《むげべん》をもって説法する。四無礙弁とは、㈠法《ほう》無礙弁（教えについて滞《とどこお》ることのないこと）、㈡義《ぎ》無礙弁（教えの内容をよく知って滞ることがないこと）、㈢辞《じ》無礙弁（いろいろな言葉に通じて自在にあやつること）、㈣楽《ぎょう》説無礙弁（以上の三つの智慧によって、衆生のために自在に説法すること）である。どの一つを欠いても説法自在というわけにはいかない。当時の明匠といわれた僧範は、この四無礙弁を自在にあやつりながら説法したにちがいない。千有余の聴集が来るということは普通の人のできることではない。

## 智慧の完成——第十法雲地

智慧の雲があまねく甘露の雨をふりそそぐ位であるから法雲地という。その説法は真理の雨をふらせる雲のようであるから法雲地ともいうのである。

法雲地に住すれば、一仏の所《みもと》に於《おい》て、能《よ》く大法明の雨を受け、二仏、三仏、乃至不可説《ふかせつ》不可説の仏、一念の中《うち》に於て、皆能《よ》く是《かく》の如きの諸仏の大法の雲雨《うんう》を堪受《かんじゅ》す。是の故に此の地を法雲地と名けたり。

菩薩がこの法雲地に住すれば、無数の仏たちから大法の雨を受けることができる。さらに第十地の菩薩は自在力をそなえることができる。

是の菩薩、此の地に住すれば、智慧の中に於て、上自在力を得。或は狭国《きょうこく》を以《もっ》て広と為し、広国を狭と為し、或は垢《けが》れたる国を以て浄《じょう》と為《な》し、浄らかな国を垢れたるものと為す。是の如く一切の世界に神力有り。

智慧のなかに自在力を得ることができるという。狭土を広土とし、けがれた国土を浄らかな国土にかえるのが自在力である。僧範の講義のときには、雀や雁などの好ましい鳥ばかりでなく、不吉な凶鳥と怖れられていたふくろうまでも飛んで来て、『華厳経』の話を聞いたという。けがれた鳥も、極楽にいる迦陵頻伽《かりょうびんが》(妙音鳥)のような、妙《たえ》なる声を発する鳥のようにかえられるのである。僧範の説法の音声のひびきわたる法堂は、この世の仏国土であり、法堂のきざはしにいる鳥は、極楽の鳥のようであったのではないか。

「十地品」の最後には、十地のまとめとして、初地から十地にいたる段階が簡単に説明されている。初地において、広大の願いを発し、第二地において戒をたもち、第三地において禅を修し、第四地において専一に道行を修し、第五地において方便の智慧を磨き、第六地において甚深の因縁を知り、第七地において広大の心を修し、第八地において世間を荘厳する神通力を発し、第九地において智慧の光で一切を照し、第十地において諸仏の大法の雨を受けるというのである。

十地に住する菩薩になるのは大変である。初地の歓喜地に入った人は実在の人ではほとんどいないといってよい。しかしこの十地の境地をみずからの境涯の高まりにあてはめて考える必要がある。人間は修行によって必ずある境地に達することができるはずである。僧範にしろ法喜にしろ、われわれとかわった人間ではない。ただ筆舌に尽しがたいような精進をしたのと同時に、大いなる願心をもったから、常人ではなし得ないような神通力を発することができたのである。願心は必ずや神通力をおこさずにはいられない。願心より発した願力こそ神通力を発せしめるのである。

# 華厳力の発揚——十明品・十忍品

## 華厳力を体得した慧悟

中国の西安市の南に聳え立つ終南山は、仏教や道教の聖地であるが、今なお隋代に建てられた塔が残っている。有名な隋代の名刹、聖寿寺は終南山のなかの南五台山に位置する。聖寿寺へ行くには、五台山管理所の門の右側の細い山道を、渓流を渡りながら進み、やがて五仏殿にいたらなければならない。この五仏殿の前には、唐代の石棺がそのまま置かれている。この五仏殿から聖寿寺へ行くには細い山道の急坂を登らなければならない。急坂を登りきる直前、左側に木立を通して仏塔が見える。それが隋代に建てられた有名な隋塔である。この隋塔には雑木と草がおい茂っている。しかし隋代の歴史の重みを見せて聳えているその姿は威厳に満ち溢れている。

五台山管理所の前からふたたび車に乗り、山また山のあいだをぬった羊腸たる山道を進むと、かつてある要人の避暑地であった終南山荘に着く。その展望台から眺めると、終南山の山峰がどこまでもつづいている雄大な光景が見える。この山荘から徒歩で登ると柴竹林という一寺がある。さらに山峰を登ると、いたるところに平らな台地があり、その場所には建物の基壇の石のかけらや、瓦が散乱している。これらはすべて寺院址なのである。このあたりには、かつては七十ぐらいの寺があったという。終南山こそまさしく仏教聖地の一つである。

隋の時代、この終南山に隠棲した人に禅定道場の慧悟がいた。慧悟は、志《こころざし》を同じくする仲間とともに終南山に隠遁した。慧悟は『華厳経』を学び、他の僧は『涅槃経』を奉持していた。二人は木の実を食し、岩洞のなかに栖《す》みながら多年にわたった。それぞれ華厳と涅槃を読誦して朝から晩におよんだ。

ある日、どこからともなく人が現われ、二人を拝んで、「お一人の方をお招きして、家で供養をさしあげたい」と言った。二人の僧は「あなた行きなさい」と互いにゆずった。するとその人は「華厳の法師をご招待したい」と言った。そこで慧悟は彼に従って行くことにした。しばらくして慧悟は「檀越の家はどこにあるのか」と問うた。彼は「この真南にあります」と答えた。慧悟は不思議に思って、「南にはただ山と渓流があるだけで、村落などあるはずがない」と言った。すると彼は「自分は終南山の山神で、岩窟を家としています。どうか怪しまないでください」と言った。慧悟は驚いたが、奇岩怪石のあいだをぬってなおも進んで行った。山神は「師は華厳を受持しているが、神通力を得ましたか」と尋ねた。「いやまだ神通力を得ていない」と答えるや、山神は慧悟を捧げて空にあがり、荘厳な花の殿堂に案内した。庭には珍しい御馳走がたくさん並べられていた。山神は慧悟を高座に坐らせたが、慧悟は自分はこのような高座に坐る資格がないことを告げた。すると山神は「師は華厳を受持しているので尊いのです」と言った。すると五百人あまりの僧が錫杖《しゃくじょう》を取り、鉢をもって空中から降り立った。慧悟は驚いて拝礼しようとしたが、僧たちはそれをおしとどめ、「師は華厳を受持しているので、尊敬されているのです」と言いながら、黙然として食事をし、終るや否や空中高く飛び去った。

宮殿の住居の庭には十人あまりの小児が遊んでいた。山神は童子に対して、慧悟に供奉するように命じた。すると一人の童子が慧悟に近づき、慧悟の口を開いて、口のなかを見て慧悟に病《やまい》があることを告げた。童子は手の爪の垢を取って、慧悟の口のなかに入れた。しばらくして口を開けさせ、病はすでになおったことを告げた。やがて童子は身を踊らせて慧悟の口のなかに入った。この童子とは薬の精であった。そのため慧悟は神仏となることができた。

山神と別れた慧悟は、ふたたびもとのところに帰り、もとの仲間に「自分は華厳経力によって仙薬を得た。人間と神仙とは別であるから、いっしょに住むことはできない。長いあいだ、ともに暮したがご達者で。あの世において仏前でお会いしましょう」と言い終るや、杳然とし空中に消えた。読誦していた『華厳経』の経本もそのあとを追った。この慧悟の華厳力について親しく話したのは、禅門の高僧であった五衆禅師道樹という僧であった。(『華厳経伝記』巻四)

## 過去と未来を見る——十明品

第六他化自在天会には、「十地品」「十明品」「十忍品」「心王菩薩問阿僧祇品」「寿命品」「菩薩住処品」「仏不思議法品」「如来相海品」「仏小相光明功徳品」「普賢菩薩行品」「宝王如来性起品」の十一品がある。このなかですでに「十地品」は説明したので、ここでは「十明品」と「十忍品」について説くことにする。

この「十明品」以下の五品は、一言でいえば、十地についての補説である。

「十明品」では普賢《ふげん》菩薩が十明を説く。「明《みょう》」というのは仏の智慧のはたらきが自在であり、あらゆるものを照しだすから明というのである。「十明品」ではつぎの十明を説く。

㈠善く他心を知るの智明《ちみよう》
㈡無礙の天眼智明
㈢深く過去際の劫に入る無礙の宿命智明
㈣深く未来際の劫に入る無礙の智明
㈤無礙清浄の天耳智明
㈥無畏の神力に安住する智明
㈦一切の言音を分別する智明
㈧無量阿僧祇《あそうぎ》の色身荘厳を出生する智明
㈨一切諸法の真実智明
㈩一切諸法の滅定《めつじよう》智明

この十明はすべて超人的な智慧であり、簡単にいえば神通力なのである。慧悟の体得した華厳力なのである。この十種の超能力を得たならば、どんな衆生の心念も知ることができるようになる。たとえば善心、不善心、悪心、勝心、龍心、夜叉《やしや》心、地獄心、畜生《ちくしよう》心、菩薩心など、ありとあらゆる心の動きを知ることができるようになる。これが第一の善く他心を知るの智明である。六神通のなかの他心通がこれにあたる。他人の心の動きをすべて知ることができるのは、こちらが無心でないとできない。無心になれば、そこに他人の心の動きがおのずと映ずるのである。

第二の無礙の天眼智明とは、天眼通のことである。この神通力は「種々の衆生の、此《ここ》に死し彼《かしこ》に生ずるを知る」と経文にあるように、あらゆる人々の死を知り、どこに生まれたかを知るのである。人は己れの死を予知することができない。鳥や獣は己れの死期を知り、死が近づけば、己れの死体を他のものの目にふれないようにどこかへ隠すのである。筆者の書斎に隣接している森には、たくさんの野鳥がおとずれる。しかしこの森林公園を散歩しても死んだ鳥の死体を見ることはない。たまたま見つけることがあると、野猫に襲われた小綬鶏《こじゅけい》である。自然死のものを見つけたことがない。これに反して人間は己れの死期を予知できない。末期癌の患者であっても、まだ明日、みずからの命が消えていくとは思わないといわれる。

しかしながら、この無礙の天眼智明を得た人は、人の死ぬことを知るというのである。それは清浄な天眼をもって見るからである。清浄な天眼は、人間の業《ごう》と業の報いを徹見できるのである。

第三の深く過去際の劫に入る無礙の宿命《しゅくみょう》智明というのは宿命通である。自分や他人の過去の苦楽、食事、姓名などの一切を記憶している能力である。無限の過去のことを自在に知る能力である。人は自分の過去もせいぜい物心がついた以後からしか覚えていないものである。母の胎内から生まれる以前のことは記憶にまったくないといってよい。しかし、この神通力を得たならば過去のことが明々白々としてわかるのである。現代の分子生物学などの研究で遺伝子の解明が進んでいるが、過去の情報が確実に子孫に伝えられていることは明らかである。

第四の深く未来際の劫に入る無礙の智明とは、未来を知ることができる天眼通のことである。衆生が未来に生死し、流転《るてん》するときの、衆生の業を知り、衆生の果報を知り、衆生の善、不善など、未来際を尽くす一切のことを知る神通力である。第二の天眼智明と同じであるが、この第四の場合は、衆生の未来を知るのみならず、未来の仏や仏国土の状況もすべて見通すことができる。未来にあっても仏が出生できること、正法は久住《くじゅう》していることを見通しているのである。普通の人間は明日も明確には予測することはできない。しかし、衆生と仏の未来を知ることができるのは無礙の智明があるからである。華厳力をそなえた慧悟は仙薬を飲むことができ、未来の世において、仏前において仲間を相見しようと言って空中にあがり、遙か遠くに消え去って行ったが、未来においても仏が存在していることを確信していたのであった。

### 無礙《むげ》の智明

つづいて「十明品」では、第五の無礙清浄の天耳智明を説く。これは六神通のなかの天耳通にあたる。この無礙の天耳の能力をそなえた菩薩は、十方遠近《おんごん》の一切の音声《おんじょう》を聞くことができる。どんな音声も聞くことができるが、「聞《もん》と不聞とを欲するままに、自在に意に随《したが》う」と経文にある通り、自分の意志で聞きたい音声と、聞きたくない音声とを自由に分けることができるのである。聞きたい音声は、どんな小さな音でも言葉でも聞くことができるのである。とくに数限りなくおわす如来の発する言葉、如来の教えなどのすべてを聞くことができる。われわれ凡夫には仏の言葉はなかなか耳にとどかない。それは仏の教えにひたすら随順するという気持がないからである。無礙清浄の天耳智明をそなえたならば、どんな遠くにいる仏の声、仏の言葉もすぐさま聞こえてくるはずである。慧悟が『華厳経』の読誦三昧の生活をしていたため、ある日、山神の言葉がわかり、山神のあとについて終南山の山深く入りこみ、そこで神通力を得て不思議な現象にあうことができたのである。それは山神の招請を聞きわけることができたためであり、華厳力によって無礙の天耳をそなえていたからである。

第六の無畏の神力に安住する智明とは神足通である。この智明を得た菩薩は、自在無作《むさ》の神力、平等の神力、広大の神力、無依の神力、不退転の神力、不可壊《ふかえ》の神力などをそなえることができるという。自在無作の神力とは自由自在な神通力を発揮することができるが、それは無作であり、自然《じねん》でなければならない。わざと無理して、力をいれて神通力を発揮するのではない。自然に無為《むい》にその力が発せられなければならない。

それは神通力に限らない。無作でなければほんとうの力は発揮できない。それは武道の修練をしたことがあればよくわかることである。肩に力を入れたならば、剣道であろうと、合気道であろうと技はかからないものである。人を斬ることなど思いもよらない。自然態である無作のかまえを可能ならしめるのは一に朝鍛夕練の稽古によるのである。自在無作の神力と簡単に経文は説くが、これ一つだけでも体得することは容易なことではない。経文に書いてある言葉は、どれをとってみても容易に体得することができない言葉ばかりである。だからこそ仏が説いたお経なのである。

無依の神力というのもよい。依りどころがない、頼るところがない、自分だけの力によりながら、さらに頼るべき自分も捨てる。それは捨身の神通力であり、無心の神通力である。そうなれば、当然、不退転の神力を得ることができるようになる。この神力を得れば、いつ、いかなる場所においても仏を見奉ることができるようになる。

第七は一切言音を分別する智明である。菩薩は衆生の音声、言葉をすべて理解することができるのは、この神通力をそなえているためである。インドの言葉、周辺の国々の言葉、天や竜や阿修羅《あしゅら》や人の言葉など、ありとあらゆる言葉がわかるというのである。どこの言葉もわかるので、どんな国へ行っても、その国の人人の考えていることを理解できるというのである。これもまた大変な超人的な能力であることがわかる。

つぎの第八は無量阿僧祇の色身荘厳を出生する智明である。菩薩は一切のものを知ることができる。それは有形のものも無形のものも一切を含むのである。あらゆるものは知ることによって、それらのものを教化に用いることができる。神変不可思議の教化によって一切の衆生を救うのはこの智明による。

第九は一切諸法の真実智明とは、一切法が不生不滅であるなど、一切法の真実を見る智慧である。一切のものを絶対否定するとともに絶対肯定する大乗仏教の立場を述べたものである。

最後の第十の一切諸法滅定智明とは、菩薩が三昧のなかに入って退転《たいてん》しないことをいう。

この十種の智明に安住すればどうなるか。

菩《ぼ》薩摩訶薩《さつまかさつ》、此の明《みょう》に安住《あんじゅう》すれば、一切の天人《てんにん》も思議《しぎ》すること能《あた》わず。一切世間も思議すること能わず。
声聞《しょうもん》・縁覚《えんがく》も思議すること能わず。

といわれるように、天人、声聞、縁覚、もこれを考えることができない。ただ如来、菩薩のみこれをよく知ることができるのである。

## 十種の忍智――十忍品

つぎの「十忍品」では十種の忍智が説かれる。忍とは、認のことで智を意味する。十種の忍智とは、㈠随《ずい》順音声《じゅんおんじょう》忍、㈡順《じゅん》忍、㈢無生法《むしょうほう》忍、㈣如幻《にょげん》忍、㈤如燄《にょえん》忍、㈥如夢《にょむ》忍、㈦如響《にょこう》忍、㈧如電《にょでん》忍、㈨如化《にょけ》忍、㈩如《にょ》虚空《こくう》忍である。この十種の智を完成すれば、一切無礙の智慧を得ることができ、諸仏の無尽の無礙の法を得ることができるという。

まず第一の随順音声忍とは、真実の法を聞いて、信解《しんげ》し、受持し、安住することである。真実の法を聞いて怖れず、驚かずということが大切である。ほんとうの教えというものには甘えもなければ、いたわりもない。無常の法というのは、どんな人も死ぬことを教えてくれる。人間にとって母の胎内を出てから一番確実なことは、死に向ってひたすら歩み進むということである。この教えを聞いて驚くことも怖れることもなく、それを受けいれること、それが随順音声忍なのである。

第二の順忍とは清浄な直心《じきしん》をもって平等観を修することである。一切のものが平等であることを知るのである。

第三の無生法忍とは、不生不滅の法性《ほっしょう》を知り、離垢《りく》、無壊《むえ》、不動の寂滅地《じゃくめつじ》に住することである。「若し不動なれば、則《すなわ》ち寂滅地なり、若し寂滅地なれば則ち欲を離る」とあるように、一切の煩悩を寂滅した境地に入れば欲を離れることができる。

第四の如幻忍とは、諸法は皆、ことごとく幻《まぼろし》の如しと観ずることである。「一法の中《うち》に於て衆多の法を解《げ》し、衆多の法の中に一法を解了《げりょう》す」とあるように、一即多、多即一を知る。「一切の世間はことごとく幻の如し」と観察することが如幻忍である。世間は幻なりと観じれば、人の一生は幻となる。

第五の如燄忍とは一切の世間は皆、ことごとく陽燄《かげろう》の如く、実性のないものであると知ることである。陽燄（陽炎）とはかげろうであり、実体のないものである。

第六の如夢忍とは、一切のものは夢の如しと知ることである。江戸時代の沢庵禅師は死ぬ直前に、「夢」の一字を書いて死んだが、

まださめぬ　此世《このよ》の夢に夢を見て
　いやはかなる身のゆくへかな

と歌った。七十三歳の生涯を「夢」の一字に置きかえて辞世の挨拶としたのであった。

第七の如響《にょこう》忍とは、一切のものは皆、ことごとく響《ひびき》の如く、実性のあるものではないと知ることである。

第八の如電忍とは、如来の正法は電《いかづち》の如く、一切を照明して、遊行《ゆぎょう》すること無礙にして、無量清浄の色身を得ることである。

第九の如化忍とは、一切のものは皆、ことごとく化《まぼろし》の如く、実体がないと知って、執着しないことである。

最後の第十の如虚空忍とは、一切のものは虚空《こくう》の如しと悟ることである。

## 一切は幻の如し

十種の忍を説いた普賢菩薩は重《かさ》ねてこの意義を明らかにするために、偈文によって説いたのである。その偈文のなかには、

諸《もろもろ》の色《しき》は心より造《つく》られ、示現《じげん》するも猶《なお》幻《げん》の如く、虚妄《こもう》にして真実に非《あら》ず、一切の有《う》は幻の如し。譬《たと》えば工《たくみ》なる幻師《げんし》の、四衢《しく》に衆像《しゅぞう》を現じ、衆生見て歓喜するも、而《しか》も実には所有《しょう》無《な》きが如し。

という言葉がある。一切のものは心がつくったものであるから、幻の如きもので実体はなく、虚妄《こもう》であって真実ではないという。それはあたかも、巧みな幻術使いが、道の十字路において、さまざまな像を現わしだし、それを見た見物人が喜ぶが、その像は実体があるものでなく、あっという間に消え失せてしまうようなものだという。

慧悟が天宮に上り、宮殿に上って、五百人を超えた衆僧が斎会に集まってきたのも幻にすぎない。庭内にいた十余人の童児もまた幻であった。その一人が慧悟の口のなかに入ったのも幻であったかもしれない。しかし慧悟の口のなかには薬精が入っていったのは事実であった。

これらのことは客観的な事実としては幻であったかもしれないが、慧悟にとっては事実であった。それは幻覚によって生じたものと簡単に考えられるが、慧悟にとっては確実に体験した事実であり、忘れることができない不思議なことなのであった。その不思議なことが慧悟だけに現われたのは、慧悟が、『華厳経』をたえず読誦していた華厳行者であり、それによって華厳経力を身につけていたからなのである。

その華厳経力は『涅槃《ねはん》経』を読誦していた僧よりは一段と力強いものであった。山神が『涅槃経』よりも『華厳経』を読誦していた慧悟のほうに、神通力の潜在能力がそなわっていると見たのは正しかった。『華厳経』の「十明品」や「十忍品」には不可思議な神通力が惜しげもなく説かれているのである。

この「十忍品」の終りには、

> 真の仏子は善《よ》く学び、越《こ》えた智慧力と、法力と定智《じょうち》力とを成じ、随順《ずいじゅん》して菩提《ぼだい》を修す。

とあるが、仏教者はまずよく学ぶことが大切である。それはまさしく終南山に隠棲し、木食《もくじき》、巌棲《がんせい》し、多年にわたり、専ら『華厳経』を学び、読誦していた慧悟の如くに朝鍛夕練の修学が必要なのである。それによって卓越した智慧の力と、法力と定力を得ることができるようになる。智慧の力は十種の智明や「十忍品」に説かれたような智慧がそなわればよい。「十明品」と「十忍品」の教えがよくわかり、その教えを身につければよい。

法力とは、仏法修行によって体得した力で、ここでは慧悟が『華厳経』を読誦した行によって得られたものである。慧悟の法力が山神に感応したからこそ、山神は慧悟に神通力を与え、さまざまな奇瑞を行うことができたのである。

「読誦《どくじゅ》は三昧《ざんまい》なり」と言われるように、読誦によって三昧が発得《ほっとく》し、それがすなわち定力となる。定力は普通は禅定の修錬によって得られるものであるが、慧悟の場合は読経三昧によって得られた。神通力をそなえた知慧力と法力と定力を体得したのがまさしく慧悟であり、そのために華厳力を保持することができ、虚空の彼方において、仏と相見することができたのである。

# 無限の数と寿命——心王菩薩問阿僧祇品・寿命品

## 太白山の華厳行者——法蔵

陝西《せんせい》省の西安市を出発して咸陽市を通り、約三時間あまり車で行くと、やがて扶風県に着く。この扶風県の西端にあるのが法門寺である。西の鳳翔まで約六十キロ、南の渭河《いが》（黄河の支流）まで二十五キロの位置である。北には美山があり、東は美水が流れ、はるか南には秦嶺《しんれい》山脈が望見できる。秦嶺山脈の主峰、太白山は三七六七メートルの高峰であり、突兀として天空に聳えたっている。

この法門寺が最近、脚光をあびるようになったのは、倒壊しかけた真身宝塔の地下宮殿のなかから、釈迦の舎利指骨や唐代の宝物が多数発見されたためである。私も法門寺紀念館が落成した一九八八年十一月九日、法門寺に参拝し、真身舎利を拝してきたが、この法門寺の舎利塔の前で、唐の昔、燃指供養した一人の少年がいた。その少年こそ華厳宗を大成した賢首大師法蔵（六四三—七一二）であった。

十六歳の法蔵はまだ出家していなかった。普通の少年貴族であった。その少年が何のために釈迦の真身舎利の前で燃指供養をしたのか。彼の祖先は中央アジアの出身であり、彼の体のなかには西域人の血が流れていた。その彼が長安の街から法門寺までやって来て、お釈迦さまの真骨の前で何を誓ったのであろうか。『華厳経』の真髄を学ぶことを誓ったのかもしれない。

十七歳になった法蔵は、都の諸大徳に会って教えを乞うたが満足することができなかった。そこで決然として父母の膝下を離れて太白山に入った。法門寺の前面に聳える太白山は深い山であった。この山で草の根や果実を食べ、刻苦すること数年であった。太白山には仙人か隠遁僧がいたのであろう。この山は道教では第十一洞天とする聖域でもある。頂上は年中、積雪があり、「疾風、雨を呼ぶ」ともいわれる。法蔵がのちにさまざまな神異を現わす力は、この太白山にこもった数年間に養成されたのではないか。

親の病《やまい》のため太白山を下って長安に帰ったとき、たまたま雲華寺において智儼《ちごん》が『華厳経』を講じるのを聞き、智儼に師事したが、法蔵は「多くは他に由って悟らず、自ら知るに如《し》くものなし」という態度でみずからの力によって『華厳経』の深奥を悟ろうとした。

『華厳経』の深旨を大悟した法蔵は、前後三十余回にわたって『華厳経』を講じたが、とくに天冊万歳元年(六九五)、新しく翻訳された『新華厳経』を講じ「華蔵世界品」のなかの華蔵海震動の段にいたると、講堂、寺院が震動したため、聴集は異口同音に「未だ曾つて有らず」と讃歎したという。

法蔵は日でりがつづくと祈雨して雨をふらしたりすることしばしばであった。また神功元年(六九七)、契《きっ》丹《たん》が叛いたとき、勅命によって十一面の道場を建立して、観音像を置いて行道すること数日、契丹軍は征討軍のなかに無数の神王像や観音像が現われるのを見て怖れを抱いて降伏したという。

少年のとき、燃指供養した法門寺に、武后の命によって舎利を迎えに行き、舎利塔の前で昼夜七日間にわたり行道して、舎利の箱を開くと、神輝燦然として光明を放ったという。このとき法蔵は大崇福寺の寺主であった。

このように、さまざまな奇瑞を現わした法蔵は単なる学者ではなかった。太白山隠棲によって神通力を得た行者でもあった。

『華厳経』の深奥をきわめても、けっして難しく説くことはなかった。人々の能力に応じて無尽の哲理を説き、その説明の方法も具体的な例を巧みに用いながら、幽玄の理論を説き明かしたのである。

たとえば、則天武后に召されて長生殿において六相円融の哲理を説いたとき、法蔵は鎮殿の金師子を指してこれをたとえとし、金は法界の体にたとえ、師子は法界の用に比し、金師子のたとえによって『華厳経』の幽玄な教えを理解させたのであった。

また法蔵は、理解力の鈍い人のために、十面の鏡を取り、これを八方に排列し、上下にもそれぞれ一面の鏡を置き、各々の鏡が面々相対するようにして、中央に一仏像を置き、その後に一炬を燃やしてこれを照す。すると光と影が互いに映じて重々無尽となる。これによって人々に華厳の無尽の深理を容易に理解させようとしたのであった。

**無限の数とは――心王菩薩問阿僧祇品**

この有限の世界、限りある寿命のなかに生きている人間には、無限の数とか、無限の生命といっても観念的には何となくわかるが、なかなか実感をともなっては理解することができないものである。

この無限の数について説いたのが、「心王菩薩問阿僧祇品」第二十五であり、無限の寿命について説いたのが「寿命品」第二十六である。

心王菩薩が仏に、

世尊よ、所謂《いわゆる》、阿僧祇《あそうぎ》・不可量・無分斉《むぶんさい》・無周遍《むしゅうへん》・不可数・不可称量・不可思議・不可説・不可説不可説なるあり。世尊云何んが、阿僧祇、乃至不可説不可説なるや。

と質問すると、仏は無限の大数について説かれた。まず最初に百千、すなわち十万をあげる。十万の十万を一拘梨《こうり》（koṭi）と名づけ、拘梨の拘梨を不変と名づけ、不変の不変を那由他（nayuta）と名づけ、さらにその倍数を無限に求めていく。最初の拘梨だけでも大変な数なのである。拘梨は倶胝《くてい》ともいうが、数の単位で十の七乗をいう。あるいは一億、一京と考えてもよい。倶胝劫といえば数えることができない長い時間で百億劫ともいわれるのである。さらに那由他といえば千億のような無限の数なのである。このような大きな数を順番にかけてゆき、第百二十一番目の最終の数をここでは「一不可説転《てん》の転」と呼んでいる。

無数《しゅ》の無数を一無数転と名け、無数転の無数転を一不可称と名け、不可称の不可称を一不可称転と名け、不可称転の不可称転を一不可思議と名け、不可思議の不可思議を一不可思議転と名け、不可思議転の不可思議転を一不可量と名け、不可量の不可量を一不可量転と名け、不可量転の不可量転を一不可説と名け、不可説の不可説を一不可説転と名け、不可説転の不可説転を一不可説転の転と名く。

人間の頭脳では数えること、考えることができないので不可説であるが、さらにそれを超えた無限数、極大数を考えているのである。

自然数に一を加えれば無限に大きな数になることは誰でもわかるが、この無限数が一微塵《みじん》のなかにそなわっていることを明らかにするところに「阿僧祇品」の特徴がある。たとえば、

悉《ことごと》く能善《よ》く一念の中に於《おい》て、不可説の諸《もろもろ》の世界を説き、称説す可からざる諸劫の中に、念念に次第して演説す。

一念のなかに無限の世界を説き、無限の時間のなかに一念一念を説いてゆく。一瞬即無限、無限即一瞬という時間論が説かれる。一瞬のなかに無限を見、無限のなかに一瞬を見ることになる。時間的に一即多が成立する。さらに空間的にも「言説す可からざる微塵《みじん》の中に、悉く不可説の衆生有り」といわれるように、一微塵のなかに無数の衆生が存在するという。それは無数の衆生ばかりではない。微細の毛孔のなかに無量の諸仏の国土も存在するのである。経文はさらにそれを具体的に描写していく。

たとえば、一つの身体から無数の光明を放つ、一つの光明から無数の宝蓮華をだす、一つの宝蓮華から無数の華葉をだす、一つの月から無数の月をだすなどである。そのなかでもとくに光明が重視される。

　不可言説転を摂取《せっしゅ》して、光明を出生すること不可説なり。彼の一一の光明の中に於て、諸仏を出生することも不可説なり。

無数の光明が燦然と輝いている。その一つ一つの光明から無数の諸仏が出てくる。恐らく法蔵が法門寺の舎利塔の前で燃指供養したり、則天武后の命で舎利を奉迎する責任者となったことは、舎利から発する光明に深い関心があったはずである。舎利塔の前で行道すること七日、光明燦然として光り輝いたというのは無数の光明が放たれたことの証左である。

　一毛端《もうたん》の処《ところ》に無量の刹《くに》あり、而《しか》も其の中に於て迫迮《はくさく》せず、微小《みじよう》なる毛端も亦大ならず、悉《ことごと》く弥広《みこう》の諸仏の刹を容《い》れ、仏刹をして雑乱《ぞうらん》有らしめず、形相《ぎようそう》本の如くにして異ること無し。

一つの毛端に無量の国土があるが、しかも互いに接近してぶつかることはない。小さな毛端が広大な仏国土を容《い》れているが、それぞれの仏国土は整然とそのなかに位置して、けっして雑乱することなく、仏国土の形態も少しもそこなわれることがないというのである。常識ではまったく考えることができないことである。

しかし、現在の分子生物学などの説明によれば、人体を構成している細胞や分子は、まさしくここに述べられているような状態のもとにあるといってよいであろう。

もちろん『華厳経』では、仏の光明に照しだされたり、仏の目から見れば、ここに描写されたような状況が目のあたりに映じていたのである。仏の目から見れば、供養の道具も信心も施心も精進も智慧も神通力も一切のものが不可説であり、無限大なのである。

**華厳の数論**

無限の数量をあきることなく説く「阿僧祇品」の阿僧祇（asaṃkya）とは無数のことで数の極致をいうのである。法蔵は『探玄記』巻十五のなかで五種の数法について述べている。

第一は人の数法でもっとも低いものであるという。人間が数えることができる数のことである。

第二は諸天の数法で、人よりも勝れた数の数え方をする。たとえば自在天王は一念のなかに大千の雨滴を知ることができる。

第三は舎利弗《しゃりほつ》は人天を超えた数法を知ることができる。

第四は菩薩の数法である。菩薩によって違いがあり、たとえば「入法界品」にでてくる善知識である釈天主童子は、砂を数えることができるし、文殊菩薩や普賢菩薩は、刹塵《せつじん》すなわち無数の国土の数を知ることができる。このような菩薩の数法は人天など下位のものにはまったく理解できないものであるという。

第五は仏の数法であり、仏が知るのは最極自在であり、無極の数を知ることができる。そのため無限の数を説くことができる。仏が恒河（ガンジス河）の砂の数を知ることができるということをあらわすために、法蔵は『大智度論』巻七（大正二十五・一一四中）の一文を引用する。『大智度論』では「一切の算数の知る能わざる所を唯《ただ》仏と法身の菩薩とのみ能《よ》く其の数を知る」と前置きしてつぎの説話をかかげる。

あるとき仏が祇洹精舎の園林の樹の下に坐っていた。一人の婆羅門《ばらもん》が来て仏に質問した。「この林には何枚の葉がありますか」と。仏は「若干数の葉がある」と答えた。婆羅門は仏の答えに疑いをもった。そこで密かにいく枚かの葉をとってから、ふたたび仏にこの林の葉の数を尋ねた。すると仏は「今、若干の葉が前よりも少なくなっている」と答えた。婆羅門は仏がすべてを知っていることに驚嘆し、仏を敬い出家したという。仏が無数の数を正確に知っていることをたとえた説話である。

この法蔵の説明によって、仏や菩薩が無限大の数を知ることが理解できたが、この能力は人間のおよぶところではない。まさしく無限数は仏智のみ知ることができるのである。「阿僧祇品」のなかで説いている無限数は、仏や菩薩のみが知る数なのである。

法蔵はまた『華厳五教章』のなかで、数論を展開している。法界縁起を説くために、一から十までの十銭をたとえとして引用しながら「相入」と「相即」について述べている。相入とは一のなかに多があり、多のなかに一があることをいい、相即とは一即多、多即一であることをいう。

普通の常識では、一に一を加えると二ができるように考えられるが、それはまちがいであり、そんなことはありえない。というのは、一に一を加えると、一つが二つ集まったものにすぎないもので、一がふえたというだけであり、二という一つの自然数にはならない。新しい自然数は一を足すことによってできるが、単に一を足したばかりでなく、一を足した全体を同時に直観することによって、二という自然数が生まれるのである。

それではそのような直観はどうして可能となるのか。それは一のなかには二ないし十の意義を具有しているから、一がよく二ないし十を成ずることができる。一のなかには二・三・四・五がそなわっているのである。そこで一といっても、それは二以下と切り離されて単独に存在しているのではなくて、二以下と相対することによって一であるのである。法蔵はこれを「縁成《えんじょう》によるが故の一」であると言うが、一という自然数、二という自然数が成り立つためには、他の自然数との関係において成り立つのである。しかも一というときは、一のなかに他の自然数全体が内包されている。これを相入というのである。

つぎに任意の自然数の一つを取りだすと、その任意の自然数が自然数全体をあらわし、任意の自然数と自然数全体とが相即することを明らかにする。一をたてると、一は絶対の主体となり、二以下は依存従属の関係に入らなければならない。一は有力《うりき》となり、二以下は無力《むりき》となる。それによって、一即二、一即三、……一即無限数が可能となる。次に二を主体として考えると、一および三以下は二に従属する関係になる。二が有力のとき、一および三以下は無力となり、二のなかに吸収される。そして二即一、二即三、……二即無限数が可能となる。このような関係を一即十、十即一というようにあらわすのが相即ということである。ちなみに華厳では十を円満完全な数、無限数とみなして十銭のたとえを説いたのである。

法蔵が考えだした華厳の数論は、高度な知性がなければ創造できる思考ではない。このような数論を説いた例は中国ではほとんどないのではないか。法蔵の先祖は中央アジアの出身であり、また実叉難陀《じっしゃなんだ》の翻訳なども援助しており、サンスクリット語にも通じていた。語学力もあり、卓越した強靱《きょうじん》な思索力をそなえていながら、なおかつ、神通力を発揮することができた人こそ、華厳宗の大成者、賢首大師法蔵なのであった。

## 寿命尽くることなし――寿命品

つぎの「寿命品」は大変に短い経文であるが、仏の寿命が長短自在であることを説いている。説く人は前と同じく心王菩薩である。

仏子よ、此の娑婆《しゃば》世界の釈迦牟尼《しゃかむに》仏の刹の一劫の如きは、安楽世界の阿弥陀仏の刹に於ては、一日一夜と為す。安楽世界の一劫は、聖服幢《しょうふくどう》世界の、金剛如来の仏刹に於ては、一日一夜と為す。

娑婆世界の釈迦牟尼仏の国土の一劫（無限の時間）は、ちょうど安楽世界の阿弥陀仏の国土では、一日一夜に相当するというのである。その安楽世界の一劫は、聖服幢世界の金剛如来の国土では、一日一夜に相当するという。以下、順序をおって善楽《ぜんぎょう》光明《こうみょう》清浄《しょうじょう》開敷《かいふ》仏、法幢《ほうどう》仏、師子仏、盧舎那《るしゃな》蔵《ぞう》仏、法光明浄開敷蓮《れん》華《げ》仏、一切光明仏、覚月仏、賢首《げんじゅ》仏などの国土においては、その前の仏の国土の一劫が一日一夜にあたると説くのである。

最後の世界の一劫は、勝蓮華《しょうれんげ》世界の、賢首仏の刹《くに》に於ては一日一夜と為す。普賢《ふげん》菩薩等《ら》の、諸《もろもろ》の大菩薩は其の中に充満せり。

勝蓮華世界の賢首仏の国土においては、無限の時間が一日一夜に短縮されると説く。その短い時間のなかに、普賢菩薩などの大菩薩たちがその国土に充満しているというのである。

大変な空想力がなければ、これほど無限の時間を考え得ることはできない。最高の勝蓮華世界の賢首仏の国土では、気が遠くなるほどの無限の時間が、わずかに一日一夜で終ってしまうのである。娑婆世界の一劫は、最高の勝蓮華世界においては一瞬にもならないことになる。

寿命とはいったい何であろうか。『中阿含経』巻四十四の「鸚鵡《おうむ》経」では、男女の寿命の長短について述べているが、男女が生きものを殺生してその血を飲み、害意をもって、悪事を行い、人間をはじめとし昆虫にいたるまで、一切の生きとし生けるものに対して慈しみの気持がなく、悪業を積み重ねていれば必ず寿命は短くなる。これに反し、殺生せず、刀杖を捨て、慚愧《ざんき》の気持をもち、慈悲心をもって一切の生きとし生けるものに接すれば、寿命は長く天に生ずることができると説いている。善根を積めば寿命は長く、悪業を重ねれば寿命は短いというのである。

人間も寿命を長くしようとすれば、善根を積むしかないが、仏は善根のみを積み重ねているのでその寿命は長大となる。肉体的生命が長くなるばかりでなく、戒命、慧命が加わる。戒命というのは、浄戒をたもっているために浄命が無限につづく。慧命は正法を守り精進しているので、正しい智慧は衰えることがないのである。清浄な戒行と、正しい智慧によって、その寿命の永遠性が得られる。人間においてもそれは当然であり、戒命とは規則正しい生活であり、慧命とは目的をもちながら精進する生活である。この二つを守っていれば肉体的生命も当然長くなる。長寿の秘訣はこの二つにあることは明白である。さらに肉体の死がおとずれても、精神は不滅となる。光り輝く光明となって世界や衆生を照すようになる。勝蓮華世界の賢首仏の国土においては長い長い寿命を楽しむことができる。だからこそ普賢菩薩などの大菩薩がこの国土に充満しているのである。

安楽な世界であれば長くつづいて欲しいと思うのは人間の願いである。この娑婆世界では安楽はほとんどなく苦しいことだけが多い。苦しみの世界に生きていくためには忍耐しかない。耐え忍ぶ以外には方法はない。耐え忍んでいる時間は長く感じるものである。闇夜はなかなか明けてくれない。しかし忍苦の世界にあっても、光明のある安楽の世界が存在することを確信しなければ、耐え忍ぶことはできない。長い苦しい人生と思う娑婆世界も、安楽世界の阿弥陀仏の国土に入れば、一瞬の時間となるのである。ここのところをよくよく思いきわめて、この苦しい人生を生き抜きたいものである。

賢首仏や賢首菩薩のお名前を頂いた賢首大師法蔵は、晩年になって扶風の法門寺の舎利を洛陽へ迎える使命を果たしたが、十六歳のとき燃指供養し、華厳をきわめる決意に燃えたったが、やがて大長老として、ふたたび法門寺の舎利を迎えたとき、大きな感慨がその胸に去来したにちがいない。

法門寺の舎利は真身舎利といわれ、仏の寿命の永遠性をあらわすシンボルであった。その真身舎利を拝することができるという感激は筆舌につくしがたいものがあったろう。何十年に一回しか奉迎することができなかった舎利であれば、それを目のあたりに拝することは容易なことではない。一生涯のあいだに一度あればよいほうである。

『華厳経』の「寿命品」は、玄奘《げんじょう》三蔵によって『顕《けん》無辺仏土功徳経』と題されて翻訳された（大正大蔵経第十巻所収）。法蔵は玄奘訳のこの経を読んでいた。そこで「玄奘法師は別に一巻を翻じて顕無辺仏土経と名く。是れ此の品なるなり」（『探玄記』巻十五）と語ったのである。

# 文殊菩薩の聖地・五台山――菩薩住処品

## 五台山大華厳寺

中国、山西省五台山の台懐鎮《だいかいちん》の門前町で、みやげ物店が並んでいる楊林街を通り過ぎると顕通寺の鐘楼《しょうろう》が見える。鐘楼を通り抜けるとすぐに顕通寺の山門がある。この門の二つの柱の聯には「冥真体於万化之域」と「顕徳相於重玄之門」という文字が書かれている。この一文を見た私は、たちどころに華厳宗第四祖、清涼《しょうりょう》大師澄観《ちょうかん》（七三八―八三九）の『華厳経疏《けごんきょうしょ》』の序文の一節を思い出した。それは「真体を万化の域に冥《めい》し、徳相を重玄の門に顕《あら》わす」という文であった。澄観の言葉が大顕通寺の門に書かれているということは、この寺が澄観と深い因縁のある寺である、ということを見事にあらわしているのである。

顕通寺の総門を入ると、松の木が林立する広い境内に入る。顕通寺は、七つの殿堂が南から北に向って一列に並んでいる。それは観音殿からはじまり、大文殊殿、大雄宝殿、無量殿、千鉢文殊殿、銅殿、後高殿とつづく。

五台山に因縁の深い文殊菩薩を祀っているのは大文殊殿である。このなかには、大小七体の文殊菩薩の塑像が殿内せましとばかりに並んでいる。中心にある大智文殊のまわりに、西台の師子文殊、南台の智慧《ちえ》文殊、中台の儒童《じゅどう》文殊、北台の無垢文殊、東台の聡明《そうめい》文殊の五尊があり、さらに背後には甘露文殊がある。無量殿は『華厳経』にもとづいて七処八会殿とも呼ばれるもので、殿内には『華厳経』の教主、毘盧舎那《びるしゃな》仏が祀られている。

銅殿の前にある銅塔は、かつては五台にあわせて五塔あったが、現在は東台塔と西台塔の二塔だけがあり、それらは十三層の塔身を基台にのせている。この銅塔の東にあるのが妙峰祖師殿であり、かつてはこの殿内に、華厳宗の第五祖清涼大師澄観の肖像が祀られていたという。

顕通寺は五台山ではもっとも古くもっとも大きい寺院である。伝説によると後漢《ごかん》の明帝が大孚霊鷲《ふりょうじゅ》寺をつくったのがその最初であるといわれているが、事実は北魏の孝文帝のときに寺院が建立されたのであろう。大孚霊鷲寺の「孚」というのは信ということで、帝が仏教を信じ、寺を建てたために大孚といわれ、霊鷲というのはその山形がインドの霊鷲山（耆闍崛山《ぎじゃくっせん》 Gṛdhrakūṭa、王舎城の東北にある山で釈迦が説法したことで有名）に似ていたために名づけられたのである。この大孚霊鷲寺の前には花園があったため、この寺は大花園寺ともいわれた。則天武后のとき、八十『華厳経』が訳され、文殊菩薩が清涼山に住するという経文にちなんで、この寺を大華厳寺と改称したという（澄観『華厳経疏随演義鈔』巻七十六）。また澄観がこの大孚霊鷲寺において『華厳経疏』を著わしたので、勅命によって大華厳寺と改名されたという説もある（『広清涼伝』巻上）。いずれにしても昔の大孚霊鷲寺、現在の顕通寺が唐の時代には『華厳経』の因縁によって大華厳寺と呼ばれたことは確かなのである。

五台山の華厳行者――澄観

澄観は大暦十一年(七七六)、五台山に登った。五台を巡拝し、文殊の霊跡を訪ね、霊瑞を得ることができた。文殊菩薩の真容を拝することができたのである。文殊菩薩だけではどうしても満足することができなかった。それは普賢菩薩の真容をも拝することであった。文殊は智、普賢は理をあらわし、智理不二の当体が毘盧舎那《びるしやな》であることを知悉していた澄観はやがて五台山を下り、普賢菩薩の聖地である四川省の峨眉《がび》山に向った。その目的は普賢菩薩に見《まみえ》るためであった。峨眉山では現在でも仏光や仏燈を見ることができる。当時、峨眉山に登ることは大変であったにちがいない。峻険な山道や急坂を登り、ついに普賢菩薩の聖容を拝することができた。これによって澄観は忽然として大悟した。それは文殊と普賢と毘盧舎那の三聖が見事に円融することを悟ったのであった。のちに澄観が『三聖円融観《しようえんゆうかん》』を著わすにいたったのは、このときの体験にもとづいたからであった。その理由は不明であるが、峨眉山仏教文化圏に属する安岳県や大足県には、華厳洞をはじめとする数多くの華厳三聖像が分布しているのは、澄観の『三聖円融観』の思想と何らかの関係があるのではないかと推定される(拙稿「中国・重竜山石窟と安岳石窟」『大法輪』五七巻二号)。

峨眉山で普賢菩薩を拝した澄観は、ふたたび山西省の五台山へ帰った。大華厳寺に住していた澄観に対して、寺主の賢林和尚が『華厳経』の講義を要請した。澄観はしばらくのあいだ考えにふけった。それは法蔵の『華厳経探玄記』は文章が繁雑であるわりには、文義が簡約すぎるということであった。文殊と普賢の二聖が合して毘盧舎那となっていることを悟った澄観は、『華厳経』を新たに注釈し、その真義を弘通しなければ二聖に対して申訳がたたないと思った。

澄観は『華厳経』の注釈を決心した。すると眠っているあいだに一人の金人を夢みた。その金人は陽にあたって立ちながら手で澄観を招いていた。招き寄せられた澄観はその金人に呑まれてしまった。そのとき夢がさめて全身に汗が流れた。澄観は思った。一人の金人とは光明を意味し、自分は光明のなかに呑みこまれ、自分自身が光明となったことは、自分が徧照となったことのしるしであり、自分は『華厳経』に注釈して、その教えを弘めて徧《あまね》く人々を照すものとならなければならないと知った。

いよいよ大華厳寺において『華厳経疏』の執筆がはじまった。それは興元元年(七八四)正月であった。厳冬の五台山は氷点下十五度から二十度に下ることもあった。大華厳寺は風雪におおわれていた。毎日毎日、執筆はつづけられた。四年間の歳月がまたたくまに過ぎ去り、貞元三年(七八七)十二月、執筆が終った。千僧に飯食を供養してその完成を祝った。これが現存する澄観の『華厳経疏』六十巻なのである。

この『華厳経疏』が完成すると、澄観はふたたび夢を見た。自分の身体が竜となり、その首は南台の山峰の上にもちあげ、尾は山北にわだかまり、青空の下、鱗は燦然と輝いていた。一瞬にしてその大竜が動くと、化して千の小竜となり、碧空に跳躍して分散して消え去った夢であった。澄観はこの夢によって華厳の教えを分散流布しなければならないことを悟った。翌年正月、賢林和尚の要請を受けた澄観は、この新しい『華厳経疏』を講じたのである(『宋高僧伝』巻五、五台山清涼寺澄観伝)。まさしく現在の顕通寺こそ澄観の講義が行われた場所なのである。

## 清涼山の文殊菩薩——菩薩住処品第二十七

第六他化自在天会《たけえ》は十一品よりなるが、前章の「寿命品」第二十六のあとが「菩薩住処品」第二十七である。この「菩薩住処品」は「寿命品」が時間について仏徳を述べたのに対して、「空間に約して、菩薩の化用を明かす」といわれるように、空間について菩薩の活動を明らかにしたものである。

「菩薩住処品」では心王菩薩が菩薩の住処について説いている。まず東方に菩薩の住処があり、仙人起山と呼ばれ、そこには金剛勝菩薩が三百の菩薩の眷属《けんぞく》とともにおり、常に説法しているという。以下、順次に菩薩の説法の場所と菩薩の名前、眷属の数をあげてゆく。たとえば、

南方―勝楼閣山《しょうろうかくさん》―法慧菩薩―五百の眷属
西方―金剛焔山《こんごうえんさん》―無畏師子行菩薩―三百の眷属
北方―香聚山《こうじゅさん》―香象菩薩《こうぞう》―三千の眷属

のように東西南北の方向の山名をあげて、それぞれの菩薩が説法していることが述べられる。これにひきつづいて、

東北方に菩薩の住処有り、清涼山《しょうりょうさん》と名け、過去の諸《もろもろ》の菩薩、常に中に於て住しき。彼《かしこ》に現に菩薩有り、文殊師利《もんじゅしり》と名け、一万の菩薩の眷属《けんぞく》有りて、常に為《ため》に法を説く。


と述べられているのである。恐らく『華厳経』の「菩薩住処品」を書いた人は、インドを中心とするさまざまな実在する山、伝説の山などを考えて、さまざまな名前の菩薩がその山に住していることを明らかにするためにこの品を書いたものであり、具体的に現実の山を指示したのではなく、いわんや、インドから遠く離れた中国の五台山を念頭において書いたわけでもないのである。

しかし、この「菩薩住処品」のこの一文、東北方に清涼山があり、そこには文殊菩薩が住し、一万の眷属に説法しているということは、中国の仏教者には強烈な衝撃を与えた。則天武后のとき、活躍した華厳宗の大成者、賢首大師法蔵はその著『華厳経探玄記《たんげんき》』巻十五のなかでつぎのように説いている。

清涼山とは即ち是代州五台山是なり。中に於て現に古清涼寺有り。冬夏にも雪を積めるを以ての故に名と為す。此の山と及び文殊の霊応等は伝記三巻に有り。（大正三十五・三九一上）

法蔵のときにすでに『華厳経』の清涼山は五台山であるとされていたのである。その山には現に清涼寺があり、清涼山といわれるのは、冬でも夏でも山頂に雪があるからだというのである。さらに法蔵は『華厳経伝記』巻四のなかで、五台山で文殊菩薩に見《まみ》えた解脱《げだつ》や明曜《めいよう》の伝記を書いているのである。五台県の出身である解脱が、山西省の介山《かいざん》の抱腹巌《ほうふくがん》の慧超《えちょう》に師事して禅定をきわめたのち、五台山に帰り、西南の山麓に仏光精舎（現在の仏光寺）を建てた。『華厳経』によって仏光観を修した解脱は、中台の東南の花園の北にある大孚《だいふ》霊鷲寺《りょうじゅじ》（大華厳寺）に行き、再三にわたって文殊と見《まみえ》ることができたという。法蔵は解脱と明曜が文殊と相見したことを深い感激をもって『華厳経伝記』に記したのであった。

## 清涼山とは五台山なり

『華厳経』の「菩薩住処品」に説かれる清涼山が中国では五台山にあたることは、華厳宗の法蔵がはじめて言ったのではなかった。四分律宗の大成者、初唐の道宣（五九六―六六七）が書いた『集神州三宝感通録《かんつうろく》』巻下には、つぎのように記されている。

代州《だいしゅう》の東南に五台山なるものあり。古には神仙の宅と称せり。山は方三百里、巉巌《さんがん》は崇峻《すうしゅん》を極む。五つの高台あり。その上《いただき》には草木を生せず。松柏《しょうはく》の茂林は谷底に森《あつ》まる。その山は極めて寒く、南は清涼山と号す。亦《また》清涼府を立つ。経中に文殊は五百の仙人を将《ひき》いて、清涼雪山に往《ゆ》きたもうと、すなわちこの地なり。所以に、古来、求道の士、多くこの山に遊ぶ。

道宣が活躍した七世紀の中頃には、『華厳経』の清涼山が山西省の五台山であるということが伝えられていたのである。この道宣の記述は正確であり、五台の頂きには草木なく、松柏は谷底に繁茂している五台山の状況は今もまったくその通りなのである。

さらに道宣の記述によれば、中台には北魏の孝文帝が建てた千ばかりの小さな石塔があり、中台の頂上には太華池という大きな泉があるという。現在でも大きな泉はないが、小さな泉がいたるところに湧き、夏であれば美しい高山植物が小さな花を咲かせている。

道宣や法蔵が五台山こそ清涼山であるとすでに明言したあとを受けた澄観は、「菩薩住処品」を注釈するなかでつぎのように言った。

清涼山とは即ち代州雁門《がんもん》郡の五台山なり。中において現に清涼寺あり。歳に堅氷を積み、夏もすなわち雪を飛ばし、かつて炎暑なきをもっての故に清涼という。五峯は聳《そび》え出で頂に林木なし。土を塁《かさ》ねたる台の如きあるが故に五台という。(大正三十五・八五九下)

夏も雪が降り、炎暑のないために清涼山というのである。さらに澄観は経文にある「東北方」というのは曖昧《あいまい》な表現であると言い、唐の菩提流志《ぼだいるし》訳の『文殊師利宝蔵陀羅尼経《ほうぞうだらにきょう》』のつぎの文を引用している。

我が滅度の後、此の贍部洲《せんぶしゅう》の東北方に於て国あり、大振那《しんな》と名く。其の国、中間に山あり。号して五頂となす。文殊師利童子、遊行し居住す。

この経文によると、インドの東北方に振那国(中国)という国があり、その国に五頂(五台)といわれる山があるとその記述は具体的であり、この経文をよりどころとして『華厳経』の清涼山を中国の五台山とみなすにいたったのである。

澄観はさらに『華厳経疏』のなかで、

余、幼にしてこの典を尋ね、この文に至る毎に、皆、巻を掩《おお》うて長歎し、遂に万里を遠しとせず、命を委《ゆだ》ねて聖境に棲託《せいたく》す。相誘うとここに十載なり。

と述べて、『華厳経』の「菩薩住処品」のこの一文に出会った感激を述べ、万里を遠しとせずにこの五台山に入山し、十年を経たことを記しているのである。この五台山の大華厳寺において、このように記した澄観の感慨はいかばかりであったろうか。

## 安陽の霊泉寺石窟

また「菩薩住処品」には中国についてのつぎのような記述がある。

真丹《しんたん》の国土に菩薩の住処有り。那羅延山《ならえん》と名け、過去の諸の菩薩は常に中に於て住しき。

これによると、中国に那羅延山という菩薩の住処があるという。澄観は那羅延山とは堅牢山《けんろう》のことで青州の牢山を指すのか、五台山の南台の那羅延窟を指すのか、どちらかであると言っている。『広清涼伝』巻上では東台の霊跡十一のなかに那羅延窟をあげている。

那羅延窟の那羅延とは Nārāyaṇa の音写語で、ヒンドゥー教ではビシュヌ神の別名であるが、仏教では金剛力士のことをいう。

五台山の那羅延窟とは別に、河南省安陽の霊泉寺の大住聖《だいじゅうしょう》石窟こそ那羅延窟と呼ばれたものである。霊泉寺は河南省安陽市の西南三十キロにある太行山脈の支脈、宝山の東麓にある。大住聖窟は隋《ずい》の開皇九年(五八九)に開鑿《かいさく》されたものであり、霊泉寺石窟群のなかではもっとも勝れたものである。この窟は霊泉寺の西五百メートルにある宝山の南麓の石灰岩の断崖の上に、南に向って彫られている。門の外の両側の石壁に浅い龕《がん》が彫られ、そのなかには大きな護法の神王立像が浮き彫りにされているが、向って右側こそ那羅延神王で、左側は迦毘羅神王である。門の外の両側の石壁には『法華経』『大集経』『摩訶摩耶《まかまや》経』などの経文が刻されている。

石窟の内部の東、西、北の三壁には、大型のアーチ型の龕が彫られている。北壁は盧舎那《るしゃな》仏龕、東壁は弥《み》勒《ろく》仏龕、西壁は阿弥陀仏龕である。北壁の盧舎那仏龕の中心には高さ一・〇二メートルの盧舎那仏が結跏趺《けっかふ》坐《ざ》しており、左右には菩薩の立像がある。この大住聖窟こそ宝山の那羅延窟と呼ばれたものである。それは那羅延神王が浮き彫りにされていることによっても明らかである。

### 宝山の那羅延窟

霊泉寺の大住聖窟、すなわち那羅延窟は、先に述べたように隋の開皇九年(五八九)、霊裕《れいゆう》が開鑿したものである。霊裕の伝記は『続高僧伝』巻九にあるが、裕菩薩と尊称された高僧であった。隋の文帝および皇后に菩薩戒を授けた大徳であり、詔によって国統に任ぜられた人である。伝記のなかに、

宝山に於て石龕《せきがん》一所を造り、名づけて金剛性力住持《こんごうしょうりきじゅうじ》那羅延窟《ならえんくつ》と為す。面別に法滅の相を鐫《けず》る。

とあることによって明らかなように、宝山に那羅延窟と呼ばれる石窟を造営したのである。那羅延窟という名前をつけたのは、『大集経』月蔵分「建立塔寺品」と、『華厳経』の「菩薩住処品」によったことは明らかである。

末法到来と法滅を憂《うれ》えた霊裕は『滅法記』という書物を著わしたことによってわかるように、末法に対す

る強烈な自覚をもった。那羅延窟を造営した五八九年のわずか十五年前の五七四年には、北周の武帝が廃仏を断行し、経典を焼き、仏像を毀《こわ》し、僧侶を還俗《げんぞく》させた。還俗しない僧侶はこれを殺した。寺院は貴族の邸宅に充《あ》てられた。このとき還俗した僧尼は三百万、没収された寺院は四万といわれた。

この大廃仏をみずから体験した霊裕は、教法を永久に残さなければならないと決意した。そのためには経典の文字を、どうしても堅固な岩壁に刻さなければならない。かくして宝山の那羅延窟が造営されるにいたったのである。この霊裕の刻経事業にひきつづき、隋の静琬《じょうえん》は大業年間（六〇五―六一七）に発願して、北京の郊外の房山に一切経を刻したのである。これが有名な房山石経なのである。

## 十願を立てる

『華厳経』の「菩薩住処品」は大変に短い経文であり、インドを中心としてさまざまな菩薩が住する山や場所について記述したものであるが、たまたま文殊菩薩がいる清涼山や、真旦《しんたん》（中国）国の那羅延山などの記事があるため、そこから中国の五台山や、霊泉寺石窟の那羅延窟について述べたのである。しかし誰よりもこの「菩薩住処品」に注目したのは澄観であった。澄観は「菩薩住処品」を注釈するにあたって、自分が現にいる五台山、すなわち清涼山のことをもっとも詳しく書き記したのである。この点から見ても澄観の清涼山、すなわち五台山に対する思い入れの深かったことがわかる。

澄観は平生から常に十願をたてていた。その十種の願いのなかには、つぎのようなものがあった。

一には、長く方丈に止まり、但《ただ》三衣鉢にして、長《よぶん》を蓄えず。

二には、当代の名利はこれを棄てること遺《すつ》るが如くならん。

三には、目に女人を視ず。

七帝の国師となった澄観であったが、名利をみずから求める念はなかった。「目に女人を視ず」というのも徹底している。五台山の文殊菩薩のみと出会うことを念願して入山した澄観には女人の姿は目に入らなかった。五台山のどこまでも清澄な天空と、五台に美しく咲き乱れる高山植物の花と、積雪におおわれた純白の山峰のみが目に入ったのである。さらに目は『華厳経』の経文の文字をくい入るように見つめていた。その経文の文字を注釈してゆく精神の躍動が、『華厳経疏』六十巻となって凝結したのであった。

七には、長く華厳大経を講ぜん。

八には、一生昼夜、臥せざらん。

この二つの願いも普通の人にできることではない。澄観は『華厳経』を講ずることに命をかけた。一生涯にわたって身体を横にして寝ることはなかった。恐らく坐睡したのであろう。澄観は百二歳で没するまで、この願いによって生涯修行を積んだといわれる(『宋高僧伝』巻五、澄観伝)。

百二歳の長寿をたもつことすら、常人のできることではない。現代でいえば百五十歳ぐらいにあたるのではなかろうか。その長寿のあいだ『華厳経』を講ずることにエネルギーのすべてを傾注した。目に女人を視《み》ず、五台山の霊気を感得して生きた澄観こそ、まさしく五台山の華厳行者といえよう。『華厳経』の「菩薩住処品」は短い経文であったが、その経文にもとづきながら、東アジアの仏教聖地、五台山が生まれたことはまことに不思議な因縁といわなければならない。今もなお文殊菩薩の聖地として五台山は生きつづけているのである。

# 如来の光明——仏不思議法品・如来相海品・仏小相光明功徳品

## 安陽修定寺塔と慧蔵

河南省の北部、河北省に近いところに安陽市がある。安陽市の北がわを流れる洹河の上流には霊泉寺石窟があるが、県城の西北三五キロには、太行《たいこう》山脈の一支脈として海抜六〇九・六メートルの清涼《しょうりょう》山がある。この清涼山の南麓に建てられたのが修定《しゅうじょう》寺である。安陽県の西部は東魏《ぎ》、北斉、隋唐時代の仏教聖地であり、修定寺の南、五〇キロに霊泉寺石窟や小南海石窟があり、修定寺の北三三キロには有名な南北響堂《きょうどう》山石窟があり、多くの高僧が輩出したところである。

北斉のとき、修定寺には大和尚がいた。それは大統法上であった。法上の伝記の一節につぎのような一文がある。

得る所の施利《せり》もて、一の山寺を造る。本《もと》、合水と名く。即ち鄴《ぎょう》の西山、今の所謂《いわゆる》、修定寺是なり。山の極頂に弥勒《みろく》堂を造り、衆所の荘厳《しょうごん》、備《つぶさ》に華麗を殫《つく》す。四事の供養《くよう》、百五十僧なり。(『続高僧伝』巻八、法上伝)

法上は人々の布施を集めて合水寺をつくった。その寺は隋唐代になると修定寺と呼ばれた。山頂には華麗な弥勒堂が建てられ、百五十人の僧が住山していた。この修定寺の建物は、すべて消滅したが、唐代に建てられた修定寺塔だけは現在、山麓に屹立しており、塔の四壁の勝れた彫刻の全貌が明らかにされるにいたった(『安陽修定寺塔』文物出版社、一九八三年五月刊)。

この合水寺は、北斉の僧尼二百余万を統率した大統法上が、総力を結集して建てた寺であった。北斉の高僧たちは霊泉寺とともにこの合水寺を訪れたにちがいない。合水という名は、清涼山より流れでる二つの小渓が合流しているからである。清涼山合水寺こそ北斉の都、鄴都の西にあった大寺院といえる。法上は五八〇年にこの合水寺で没した。

法上が活躍していた北斉の武成帝(五六二—六五在位)のとき、一人の華厳の行者がいた。その名は慧蔵《えぞう》といった。武成帝の招きに応じて都の太極殿において『華厳経』を講じた。そのとき、在家の貴族や僧侶が雲集した。人々はこの盛事を「大観の盛なり」と称した。『華厳経』の法会がいかに盛大であったかがわかる。

慧蔵は河北省の趙《ちょう》県に生まれた。趙県といえば後漢代に建てられたという柏林《はくりん》寺がある。現在は塔だけしか存在しないが、隋唐時代には観音院と呼ばれた名刹であった。恐らく慧蔵は幼少の頃、柏林寺を何度も訪れたにちがいない。

十一歳で出家した慧蔵は、『涅槃《ねはん》経』と律を学び、さらに『十地経』『華厳経』などの経典をきわめた。人人はその学識の広さと深さに驚き、師として仰いだ。しかし慧蔵自身は仏学の深奥をきわめたとは思わなかった。単に頭で理解しただけではものたりなかった。

不惑の年(四十歳)になって、ついに決心した。鵲山《しゃくざん》(河北省内丘県)に隠棲し修行することであった。鵲山とは山頂に鵲《かささぎ》の形をした石があるのでその名がある。鵲山へ入った慧蔵は五穀を絶った。木の実を食し、渓流の水や泉水を飲み、心を澄《す》ますことに努めた。心の玄奥にふれた慧蔵は、多くの経典を研究してきたが、『華厳経』をもって根本の宗とすべきことを悟った。

『華厳経』の幽玄の旨をきわめたが、自分の悟りが正しいか否かが不安であった。そこで仏の霊感にふれて邪正是非《じゃせいぜひ》を決しようとした。鵲山の夜の霊気が慧蔵の身を包んだ。突然、霊感が下った。空中より声が聞こえた。その声は「是《ぜ》なり、是《ぜ》なり」であった。慧蔵の『華厳経』の理解と悟りは正しいというのであった。このお告げを聞いた慧蔵は、ただちに『華厳経』の注釈を書いた。

慧蔵の注釈は評判になった。それは『華厳経』の心髄をつかんだものであったからだ。やがて先述したように武成帝の招請となり、太極殿において『華厳経』を講じたのである。

北周の廃仏にあって一時、身をかくしたが、やがて隋の文帝が仏教を復興すると、文帝は慧蔵を都に招き、六大徳の一人とした。大業元年（六〇五）十一月二十九日、長安の空観寺において没した。ときに八十四歳であった。

遺言では遺骸を山野にさらせ、ということであった。弟子たちはその遺言を守って、遺骸を山林の下に置き、遺骸に土をかけその上に塔を建てた。その塔は長安南郊の終南山至相寺の前峰にあった。至相寺は終南山系華厳の根本の道場であった。

慧蔵は終南山の華厳学を受けた人ではなく、河北省の南部でひたすら諸経典を研究し、鵲山において『華厳経』の深奥を悟った人である。まさしく無師独悟した人であった。鵲山の霊気に接しながら、心の玄奥を悟った人なのである。しかし「華厳をもって本宗」としたこの慧蔵こそ、終南山系華厳の法統をつぐ第一人者として認められたのである。

## 霊妙な仏徳のはたらき――仏不思議法品

第六他化自在天会のなかの「十明品」から「菩薩住処品」までの五品は、勝進の行用を明かすものと古来いわれたが、つぎの「仏不思議法品」と「如来相海品」「仏小相功徳品」の三品は、差別の果をあらわすという。

「仏不思議法品」は、集会に集まってきた菩薩が、諸仏の国土、浄願、種姓《しゅしょう》、出世、法身《ほっしん》、音声《おんじょう》、智慧、神力自在、無礙《むげ》にして住すること、解脱の十が、すべて不可思議であると思ったことからはじまる。

世尊は多くの菩薩たちの思いを知って、青蓮華《しょうれんげ》菩薩に仏の神力と智慧と弁舌を与えた。仏の神力を受けた青蓮華菩薩は、蓮華蔵《れんげぞう》菩薩に仏の十種の果徳を明らかにした。仏の果徳について三十二門にわたって詳細に述べられているのが「仏不思議法品」なのである。それは十種の法界無量、十種の無尽智、十種の未曾失時《みぞうしつじ》、十種の不可思議の境界、十種の出生住持《しゅっしょうじゅうじ》の智慧、十種の無量の内法など三十二種の仏の果徳がくりかえして説かれるのである。

たとえば、諸仏の十種の住に向う法とはつぎの如くである。

㈠一切諸仏は、悉《ことごと》く覚一切法界《かくいっさいほっかい》に住《じゅう》す。

㈡一切諸仏は、悉く大悲に住す。

㈢一切諸仏は、悉く本願に住す。

㈣一切諸仏は、悉く不捨教化衆生《ふしゃきょうけしゅじょう》に住す。

㈤一切諸仏は、悉く無所依《むしょえ》の法に住す。

㈥一切諸仏は、悉く無虚妄《むこもう》の法に住す。

㈦一切諸仏は、悉く念に失《しつ》無き法に住す。
㈧一切諸仏は、悉く無障礙《むしょうげ》の心に住す。
㈨一切諸仏は、悉く安心に住して未だ曾て散乱せず。
㈩一切諸仏は、悉く一切諸法の平等不壊《びょうどうふえ》の実際《じっさい》に住す。

これが諸仏の十種の住なのである。住というのは、退かないこと、その状態を持続し、けっして退行しないことである。諸仏が一切の法界を自覚することは当然であり、大悲を実践し、本願に生き、どこまでも衆生を教化することも仏の果徳の一つである。

諸仏は無所依に住するというのがよい。無所依というのは依りどころなしという意味である。普通の人間は何かを依りどころとして生きている。それが夫婦であったり、親子であったり、財産であったり、地位であったりする。その依りどころを失ったとき、自分自身を支える力を失うのが普通である。無所依というのは別な言葉でいえば、禅の臨済《りんざい》が好んで用いる「自由」という言葉と同じである。自由とは自らに由《よ》るということである。仏は自由であった。臨済もまた自由であった。この無所依とか自由の境地になるのは大変な修行を必要とする。慧蔵が鵲山にこもって木食したのは何のためであったか。それは無所依に住するためであった。無所依であれば、遺体を山野にさらし、鳥獣のえさになることも当り前であった。

無所依に住した諸仏は、無虚妄《むこもう》に住することになり、一念においても過失はなく、無障礙《むしょうげ》の心になる。障《さわ》りや礙《さまたげ》がすべてなくなる。執著《しゅうじゃく》とらわれが消える。常に禅定《ぜんじょう》心に住しているので、心が散乱することはなくなる。かくして確固不動の真実心に住することができる。

ついで経文は大力那羅《なら》延幢仏《えんどうぶつ》の住する教えを説く。安陽修定寺の南にあるのが宝山であるが、この宝山に金剛性力住持《こんごうしょうりきじゅうじ》那羅延窟《ならえんくつ》を開いたのは、霊裕《れいゆう》であった。仏法の滅亡を憂《うれ》えた霊裕がこの地に那羅延窟を開鑿《さく》したのである。「仏不思議法品」の経文に「猶金剛の如く破壊《え》すべからず」とあるが、まさしく那羅延窟は、金剛の如く不壊《ふえ》であることを示すために「金剛性力住持」を名づけられたのである。

十種の大力那羅延幢仏の住する法を明らかにした経は、つづいて十種の定法、十種の果法、十種の清浄法、十種の一切智住、十種の三昧、十種の無礙の解説を説いて「仏不思議法品」を終る。この品に説かれているのは仏の果徳の不可思議さを説き明かしたものであり、仏のはたらきの偉大さを説いてあますところがない。

## 如来に大人の相あり——如来相海品

つぎの「如来相海品」では、普賢《ふげん》菩薩が仏身にそなわる九十四の妙相をあげて、仏の勝れた果徳を説き明かしている。「如来に大人の相あり」として、その特相を九十四にわたって説いている。「如来相海品」は、普賢菩薩の「当《まさ》に汝が為《ため》に如来の相海を説くべし」という言葉ではじまる。

まず如来の頂相に三十相あることを明らかにする。

如来の頂上に大人《たいにん》の相有り、名づけて明浄《みょうじょう》と曰い、三十二の宝を以て荘厳《しょうごん》と為し、普《あまね》く無量の大光明網《もう》を放ち、遍《あまね》く一切の十方世界を照す。

まず第一に大人の相の名をあげる。それは明浄というのである。第二はその相の荘厳について三十二の宝をもって荘厳しているという。第三の相光のはたらきについては、無量の大光明網《こうみょうもう》を放つと説き、第四の相光の効果については、あまねく十方世界を照すというのである。

このような説明の仕方で如来の頂相の三十相について説いていく。同じような内容をくりかえして説くのであるから、よほどの根気がなければ経文を味わうまでにはいかない。しかし、これほど「如来に大人の相あり」として、その特相を反覆し説いていくエネルギーは普通ではない。如来に対するあまりにも深い信仰と、それをささえる情熱がなければ説けるものではない。「如来相海品」とは海のように広大で、海のように深い如来の相《すがた》を説きあかしたものなのである。

頂相を説き終るとつぎには眉《び》相、眼《げん》相、鼻《び》相、舌《ぜつ》相について明らかにする。舌相の一つはつぎのように説かれる。

如来に大人の相有り、順法界雲《じゅんほっかいうん》と名く。舌端《ぜったん》の妙相は金色《こんじき》の浄宝を以て荘厳と為し、無量の金色《こんじき》の光明を出生して、普《あまね》く一切諸《もろもろ》の如来海を照し、大師子吼《ししく》して妙《たえ》なる音声《おんじょう》を震《ふる》い、悉《ことごと》く皆、徧《あまね》く一切の世界に至り、一切の衆生聞かざる者なし。

如来の舌の先は金色の浄宝で飾られ、金色の光明をだし、師子が吼えるような大音声をだしている。そのため、どんなところにいてもその声は聞こえる。どんな衆生も、その如来の声を聞くことができる。華厳をもって本宗として、『華厳経』の深奥をきわめることに、鵠山の山中において全人格、全身心を投入した慧蔵が、自分の見解が正しいか否かを如来に仰いだところ、夜、霊感があって、空中に「お前の理解は正しい」という声があったのは、まさしく如来の音声であったのである。

鵠山の山奥で深い禅定に入っていれば、如来の声は聞こえるはずである。『華厳経』のみを本来の教えと決意し、その経文を毎日毎夜読誦していれば、全身はそのまま『華厳経』の化身となり、全霊はそのまま『華厳経』の精と化するはずである。多くの大乗経典を読んだあと、『華厳経』をもって自己の存在の根源とした慧蔵は、如来の声をしっかりと聞いたのである。

如来の音声は、時間を超え、空間を超えて大師子吼《ししく》していたのであったが、鵲山に入る前の慧蔵にはその音声が聞こえなかった。喨《りょう》々として響きわたっていた如来の音声が、それ以前の慧蔵の耳には到達しなかったのである。「一切の衆生聞かざる者なし」と経文にあっても、聞こえる耳をもたぬ者には如来の音声は一切聞こえるはずがない。かつての慧蔵もそうであった。しかし『華厳経』を、全身心をあげて心読し、体現した途端に、はっきりと聞こえたのである。鵲山の草庵か、岩盤の上に端然として凝然不動《ぎょうねんふどう》に坐っていた慧蔵の心の耳にはっきりと如来の声が聞こえたのである。

如来の舌相を説いた「如来相海品」は、さらにつづいて、如来の齗齶《ごんがく》の相、大牙《が》の相、歯の相、肩の相、胸の相、脇《わき》の相、腹の相、下分《げぶん》の相、手の相、馬蔵《めぞう》（仏の男根）の相、髀《もも》の相、腨《ふくらはぎ》の相、毛端の相、足の相について説いてゆく。最後の足の相については十三相にわたって説かれている。これらは如来の三十二相の勝れた相の一々について華厳経的な解釈を与えたものである。たとえば如来の毛端についてはつぎのように述べている。

如来に大人の相有り、毛端《もうたん》と名け、内に一切の仏刹《せつ》を現じ、一毛孔に於《おい》て、悉《ことごと》く一切宝の光明蔵を放ち、普《あまね》く十方一切の法界を照し、一毛孔《もうく》に於て一切如来の自在と諸仏界雲とを示現《じげん》す。

一毛孔から光明を放って十方世界を照すとともに、一毛孔のなかに如来の自在と仏界の雲をすべて映現させるというのである。これはただの三十二相の説明ではない。一即一切、一切即一という華厳の思想による解釈であることが明らかである。あらゆること、あらゆる仏事を華厳の立場から新しく書きなおしたものが『華厳経』なのである。経文に書かれていることや事物や現象は、他の経典にも説かれていることであっても、一度、『華厳経』の執筆者の目にふれると、まったく別な、まったく新しい、いわば華厳的といえるような理解の仕方となり、かくしてその独特な理解を見事な文章で表現したのが『華厳経』なのである。

「如来相海品」の最後は、つぎの言葉で結ばれている。

仏子よ、仏身の中に於《おい》て、是の如き等の十蓮華《れんげ》蔵《ぞう》世界海、微塵《みじん》数の仏の大人の相有り。諸《もろもろ》の支節に於て種種の妙宝を以て荘厳と為す。

如来の仏身には無限の、無数の仏の大人の相があり、さらに仏身のそれぞれの部分も、無数の妙宝によって荘厳されているというのである。このような人智の限界を絶した空想力によって描かれたのが「如来相海品」の如来の相《すがた》にほかならない。

## 広大な仏国土とは――仏小相光明功徳品

つぎの「仏小相光明功徳品」第三十では、如来の光明に照されて、五欲の煩悩がすべて除滅されることを明らかにする。如来の光明は、つぎのようなはたらきをする。

普《あまね》く十世界微塵《みじん》数の刹《くに》を照し、徧《あまね》く彼の処の地獄の衆生を照して、苦痛を滅除し、彼の衆生の十種の眼《げん》耳鼻舌身意《にびぜつしんい》の諸根の行業をして、皆悉《ことごと》く清浄《しょうじょう》ならしむ。

光明は地獄の衆生にもおよぶ。その地獄のなかで苦痛にさいなまれている衆生の六根を清浄にしてくれるのである。衆生は如来の光明を見て、大いなる歓喜を生じ、命が終れば兜率《とそつ》天に生まれることができる。

天上に生まれかわった衆生は天子となる。天子の耳には如来の音声が聞こえてくる。その音声は天子たちに、地獄にいたのは、ただ愚痴《ぐち》にまとわれていたからであり、本来、地獄にいたのではないことを説き明かす。そして天子たちに「五欲に著《じゃく》して、諸《もろもろ》の善根を障《さ》うること莫《なか》れ」と説く。

諸《もろもろ》の天子よ、五欲の纏《てん》心は、念仏三昧《ざんまい》を修して皆悉《ことごと》く除滅せらる。是の故に諸の天子よ、当《まさ》に報恩を知りて、一向に盧舎那《るしゃな》菩薩を敬念すべし。

五欲の煩悩を除くにはどうしたらよいか。念仏三昧を修すればよい。念仏三昧とは一心に如来を念じることである。地獄から救われて天上に生まれて天子となったのだから、その恩を忘れてはいけない。ひたすら盧舎那《るしゃな》菩薩を敬いなさい、というのである。盧舎那菩薩とは光明そのものである。光明の恩恵によって地獄から抜けでることができたので、そのご恩がえしのため、光明の化身である盧舎那菩薩の姿を拝めというのである。天子たちは実際には盧舎那菩薩の姿を拝することはできなかったが、天の声としてその音声を聞くことができた。そのなかで、

一切諸仏も亦復《またまた》是の如く、応《まさ》に度《ど》すべき者に随《したが》いて、皆《みな》悉く見たてまつることを楽しむ。

と説いている。諸仏は救うべき者に応じて姿を見せるというのである。この人を救おうと思えば、その人の前に姿を現わすのが仏である。仏の姿は見えない、仏の声も聞こえない。しかし熱烈に救いを願い、悟りを願い、解脱を願う者の前には、姿も見えるし、声も聞こえるのである。慧蔵が鵲山のなかで、仏の音声を聞いたのもこのためである。

我が天の声は十方世界の応化《おうけ》する所に随《したが》いて、皆悉く聞くことを得るが如し。

とあるではないか。

兜率天にいる天子たちは、大いなる喜びと安心を得た。天子たちは毛孔のなかから無数の妙《たえ》なる華の香雲を化作して、盧舎那仏を供養したてまつった。香華を散じると、一つ一つの香華のなかに如来の姿が見えた。この香雲の香を受けたものは身心ともに爽《さわ》やかになった。もし衆生がこの香をかぐことができれば、罪障《ざいしょう》は

すべて除滅することができる。罪障とは、五百の煩悩をはじめとする無数の煩悩である。香をかぐことによって無数の煩悩を除滅することができるというのである。

「仏小相光明功徳品」の最後は、仏国土の広大さを明らかにする。その広大さをたとえで説明すると、菩薩が左の手に無数の微塵《みじん》をもって、無数の世界を通り過ぎて東へ行くのであるが、無数の世界に一つずつの塵をおとしていく。そして手にもっている微塵がすっかりなくなるまで東へ東へと進む。菩薩はこの微塵の数を知っており、塵をおとした世界の数もよく知っているという。この無数の世界を集めた国土こそ仏国土であるという。

仏は宝手菩薩に、このような広大な仏国土を考えることができますか、と尋ねた。すると、宝手菩薩は「世尊よ、このような仏国土はあまりにも広大であり、想像することもできません」と答え、さらにつづけて、

世尊よ、奇《き》なる哉、奇なる哉、若《も》し是の喩《たとえ》を聞かんは此の人得難し、聞きて信ずる者も亦復《またまた》得難し。

と答えたのである。このたとえ話を聞く人はほとんどないし、さらに聞いて信じる者はいないであろう、というのである。仏は宝手菩薩に、このたとえを聞いて信じる者には成仏の証明を与えようと言った。

今、述べたたとえは、インド的思惟の一端を見事にあらわしたものである。『華厳経』は無限の時間、無限の空間のなかから、ただ今、この場所、この時間に生きている人間のほんとうの相《すがた》を説きあかそうとする。大宇宙の広大の空間と、地球発生以来の無限の過去から連続する人間の業の相続という途方《とほう》もない時間からものごとを見るのである。その無限の空間、無限の時間を、仮に名づけて毘盧舎那仏と呼び、それは光明であり、具体的には太陽の光なのである。『華厳経』を読めば読むほど、人間の営みのあまりにも小さいことに驚くとともに、毘盧舎那仏に思わず合掌し低頭せざるを得ないのではないか。

# 普賢の行願——普賢菩薩行品

## 北山石窟の普賢菩薩

四川省の大足県は石窟の里と呼ばれるぐらいたくさんの石窟がある。大足一帯の磨崖造像は数万体といわれ、まさしく仏の里ともいえる。有名な石窟には宝頂山石窟と北山石窟があるが、そのほか妙高山、石篆《せきてん》山、石門山、南山など多くの石窟がある。

晩唐から宋代にかけて造像された大足石窟には、大黄河の流域に散在する炳霊《へいれい》寺、麦積《ばくせき》山、雲崗、竜門などの石窟とは異った造像が多く見られる。たとえば密教造像や水月観音、千手観音像や華厳三聖像などである。とくに毘盧舎那《びるしゃな》仏を主尊とし、普賢と文殊の二菩薩を配した華厳三聖像のふるさとは、四川省の石窟群にあるといってよい。

大足県の北山石窟の第一三六号窟は、北山における最大の石窟で、「心神車窟」と呼ばれている。この窟の奥壁の真ん中には釈迦仏の像があり、その両脇と左右の壁に、文殊、普賢など二十体あまりの菩薩像が並び、渾然一体とした造像形式をとっているが、それぞれの造像の性格が見事につくられている。左壁に刻された文殊菩薩像は、石刻師によって男性の菩薩に仕立てあげられ、知性をあらわす端正で物静かな姿をしており、咆哮する獅子の背に坐っている。この像と対照的なのが普賢菩薩像であり、石刻師は普賢を東洋の女性のもつ健全な美しさをそなえた女性菩薩に仕上げている。温順な大きな象の背に坐り、容貌は秀麗にして豊潤、やや伏目がちで、口元をわずかに細くひきしめ、微笑をこらえているような表情を見せている。やさしさと親しみにあふれながら、威厳も失っていないすばらしい像なのである。目は下方を見、あたかも大千世界を俯瞰しているようであり、見る人に慈悲と智慧を感じさせる。普賢菩薩の下には象使いが、大きな眼をかっと開き、眉をあげた精悍な姿を示し、静かな普賢菩薩と対照的な豪快なおもむきを呈している。

普賢菩薩の普賢とは、「徳、法界に周《あまね》くを普と云い、用《ゆう》、成善に順ずるが故に賢と言う」(『探玄記』巻十六)ということであるが、普賢菩薩の行を普賢行というのである。この普賢行を修した人に、樊玄智《はんげんち》、杜順《とじゅん》、普済《ふさい》など多くの華厳行者がいるのである。

## 普賢行と霊夢——普済と弁才

華厳宗の初祖杜順は普賢行を修した人として有名であるが、当時、華厳行者といわれた人には普賢行を修した人が多かった。たとえば終南山の普済(『続高僧伝』巻二十七)もその一人である。普済は出家して普円禅師に師事した。普円は名山大川をめぐり、常に頭陀《ずだ》(乞食遊行《ゆぎょう》すること)を修した人で、たえず『華厳経』を読誦していた。

この師についた普済は乞食行を学んだ。そのため普済は常に独りで林野におり、けっして普通の家にとまることはなかった。林野のなかでは坐禅をすることを常としていた。荒れ果てた山谷のなかにすむこともあったが、豹《ひょう》や虎を避けることがなかった。どんなところに遊行していても経巻を捨てることはなかった。読誦するのは『華厳経』であった。

北周の廃仏が行われ、頭髪を切り僧衣を着ている僧は皆殺しにあった。そのため太白山の諸峰にかくれ、草を食って命をつないだ。どんなものも食べ、渓流の水を飲んでもけっして身体の害になることはなかった。太白山とは長安の南に横たわる終南山系のことである。

北周の廃仏が終り、隋の文帝が仏法を再興すると、ふたたび里に下りてきた。捨身供養することを志し、普賢行を修し、賢首国に生まれることをひたすら願った。やがて仏法大いに盛んになったことを聞いてその願いがかなったことを知り、捨身をする決意を固めた。大衆をひきつれた普済は、終南山の一つの谷である岩谷の西の断崖の上に立った。「四弘誓願」を称えながら、みずから谷底に身を投げた。谷には遠方から集まった人々がむらがった。人々は谷の上の高峯に白塔を建てて、普済の霊をとむらったのである。普済の伝記は法蔵の編集した『華厳経伝記』巻四にものせられている。

『華厳経伝記』では、この普済の伝記につづいて弁才の伝をかかげている。弁才もまた普賢菩薩と深い因縁、関わりをもつからである。弁才の家系は不明であるが、幼少にして出家し、霊裕法師（五一八—六〇五）に師事した。この霊裕とは地論宗南道派の一方の雄であり、河南省安陽の霊泉寺の大住聖窟を開創した人である（拙著『中国仏教史』第四巻、三七七ページ）。

弁才は霊裕より華厳の教義を学んだ。『華厳経』こそ最高至極の経典であると信じて、ひたすら学んだが、その深奥をきわめることができなかった。煩悩に障《さま》げられ、汚濁《おじょく》にまとわれている自己を反省して懺悔しようとした。身を浄めて香函をつくり、そのなかに『華厳経』を入れて頭に頂き、遶《にょうぎょう》行すること三年間におよんだ。ついに夢を見た。普賢菩薩が夢に現われて、経の深奥の一文を手にとって授けてくれたのであった。

この霊夢を得た弁才は、たちまちのうちに普賢菩薩より授かった一文を称えることができ、はじめから終りまで明鏡に映すように理解することができた。

弁才は感動にふるえつつ、さらに精励努力し、『華厳経』の教えに通じ、人々を導くことができるようになった。弁才の死については誰も知るところがなかった。普済と同じように人知れぬ終南山の山谷に身を投げ捨てたのかもしれない。

### 瞋《いか》りの心――悪中の悪

『華厳経』の「名号品」第三から「小相品」第三十までの二十八品は、修生《しゅしょう》因果（差別因果）を明かし、「普賢菩薩行品」第三十一とつぎの「宝王如来性起品」第三十二の二品は修顕《しゅけん》因果（平等因果）を明かすものであるといわれている。

この「普賢菩薩行品」はまさしく普賢行を明らかにするにある。『探玄記』巻十六では、普賢行に十種ありとし、㈠時却《じこう》に達す、㈡世界を知る、㈢根器を識《し》る、㈣因果を了《りょう》す、㈤理性《りしょう》に洞《たつ》す、㈥事相《じそう》を鑑《かんが》みる、㈦常に定《じょう》に在《あ》り、㈧恒に悲をおこす、㈨神通《じんずう》を現ず、㈩常に寂滅《じゃくめつ》なりの十門をあげ、さらにこの十種の各門にまたそれぞれ十門あるとし、百門の普賢行があるとする。まさしくこの品は普賢の円因を明らかにするのに対して、つぎの「性起品」は性起の果満を明らかにするのである。普賢行とは一切衆生を救うという願行であり、普済はこの普賢行を修して賢首国に生まれようとしたのであり、普賢行は因、賢首国に生まれることはその結果なのであった。

「普賢菩薩行品」は、まず普賢菩薩が一切の菩薩に告げる言葉ではじまる。

仏子よ、若し菩薩摩訶薩《まかさつ》、一の瞋恚《しんに》の心を起さば、一切の悪の中にて此の悪に過ぐるものなけん。

一つの瞋《いかり》の心をおこすと、これこそが諸悪の根源、悪中の悪だというのである。その理由は、

瞋恚《しんに》の心を起さば、即ち百千の障礙《しょうげ》の法門を受けん。

ということである。瞋《いか》りの心をおこせば、無数のさしさわりがあるというのである。経文は無数のさわりを、菩提を見ない障《さわ》り、正法を聞かない障り、不浄の国に生まれる障り、悪道に生まれる障りなど百千の障りを説き、この障りはすべて一つの瞋りの心から生ずると説く。それではどのようにすればよいのか。

仏子よ、是の故に菩薩摩訶薩は、疾《すみや》かに菩薩の行を具足せんと欲せば、応当《まさ》に十種の正法を修すべし。

以下、六十の行門をあげて、それを実践すべきことを説く。

ここで問題となるのは諸悪の根源が一つの瞋りの心であるということである。法蔵は『探玄記』巻十六のなかに『伝説決定毘尼経《けつじょうびに》』(大正十二・四〇中)の経文を、意味をとってつぎのように引用する。

菩薩は寧《むし》ろ百千の貪心《とんじん》を起すとも、一の瞋《しん》を起さざれ。大悲に違害《いがい》すること、此に過ぐるものなきを以ての故に。

百千の貪《むさぼ》りの心をおこしても、一つの瞋りの心をおこしてはならないという。それは大悲をそこなうからである。瞋りこそ最大の悪なのである。『法句経』につぎの言葉が見える。

実を語れ、忿《いか》る勿《なか》れ、乞わるるときは、已《おのれ》の物少なしと雖も之を与えよ。此の三事によりて天処に往《ゆ》くを得ん。

真実を語ること、絶対に瞋らないこと、人に布施すること、この三つの事を実行すれば天に行くことができるという。先に述べた普済にしても弁才にしても、『華厳経』の「普賢菩薩行品」は暗誦していたであろう

から、瞋らないことを普賢行の根本としたのではないか。廃仏にあいどんなに迫害を受けても瞋らず、ひたすら乞食行に徹するとともに、『華厳経』の普賢行の大切さを人々に教え、最後はみずからの身体を布施したのであった。

## 一に一切を摂する行――普賢行

一つの瞋りが百千の邪障《じゃしょう》を生じることを説いたが、それでは瞋りをおさえるにはどうしたらよいか。そこで十種の正法を修すべきことを説く。十種の正法とは

㈠一切の衆生を捨てず。
㈡諸《もろもろ》の菩薩に於《おい》て如来の想《そう》を生ず。
㈢常に一切の仏法を誹謗《ひぼう》せず。
㈣諸仏の刹《くに》に於て無尽の智を得。
㈤菩薩の所行を恭敬《くぎょう》し信楽《しんぎょう》す。
㈥虚空《こくう》法界に等《ひと》しき菩提《ぼだい》の心を捨てず。
㈦菩提を分別し仏力を究竟《くきょう》して彼岸に到る。
㈧菩薩の一切諸弁を修習す。
㈨衆生を教化して心に疲厭《ひえん》なし。
㈩一切の世界に於て受生を示現して而も楽著《ぎょうじゃく》せず。

第一は一切の衆生を捨てずということで、あらゆる衆生を救うという誓願に生きるのが普賢行の第一であ

る。それは第九の、衆生を教化して心に厭うことがないということになる。どこまでも衆生を教化することが普賢行である。

第二の「諸の菩薩に於て如来の想を生ず」と、第三の「常に一切の仏法を誹謗《ひぼう》せず」ということも大切である。如来のこと、仏のことが念頭から離れてはならない。仏法を非難してはならない。『続高僧伝』の普済の伝記には述べられていないが、『華厳経伝記』の普済の伝記にはつぎのような逸話が書かれている。

普済は二日に一遍、『華厳経』の全部を読誦することを毎日の日課としていた。その読誦の音声は喨々《りょうりょう》として物外に聞こえた。このような状態にすぐなれたのではなかった。かつては心に苦しみがたえなかった。身体も衰弱し、血を吐くこと数斗、ついに読誦することを中止し、絶食するにいたった。三日間たつと同道者が心配し、湯薬を用意して、普済に飲まそうとした。普済はこれを拒否して、「経文に、世のなかの医者の治療は、病気は治るけれどもまた病《やまい》がおこる。如来が治せば、絶対にふたたび病を発することがない、とあるので、自分に湯薬は必要ではない」と答えた。かくして普済は沐浴し身体を清潔にし、香華を供えて、十方の諸仏を礼拝し、声をあげて『華厳経』を読誦するや、ついに病が回復したという。

この普済の行動は、ひたすら如来の教えを信じたことから当然にとられたものであった。普通の医療を拒否し、如来の治療に一切をあずけたので、身体がもとへ戻ったのであり、それ以後、普済は二日に一遍、たゆみなく『華厳経』を喨々《りょうりょう》と読誦することができるようになったのである。まさしく第七の仏力を究竟して彼岸にいたることができたのである。

この十種の正法を修することが、百千の障りをとり除く普賢行の出発点なのである。この十種の正法を修することができれば、つぎに十種の清浄を得ることができる。清浄になり、染障《せんしょう》を離れることによって十種

の正智が得られ、正智が得られれば、巧みに対象に順入することが可能となる。それが十種の巧随順入《ぎょうずいじゅんにゅう》である。このなかには、

一切衆生の身は悉《ことごと》く一身に入り、一身に於て無量の諸身を出だす。

というような一身一切身、一切身一身が説かれる。観世音菩薩が三十三身に応現するのはまさしく巧随順入による。巧随順入とは、巧みに随順し、相手のなかにまったく入ってしまうことである。無礙の境地にならないと一切の人々と互いに融《と》けあうことはできない。自分の心のなかに少しでも礙《さまた》げ、障《さわ》りがあるかぎり融通することはできないものである。

この十種の巧随順入が可能となると、十種の直心《じきしん》に安住することができる。直心とは廻転《えてん》すること自在であり、正しく真と実におもむくことができることである。

直心に安住できれば十種の巧方便法を得ることができる。直心によって巧方便をおこすことができる。

十種の巧方便法を説いた経文は、

仏子よ、是の故に菩薩摩訶薩は、応当《まさ》に一心に恭敬して是の法を聴受《ちょうじゅ》すべし。

と説いて、この教えを聴受することをすすめる。この教えを聞くことができれば、少しの方便によって最上の悟りを得ることができるからである。少しの巧力《くりき》によって悟りを得られるのが普賢行の特色である。普賢行においては必ず一に一切を摂することができるからである。経文を読誦するという一つの方便の功力によって賢首国に往生することができるからである。

## 普賢の誓願

ついで普賢行を百二十一頌の頌文によって説き明かすのである。普賢菩薩の誓願がつぎのように説かれる。

我、世間の燈《ともしび》となり、功徳《くどく》をもって身を荘厳《しょうごん》し、十力智を具足せん。一切の諸の群生《ぐんじょう》は、貪恚痴熾然《とんいちしねん》なり。我当《まさ》に為《ため》に、無量の悪道の苦を除滅すべし。

これこそが普賢の大願である。まず世間を照す燈火となること、身に功徳と十力智をそなえること、その神力によって貪《むさぼ》り、瞋《いか》り、痴《おろか》さの三毒で苦しめられている衆生の苦しみをとり除くことが使命となる。何としても衆生の悪道の苦しみをなくすこと、除去することが普賢の大願であり、誓願である。

普賢の浄慧《じょうえ》を具《そな》え、普賢の願を満足したる、菩薩の究竟《くきょう》の行は、深く無等《むとう》の智に入る。

と説かれるように、普賢の智慧と行願を満足させれば、最高の智慧に入ることができる。最高の智慧によってわかることは、

一一の微塵《みじん》の中に、普《あまね》く三世の法を現じ、五趣《しゅ》生死の道を、皆悉く分別して知る。

ということである。一微塵のなかに三世が映《えい》じ、地獄、餓鬼、畜生、人間、天の五道に輪廻《りんね》する相をすべて知ることができるというのである。

時間的な五道の輪廻を知るばかりではない。空間的には一切の世界の成壊《じょうえ》、国土の興廃などのすべてを知ることができる。さらに衆生が悪業によって不浄の土である地獄に堕《お》ちたこともよく知ることができる。あるいはまた一切の世界を一刹土に入れることもできる。

普賢は真の仏子にして、不思議の智を以て難思議《なんしぎ》の刹《くに》を知り、無辺の際を了達す。

とあるように、普賢こそは真の仏子であり、不思議の智によって不思議な国を知ることができる。普済が往

生を目指した賢首国とは、この不思議の国を意味するのであろう。凡夫はこの賢首国には絶対に入ることはできない。それは普賢行を修したもののみが入り得る不思議な国土なのである。

## 大智と大悲

つぎには普賢の大智行と大悲行とが説かれる。まず大智行が説かれる。

深く諸《もろもろ》の世間の、夢の如く幻化《げんけ》の如きを解《さと》り、一切の衆生界は、悉《ことごと》く電《いかずち》の如しと了達す。

世間は夢、幻の如く、衆生の生きる世界も電の如きものにすぎない。そのように見れば、

衆生と世界と劫《ごう》と、諸仏及び仏法とは、皆悉く幻化の如くして、法界に二有ることなし。

ということになる。衆生も、衆生が生きている世界も時間も諸仏も仏法もまたすべて幻の如きものである。時間も幻、空間も幻、仏も幻、仏の説いた教えも幻と観じるとき、法界の相《すがた》が了々としてわかるはずである。仏身とか法身というものは具体的に存在するものではない。つぎの経文を見よ。

譬《たと》えば浄水の中《うち》に、影を見るも所有《しょう》無きが如く、法身十方に至るも、而《しか》も亦《また》所至無し。

浄らかに澄んだ水に、物の影が映っても、それはどこまでも影であって実際に存在するものではない。法身もまた十方に存在していても、具体的にこれが法身だと目に見えるものではない。法身は「身と雖も而も身に非ず」というしかないのである。この法身は「常に非ず、無常に非ずして、諸の世間に示現す」と説かれるように、この衆生のいる世間に相を現わしてくれるのである。

このように大智をもって世間を観ずる普賢菩薩は、そのまま大悲をもって衆生を救おうとする。

無量の衆生を度《ど》して、安隠《あんのん》の処に至らしめ、平等《びょうどう》に法界を観じて、彼《かしこ》に於て著《じゃく》する所無し。

苦悩と障りにおおわれ、救いを求めている衆生を、安楽な世界に行かせることが、普賢の使命でなければならない。しかも、安楽世界に執着することもない。普済もまた賢首国に生じることを願ったが、その賢首国に生まれることに執着することはなかった。きっぱりと捨身し岩谷に身を投じ、みずからの身を供養したのであった。

是の如き妙方便をもって、深く菩薩の行に入らば、皆、普賢と等しく、如来の法より化生《けしょう》せん。

大智と大悲をそなえて、菩薩行を実践すれば、すべての人は普賢菩薩と等しくなることができ、それは如来から生まれでたものとなる。どんな人でも大智と大悲をそなえたならば、普賢菩薩になれるということである。普賢菩薩はすべての人の心のなかに生きている。ただ、われわれはそれを自覚していないのにすぎない。普賢菩薩の聖地である四川省の峨眉《がび》山に登り、普賢菩薩の姿を拝むというのは、とりもなおさず、霊山のなかの聖地において、みずからの心のなかに普賢菩薩を見出すことなのである。

しかしながら、われわれ衆生はなかなかみずからの心の奥底に普賢菩薩を見ることができない。それは、

一切の衆生類は、善悪の想同じからず、或は天上に生るる有り、諸《もろもろ》の悪道に堕《だ》するあり。

であるからである。善いことをする衆生もいる。悪いことをする衆生もいる。その結果、天上に生まれる者もあり、地獄に堕ちる者もある。それはすべて業の因縁によってそうなるのである。

われわれは虚妄《こもう》の考え方にとらわれて、生死を流転している。虚妄と障りの網《あみ》におおわれ、身動きできずにあがいているのが凡夫なのである。普賢菩薩はこの凡夫の業縁をじっと見通して下さっている。それを自覚するか否かによって救われるか否かが定まるといってよい。弁才が普賢菩薩の霊夢を見て、『華厳経』の深奥を感得するのに、三年間にわたる読誦行を必要としたのである。読誦行というのは、一心に、三昧にな

りきって経文を読むのでなければまったく効果はない。経文と一体となり、天地一杯、嘵々として『華厳経』の経文の音声が響きわたるのでなければならない。かくして普賢菩薩の姿が夢に現われるのである。

# 如来の出現——宝王如来性起品

## 菩薩の涌出——崇福寺恵招

華厳に縁の深い寺の一つに長安の崇福《すうふく》寺がある。もともとこの寺は、則天武后が母の楊氏の冥福を祈って建てた寺でもとは太原寺といわれた。太原寺は垂拱《すいきょう》三年（六八七）に魏国《ぎこく》寺と改称され、さらに六九〇年に崇福寺と改名された。

この崇福寺では、則天武后のときに、インド僧の地婆訶羅《じばから》（Divākara 日照三蔵）が経典を翻訳したし、賢首大師法蔵は、日照三蔵からインドの仏教学界の情勢について話を聞いていたのである。この崇福寺の寺主であった法蔵は、律宗の文綱たち十数名とともに、岐《き》州の法門寺から仏舎利を迎えて、崇福寺に奉迎したこともある。崇福寺は則天武后と深い関わりがあったために、武后が書いた寺額がかかげられていたといわれる。この名刹、崇福寺も唐末の会昌の廃仏によって破壊され、復興されることなく終ったのである。

この崇福寺の大徳となったのが、法蔵と同学の恵招であった。幼少の頃より法蔵といっしょに華厳宗の第二祖智儼に師事し、もっぱら華厳を学んだ。新羅から留学してきた義湘《ぎしょう》法師のことも知っていた。

恵招が『華厳経』のなかで一番好んだのは「性起品」であった。そのため「性起品」をひたすら読誦した。

一品三巻の「性起品」を完全に暗誦したのであった。六九五年頃、実叉難陀《じっしゃなんだ》(Śikṣānanda)が訳した新訳『華厳経』では「如来出現品」といわれたが、その「如来出現品」もまたともに読誦していた。いわば「性起品」を自分の命としていたのであった。

恵招は崇福寺に住する前には、終南山の山中で禅定三昧に入っていた。毎夜、身体を浄めて香をたき、縄《じょう》床《しょう》の上に坐り、「如来性起品」を読誦していた。ある夜のこと、読誦している最中のことであった。十人あまりの菩薩が地から涌きだしたかのように忽然として現われ、それぞれ蓮花台の上に坐った。その身体は金色に輝き、あたり一面に光明を放っていた。しかも十人あまりの菩薩たちは合掌して一心に恵招の読誦する経文を聞いているではないか。読誦が終るや否や、菩薩たちの姿はかき消すように見えなくなった。

のちに恵招は同学の法蔵に、この霊験の事実をありのままに語った。法蔵は門人の恵諒、恵雲、玄観などにも恵招の不思議な体験を語り伝えたという(『華厳経感応伝』)。

経文を読誦している最中に菩薩が出現するほど、不思議な力を内包しているのが「如来性起品」なのである。

### 信心の眼《まなこ》——宝王如来性起品

「普賢菩薩行品」において平等の因を明らかにしたので、この「宝王如来性起品」第三十二では、平等の果を明らかにする。普賢行を行ずるものは、如来の出現を感得することができる。その如来の出現を説いたのが、「宝王如来性起品」なのである。宝王とは摩尼《まに》宝珠であり、もっとも珍重すべきものであるから宝というのである。この摩尼《まに》宝珠が、いろいろな宝を出生することが自在であることから、これをたとえとして用いたのである。

賢首大師法蔵は、性起には三種があると説く。まず第一の因性起とは、人間が本来そなえている理性《りしょう》を修行によってあらわしていく。これが性起の起であるという。第二には行性起といい、修行の意味をあらわす。善知識や経典によって教えを受け、本有の理性を開発し、ついに仏果を感得することを起といっている。第三は果性起であり、修行によって完成し、浄らかな仏果があらわれた立場から性起を説く。第一は原因から、第二は過程・方法・手段から、第三は結果から性起を説明したものであるが、一言でいえば「体性現起」ということで、如来の出現のことである。

如来が眉間の白毫《びゃくごう》相から大光明を放ったことからこの品の物語ははじまる。如来の白毫そのものが性起のシンボルなのである。如来性起妙徳菩薩が如来の正覚を讃歎すると、如来の口のなかから大光明が放たれた。すると性起妙徳菩薩は普賢菩薩に対して、仏の大光明は何の瑞相であるかを質問した。これに対して普賢菩薩は、この瑞相こそ如来性起の正法をお説きになるしるしであると答えた。性起妙徳菩薩は、普賢菩薩に、仏にかわって如来性起の正法を説くことをお願いした。

すると普賢菩薩は「如来性起の正法は、小因縁で等正覚を成じ、世に出興されたのではなく、十種の無量無数の因縁をもって如来は等正覚を成じ、世に出興したもうた」のだと答え、十種の因縁をあげる。

仏が悟りを開き、世に現われるためにはさまざまな因縁による。㈠には菩提心を発《おこ》すこと、㈡には長いあいだ善根を修すること、㈢には慈悲心によって衆生を救うこと、㈣には大願のために行じること、㈤には功徳を積むこと、㈥には諸仏を供養すること、㈦には方便と智慧《ちえ》を生じること、㈧には功徳を完成すること、㈨には智慧をそなえること、㈩には諸法の真実を述べることの十種があげられている。どんなことでもわずかな因縁で生じるわけがない。この宇宙にせよ、地球ができたのにもせよ、さまざまな大きな因縁によってはじめてできたのである。まして人類発生以来、はじめて真理を悟った仏が、小因縁でこの世に姿を現わすわけがないというのである。

ついで如来の性起の正法の功徳が無量であることを明らかにする。それについて如来の身業、語業、意業などが説かれる。

まず如来の法身は虚空のように形も色もなく、一切のところに遍満していることを明らかにする。それは、

譬《たと》えば日の世間を出でて無量《むりよう》の事を以《もっ》て、衆生を饒益《にょうやく》するが如し。

といわれるように、太陽がでて、あらゆる暗闇《くらやみ》を除き、一切の草木、穀物を育てるように、如来の法身は光明を放ち、一切のものを照しだすのである。

日がでてまず高山を照し、つぎには大山を照し、さらに大地を照すが、日光自身は、まず高山から照しはじめ大地を照らすのだ、というふうにはまったく思っていないはずである。ただ高山と地面に高低があるために照す順序ができてくるにすぎない。日光そのものは一切のものに対して、まさしく平等に照しているにすぎない。それと同じように如来の光明も、普賢《ふげん》菩薩などの諸菩薩から照しはじめ、縁覚《えんがく》、声聞《しょうもん》、善根の衆生、悪人にいたるまで順序に照していくが、如来の光明が差別と順序をつけたのではない。如来の光明はわけへだてすることなく、平等に一切のものを照しだしているにすぎない。衆生の希望や願いや、善根に不同があるため、如来の光明に差別があるように見えるだけなのである。

つぎに有名な日照《にっしょう》生盲《しょうもう》のたとえが説かれる。

日がでても、生盲（生まれながら目の見えない人）の人は日光を見ることができない。それは生まれなが

ら目が見えないからである。しかしこの生盲の人であっても日光の恩恵には浴しているはずである。日光によって食べものの材料を得ることができるし、寒さを除き暖かくしてくれるし、肺病などの病《やまい》にもかからず、安楽に暮らせるのは日光のおかげなのである。

如来の智慧の光がこの世に現われたのもまったく同じである。無智や邪見をもつ人々は、仏の智慧の光を見ることはないが、しかしこれらの人々もまた、仏の智慧の光によって一切の苦しみを除かれ、煩悩をたち切ることができるというのである。無智の生盲の人は何故、仏の智慧の光を見ることができないのか。それは「信心の眼《まなこ》なきが故なり」という。信心の眼のない人には仏の智慧の光が見えないばかりでなく、仏の相《すがた》も見ることはできない。

「性起品」の読誦にいのちをかけた恵招が、菩薩の姿をその目で見ることができたのは、まさしく信心の眼によるのである。

## 如来の智慧は身中に在り

つぎには如来の音声《おんじょう》が説かれる。仏の音声は一つであるが、その音声を聞く者によって異って聞こえることを明らかにする。

譬《たと》えば水性《すいしょう》の如し、皆同じく一味なるも、器の異るに随《したが》うが故に、味に差別有り、しかも水は是《こ》の念なし、「我、衆味《しゅうみ》と作らん」と。

水はいつも同じ味をしているが、器が異ると味に違いがでてくる。どんぶりで飲む水と、きれいなコップで飲む水とでは味は異る。

昔から「水は方円の器に随《したが》う」といわれるように、水がいれもの、容器によって、四角にも円くもなるように、どんな形にもなるものである。

如来の音声も水とまったく同じであり、どんな人に対しても一味の音声をもって説法する。しかしその音声を受ける衆生によってさまざまな差別が生まれるのである。衆生の能力に応じて受けとられるからである。

つぎに如来の智慧の無量であることが説かれる。如来の智慧はどんなところにも遍満しているが、「衆生顚倒《てんどう》して如来の智を知らざるのみ」とあるように、衆生は正しい見方によらず、迷いの見方、あやまった見方をしているために、如来の広大無辺の智慧を見ることができないのである。

如来の智慧《ちえ》、無相《むそう》の智慧、無礙《むげ》の智慧は、具足《ぐそく》して衆生の身中に在るも、但《ただ》、愚痴《ぐち》の衆生は顚倒の想《そう》に覆《おお》われて、知らず、見ず、信心を生ぜざるのみ。

衆生は本来、如来の智慧を身中にそなえているが、愚かな衆生は迷いの見方にとらわれて、その如来の智慧を知らないでいる、見ないでいる。そのため信心を生じることもできないというのである。

そのとき、仏は浄《きよ》らかな天眼《てんげん》をもって、一切の衆生を観察なさり、つぎの言葉を言われた。

奇《き》なる哉《かな》、奇なる哉、云何《いかん》ぞ如来の具足せる智慧は、身中に在《あ》りて而《しか》も知見せざる、我当《まさ》に彼の衆生を教えて聖道《しょうどう》を覚悟せしめ、悉《ことごと》く永く妄想顚倒《もうそうてんどう》の垢縛《くばく》を離れしめ、具《つぶ》さに如来の智慧《ちえ》、其の身内に在りて、仏と異ることなきを見《さと》らしめん。

衆生は本来、如来の智慧をそなえているが、それを知らない。そこで仏が衆生に教えて、お前さんの身中には如来の智慧があるのですよ、と説いて、衆生も仏と異るものではないことを知らしめるというのである。

このどんな衆生でも如来の智慧をそなえていないものはないという「性起品」の主張は、のちに華厳学において重視される。華厳宗第五祖といわれる圭峯宗《けいほうすう》密《みつ》（七八〇―八四一）は四川の出身であるが、長安の郊外の終南山下の草堂寺に住して『円覚経』の哲学の宣布に生涯をつくした人であるが、彼の著書である『原《げん》人論《にんろん》』にも、『禅源諸詮集都序《ぜんげんしょせんしゅうとじょ》』にも、この「奇なる哉」以下の一文が、唐訳『八十華厳経』の「出現品」から引用されているのである。宗密はこの経文、すなわち衆生が如来の智慧を本来そなえているという一文を引用し、顕示《けんじ》真小即性教《しんじんそくしょう》の成り立つ根拠とする。ここに性起思想が見事に結実する（拙著『禅源諸詮集都序』禅の語録9、筑摩書房、昭和四十六年、参照）。

「性起品」を読誦していた恵招も、この経文に接して全身全霊を「性起品」に傾注したのではなかったか。自分自身の身中には如来の智慧がそなわっているとは何と破天荒な思想であろうか。恵招はこの感激にひたりながら「性起品」の読誦に没頭し、ついに菩薩の出現を見たのである。

**如来の境界と説法**

つぎには如来の境界が説かれる。

一切衆生は是《これ》如来の境界なり。

と説かれるように、衆生こそが如来の境界なのである。しかも如来の智海は、大海の水が竜王の心願よりおこるように、大願力よりおこるものなのである。

一切の大海の水は、皆竜王《りゅうおう》の心願より起る所なり。
如来の智海も亦復《またまた》是の如く悉《ことごと》く大願力より起る。

衆生を救うという大いなる願いによって、仏の広大な無量な智慧がおこってくる。大願力なくしては広大な智慧は生じることはない。如来の智慧の海は無量無辺であるために、人間がこれをよく思議することはできない。

つぎには如来の行が説かれる。

如来の行も亦是《また》の如く、無量にして無縛《むばく》なり。

如来の行は広大であり、あらゆる束縛を離れたものである。人間の行は限定され、必ず何かに束縛されて行動している。人間の行為は何かの目的に縛られ、他人に縛られ、金銭に縛られている。それはまったく自由のないものである。しかし、仏の行は自在であり、無量である。それはあたかも鳥が大空を飛ぶようなものである。長いあいだをかけて鳥が飛んだ空間は量《はか》ることができず、またこれから飛んで行く空間も量ることはできない。何故ならば、大空（虚空）には限界や垣根がないからである。ここまでということがないからである。それほど仏の行は広大である。人間の行動のあまりに極限されている事実を見つめれば見つめるほど、如来の広大な行が思われてくる。人間のやることは小さい。それに対して虚空や大空、宇宙空間は広大である。どんなに宇宙船に乗って何万年飛んでも、その際限をきわめることはできない。無量ということはこのことをいうのである。

太陽や月や地球が宇宙空間のなかを周期的にめぐっているが、太陽自身、月自身は「自分が宇宙空間のどこから来て、どこへ行くのか」というようなことは一切考えることはない。如来もまたどんなに衆生を利益《りやく》しても、自分がどこで衆生を救ったというような思いをもたないものなのである。人間は何かすると、必ず自分がやったと思う。仏には一切そのようなことはない。

つづいて如来の菩提《ぼだい》、如来の転法輪が説かれる。

設《たと》い一切の衆生、一時に正覚を成じ、若しは成じ、若しは未だ成ぜざるも、菩提に増減なし。

衆生が正覚を成じても成じなくとも、菩提に増減がないと説く。衆生が悟るとか、悟らないとかには一切関係がない。人間の悟りなどはあまりにも小さい。悟ろうと悟らぬと、まったく関係がない。人間の自覚を仏の自覚と比較するとまったく問題にならない。人間がどんなに悟ったといっても、それは人間が悟ったのであって、仏が悟ったものではない。仏の正覚の広大さ、無量さから見れば、人間の悟りなどあまりにも小さい。人間のやることはどんなことでも、あまりにもちっぽけではないのか。

如来の正覚ばかりでなく、如来の転法輪も途方もなく大きい。

如来の転法輪《てんぽうりん》は、三世に至らざるなく、所転に所転なく、之を求むるも不可得なり。譬《たと》えば諸《もろもろ》の文字の、之《これ》を説くとも尽《つ》す可からざるが如し。十力も亦《また》是の如く、転法輪は無尽なり。

人間の説法と較べて、如来の説法（転法輪）の時間的、空間的に無限、無量であることを主張する。しかも文字でこれを説き尽すことができないほど、無尽、無量であるのが如来の説法なのである。

## 如来の出現

巨大な岩石に彫り込まれた釈迦の涅槃《ねはん》像はスリランカにあるが、中国においても、四川省の安岳石窟や大足の宝頂山石窟などに見られる。クシナガラの沙羅樹の下でその生涯を閉じた釈迦の入滅、涅槃の意義を説いた経典は多いが、この「性起品」でも如来の涅槃について述べている。

此の菩薩摩訶薩《ぼさつまかさつ》は、如来の涅槃《ねはん》を知見するに、無量無辺にして、法界を究竟《くきょう》して、障礙《しょうげ》する所なく、不生不滅にして、浄《きよ》きこと虚空《こくう》の如く、実際に安住し、其の所応に随《したが》いて而《しか》も之《これ》を示現《じげん》し、本願に持せられ、一切の衆生、一切の仏刹、一切の諸法を捨てず。

如来の涅槃は不生不滅であり、清浄である。「性起品」の立場から見れば、如来の「涅槃は生滅の法に非《あ》ざればなり」といわれるように、不生不滅なのである。われわれ凡夫の死は生滅の法であるのに対して、如来の死は不滅なのである。それならば、何故に如来は涅槃に入られたのか。それはまさしく「衆生を化せんが為に、涅槃を示現したもう」のであった。如来の肉身は滅しても、その法身の不死なることを教えるためであった。また肉身は無常なものであることを教えるためであった。

衆生の信心なきものは、仏、涅槃に入りたもうと謂《おも》えり。

信心なき衆生は、仏がほんとうに涅槃に入ったと思うがそれはあやまりである。信心のない者は、涅槃が不生不滅であることがわかっていないのである。

この「性起品」に説かれる教えを聞き、信じ、受持し、随順するならば真の仏子となれる。

此等はこれ真の仏子にして仏家より生れ……深く一切如来の境界に入らん。

とあるように、この教えを信じれば、真の仏子となり、如来と同じ境界に入ることができるのである。

このとき、十方の世界は六種に震動《しんどう》して十八相に動いた。仏はもろもろの華雲を雨《あめふ》らして、充満させた。すると無量の世界に等しき如来が身を現じて、同じく普賢と称した。無数の菩薩も普賢と名づけ、普光明世界の普勝如来のみもとにおいて梵行を修したのである。

そのとき、仏の威神力を受けた普賢菩薩は、一切の菩薩たちをかえり見て、かさねて如来性起の正法を明らかにしようとして偈《げ》をもって説いた。

若し此の経を聞きて、歓喜し恭敬《くぎょう》する者あらば、此等は已《すで》に過去に、無量の仏を供養したてまつりしなり。

この「性起品」の教えを聞いて、心より歓喜し、この経典を敬う者があれば、その人は過去世から無量の仏を供養してきた因縁があり、功徳の積みかさねがあったのである。

此の如きの人は、諸天、常に讃歎《さんだん》し、一切諸の善逝《ぜんぜい》も、摂取して常に守護したもう。

とある通り、「性起品」を聞いて、これを敬う人に対しては、諸天も仏も、この人を守護するであろうと述べている。まさしくその通り、「性起品」を生涯にわたって読誦していた崇福寺の恵招には、菩薩が出現して、恵招の行いを讃歎し、また恵招を守護してくれたのである。

終南山至相寺は、華厳を奉ずる学徒が集まり、『華厳経』の教えの弘宣と研究にあたっていた。長安の崇福寺も同じであった。しかるに恵招は終南山の一峰の草庵で「性起品」の読誦行をひたすらつづけた。そのため山神も、諸天も感動し、ついに菩薩の出現となったのである。

ひとたび菩薩の出現をしっかりとこの目で見た恵招は、「性起品」の教えがそのままわが生命となった。誰が何と言おうと、『華厳経』の生命は「性起品」にあると確信したのであった。

法蔵も華厳宗の第四祖澄観も第五祖宗密も、性起の思想を重視したが、新訳の『八十華厳経』では「如来出現品」と訳されたが、まさしく如来の出現に『華厳経』のエッセンスを読みとろうとしたのであった。

如来や菩薩の出現をこの目で確かめることは容易ではない。「是の故に放逸《ほういつ》を離れ、一心に常に奉持《ぶじ》したてまつるべし」という「性起品」の最後のお言葉こそ、如来や菩薩の出現をこの目で見ることができる鍵ではなかろうか。

# 清涼の心水——離世間品

## 五台山清涼寺

東アジアの仏教聖地、五台山の金閣寺から西へ行き、野生の草花で全山絨毯《じゅうたん》を敷きつめたような山嶺を越えてしばらく行くと、清涼寺の入口を示した案内の標識が立っている。ここから狭い道を進んでいくと、両側から山がせまった清涼谷に着く。この清涼谷の右側の台地の上にあるのが五台山清涼寺である。

文革の嵐はこの寺にも吹きよせ、仏殿などはすべて破壊されたが、ただ一つ清涼石だけが寺域に残されている。この清涼石は寺域の中心にあり、長さ五メートル、幅二メートル半、厚さ二メートル、周囲十五メートルの長方形の巨石で、色は青藍色である。この清涼石こそ文殊菩薩が五台山の気候をかえるために、竜王から借りてきた巨石なのである。この清涼石があるため、この寺は清涼寺と名づけられた。

清涼寺は北魏の孝文帝のときに創建されたといわれているので古い寺である。しばしば重修され、民国時代に殿堂が建てられ、一九五六年には、大雄宝殿に千手千眼観音、文殊殿には文殊菩薩、普賢菩薩などが彫刻されたが、文革のときにすべては破壊されてしまったのである。

『広清涼伝』巻上は、清涼寺についてつぎのように記している。

山によりて名を立て、居を巌側《がんそく》に託す。前は澗壑《かんがく》に通じ、上は雲霓《うんげい》に接す。

とあるように、清涼寺は清涼谷の岩台の上に建てられ、前には谷川が流れ、山峰には雲が湧き、虹がかかったのである。唐の長安二年（七〇二）七月二十日、大徳の感法師が台頂に道俗一千余人とともに登ると、五色の雲中に仏の手相が現われた。白狐と白鹿がその前でたわむれ、梵響が風とともに山谷にわたり、異香が馥郁《ふくいく》としてただよっていた。やがて瓔珞《ようらく》をおびた菩薩が西峰より出現するのが見えた。感法師はこの模様を図に書き、則天武后に上奏したという。この清涼寺に入山し、行道し、『華厳論』一百巻を著わしたのが北魏の霊弁《れいべん》（四八七あるいは四七七—五二二）であった。

## 『華厳論』一百巻—霊弁

山西省の太原市の西二〇キロに竜山（懸瓮山《けんおうざん》）がある。この山には中国でもっとも古い燃燈《ねんとう》石塔が今なお残っている。この竜山にいたのが霊弁《れいべん》であった。霊弁は晋陽《しんよう》の人で、幼少より仏道に入り、常に大乗経を読み、とくに菩薩行に深い関心を抱いていた。さらに『華厳経』を読むにおよび、この経こそ大乗仏教の最高の教えを説いたものとわかった。そのため『華厳経』を奉じて五台山の清涼寺へやって来た。それは文殊菩薩の加護を受けるためであった。霊弁は清涼寺でどんな行をしたのか。

この経（『華厳経』）を頂戴《ちょうだい》して勇猛行道し、足破れ、血流る。勤誠《ごんじょう》感悟して、すなわち同じくこの典に暁《さと》り、論一百巻を著わす。（『古清涼伝』巻上）

文殊菩薩の加護によって、『華厳経』の教えを解《と》き明かそうとし、『華厳経』を読誦すること一年、それは五台山の山峰をめぐりながらの回峰行であった。足から血が流れたばかりではなく、肉が破れ骨が現われたと、『華厳経伝記』は記しているのである。さらに膝行《しっこう》して冥感を得ようとした。それは不惜身命の行であった。

そのとき一人の僧の声を聞いた。「お前さん、行道を止めて、『華厳経』の真髄をよく思惟せよ」と。そこで経典を開くと、豁然として大悟した。ときに北魏の熙平《きへい》元年（五一六）正月であった。

霊弁は清涼寺において筆をおこした。それは『華厳論』を書くためであった。『華厳経』の真義を述べ、経文を解釈し、その教えの深奥を明らかにするため、清涼寺において血のでるような執筆がつづけられた。清涼寺で一年間、書いたあと、やがて翌年正月、竜山の嵩巌寺に移ってもその仕事は休みなくつづけられた。

霊弁の道行は北魏の孝明帝の耳に達し、固辞する霊弁を再三にわたって招請し、宣光殿において『大品般若経』を講じさせた。さらに式乾殿において『華厳論』の執筆をつづけさせた。神亀三年（五二〇）秋九月、ついに『華厳論』十帙《ちつ》百巻が完成した。未曾有の快挙であり、中国仏教史上最初の大部な『華厳経』の注釈ができたのである。霊弁はこの論をつくるため己れの全身全霊を使いきり、正光三年（五二二）、融覚寺において四十六歳で遷化した。

孝明帝は勅命を下した。「この論はこの上の菩薩がつくったものであるから、経蔵におさめ目録をつけ、弘く分布し流行させせよ」と。弟子の道昶《ちょう》、霊源、曇顕《どんけん》などはその旨を体し、写本をつくって道俗に流布させた。

この『華厳論』が伝わったのは山西の地に限られており、長安、洛陽にはおよばなかった。長安の華厳学徒はこの書を見ることを熱望していた。唐の永淳二年（六八三）、終南山至相寺の通賢法師と玄爽《げんそう》（房玄徳）の二人の居士は、ともに五台山に詣でたとき、童子寺においてこの論本を見つけ、都へもち帰ったため、都においても流通するにいたったという。霊弁がこの論を完成させてから百六十余年たって都の人の目にふれることができるようになった。

論というのは菩薩の書いたもので、新羅の元暁《がんぎょう》の『金剛三昧経論』、唐の李通玄の『新華厳経論』とともに、この霊弁の『華厳論』一百巻は不滅の光芒を放つものなのである。現在わずかな断簡が発見されているにすぎないことは残念なことである。

**聖地の荘厳**

第七会はふたたび普光法堂で開かれるので、普光法堂重会といわれる。この普光法堂重会は一会一品で、「離世間品」が説かれるだけである。

世尊が摩訶提《まかだ》国の寂滅道場の普光法堂にあって、蓮華で飾られた宝師子の座に坐し、正覚を成ぜられた。そのとき無量の菩薩が雲集して来た。普賢菩薩は仏華厳三昧に入っていたが、その三昧より立ちあがったところ、普慧菩薩が、菩薩の行法について二百の問いを提起した。普賢菩薩は、一問に対して十種の答えをしたので、あわせて二千の行法を明らかにしたことになる。その二千の行法は、十信、十住、十行、十廻向、十地、果満究竟位の行に、順次相当するものといわれている。

以下、菩薩の十種の依果、奇特の想、行、善知識、勤修精進などが説かれてゆくが到底、これをすべて説明することは紙数の関係でできないので、とくに注意すべき菩薩の行法について述べておきたい。たとえば菩薩の十種の行とはつぎのごとくである。

㈠一切衆生をして専ら正法を求めしむる行

㈡善根淳熟の行

(三)善《よ》く一切の戒を学ぶ行
(四)一切の善根を長養するの行
(五)一心不乱に三昧を修する行
(六)一切を分別する諸《もろもろ》の智慧行
(七)一切の所修を修習する行
(八)一切の世界を荘厳する行
(九)善知識を恭敬《くぎょう》し供養する行
(十)諸《もろもろ》の如来を恭敬《くぎょう》し供養する行

この十種の行を行えば仏行を完成することができるという。

戒律を学び、善根を積むことが大切であるが、一心不乱に三昧を修する行がなければならない。霊弁が五台山清涼寺で修したのは、まさしく一心不乱の『華厳経』の読誦行であった。読誦はまさしく三昧に入ることなのである。五台山の山峰も渓流もお花畠も一切が読誦三昧のなかに包まれていく。「一切を分別する諸の智慧行」とは、読誦三昧のあとに、文殊菩薩の指示によって『華厳経』の深旨を悟る修行であった。三昧と智慧とがあいそなわって、はじめて「一切の世界を荘厳する行」が完成していく。清涼寺の清涼石を中心として清涼谷がこの世の浄土であるかのように荘厳され、さらに五台山の五峰もまた荘厳されていく。これによって、善知識や菩薩や如来が供養されていくのである。

今、此の山の下に清涼府有り。山の南面の小峯に清涼寺有り。一には五台山と名く。五山最も高くして、其の上竝《ならび》に林木を生ぜざること、積土に同きを以《もっ》ての故にこれを台と謂うなり。山の周りを廻ること四百余里、東は恒岳に連《つらな》れり。中台の上に大なる華池あり、湛然清徹《たんねんせいてつ》にして、蒸《もろもろ》の徴感《ちようかん》多し。また精屋石塔あり、北台の上に鉄の浮図《ふと》二つ、ならびに舎利及び文殊の形像あり。（中略）爛《らん》たること錦《にしき》を舒《の》ぶるに同く、赫《かく》たること、霞《かすみ》の照らさるるが如し。常に超《こ》え、聴《ちよう》を絶するの類《たぐ》いに至らば、世の聞くこと希《まれ》なる所なり。（『華厳経伝記』巻一）

この五台山の描写を見れば、五台山こそ世界を荘厳する行によって清浄世界となったところであることがはっきりする。

五台山の中腹から頂上にかけては一切、樹が生えていない。高山植物が咲き乱れ、あたり一面お花畠のようである。そのなかには泉が湧いた池が点在し、大華池もその一つである。台頂には仏塔や舎利塔や文殊像がある。まさしくこの世の浄土であり、視聴を絶した風景である。

一心不乱の三昧と、『華厳経』の研究によって、五台山を荘厳する行を完成した人こそ霊弁なのであった。

## 自在の出入

普賢菩薩が普慧菩薩の二百問に対して答えるなかには、さまざまな問題がある。その一つに十種の世界に入ることを説く。十種の世界に入るとはつぎの如くである。

㈠不浄の世界に入り、㈡清浄の世界に入り、㈢小世界に入り、㈣中世界に入り、㈤微塵《みじん》世界に入り、㈥微《み》細《さい》世界に入り、㈦伏《ふ》せる世界に入り、㈧仰《あお》げる世界に入り、㈨有仏《うぶつ》の世界に入り、㈩無仏《むぶつ》の世界に入ることである。

この十種の世界は清浄世界と不浄世界のような浄と不浄、小世界、中世界、微塵世界、微細世界というような世界の大小、伏せる世界と仰げる世界のような上下の世界、有仏と無仏というような仏の存在にかかわる世界から成り立っていることがわかる。

霊弁がいた五台山は清浄な世界であったが、五台山の境域を出れば不浄な世界であり、不浄な世界に囲まれているのが五台山である。菩薩は不浄な世界にも入って衆生を救うこともあるし、清浄な仏国土にあって如来を讃嘆することもある。清浄と不浄の二つの世界を自由自在に出入するのである。

世界の大きさもさまざまである。中世界とは五台山でいえば、中台、南台などの一つの台峰にあたり、小世界は清涼寺、竹林寺などの寺院にあたり、微塵世界は山頂の砂礫にあたり、微細世界は高山植物の一輪の花びらにも相当する。伏せる世界は台峰から下を見ると、無限に深い谷があり、仰げる世界は台頂から仰ぎ見る無限の天空であり、そこには文殊菩薩が出現する。五台山の境域には有仏の世界が開けているが、五台山の外には果てしない無仏の世界がひろがる。

唐の禅僧、臨済義玄は、正しい悟りの見地を問われたとき、つぎのように答えた。

你但《なんじただ》一切、凡《ぼん》に入り聖に入り、染《ぜん》に入り浄に入り、諸仏国土に入り、弥勒楼閣《みろくろうかく》に入り、毘盧遮那《びるしゃな》法界《ほっかい》に入り、処処《しょしょ》に皆国土を現じて成住壊空《じょうじゅうえくう》す。（『臨済録《りんざいろく》』）

お前たちはそのままで、凡俗の世界にも入り、聖なる世界にも入り、不浄界にも入り、清浄界にも入り、諸仏の国土にも入り、弥勒の殿堂にも入り、毘盧遮那法界にも入ることができ、いたるところにそれぞれの国土を現じ、しかも世界が生滅変化することを知っているというのである。自由自在にあらゆる国土に出入できる人こそ達人なのである。『華厳経』の「入法界品」では、善財童子があらゆる国土の善知識を訪問したことが説かれるが、この「離世間品」では、菩薩がさまざまな世界に自在に入ることができることを説いたのである。

## 十種の自在

「離世間品」のなかでは十種の自在も説かれる。それは㈠寿命自在、㈡心自在、㈢荘厳自在、㈣業自在、㈤受生《じゅしょう》自在、㈥解脱《げだつ》自在、㈦願自在、㈧神力自在、㈨法自在、㈩智自在の十種である。

㈠寿命自在とは、無限の時間に寿命をたもつことができることである。人間は必ず死ななければならないが、菩薩の寿命は無限である。霊弁はわずかに四十六歳で没したが、『華厳論』一百巻が永遠の生命を得ているし、初唐には同名の大慈恩寺霊弁が華厳経の学者として活躍しているのである（『華厳経伝記』巻三、講解下）。

㈡心自在とは無限の三昧によって深い智慧を得ることである。霊弁は五台山に入り、『華厳経』を頂戴して行道すること一年、といわれており、読誦三昧に徹したのであり、この行なくして、『華厳経』を理解できる智慧は生まれることがなかった。

㈢荘厳自在とは、一切の国土を荘厳することである。五台山自身が仏・菩薩や寺院や仏塔によって荘厳された聖域である。

㈣業自在とは随時に果報を受けることをいう。霊弁は文殊菩薩の冥感を受けて豁然《かつ》として大悟したが、それは行道の果報であった。

㈤受生自在とは、一切の国土に生まれ、その姿を現わすことである。文殊菩薩は五台山のいたるところに姿を示現できたが、普通の人間のできることではない。仏陀波利《ぶつだぱり》が五台山に入山しようとしたとき、一人の老人に出会って『仏頂尊勝陀羅尼経《ぶっちょうそんしょうだらにきょう》』をもち帰るように指示されたが、その一人の老人とは文殊の化身であった。霊弁に「汝、行道を止めて、此の経を思惟《しゆい》せよ」と告げた一人の人もまた文殊の化身であった。五台山において文殊の化身に出会った人が多いことは『広清涼伝』や円仁の『入唐巡礼行記』などに記されている通りである。

㈥解脱自在とは一切の世界に、一切の諸仏が充満しているのを見ることである。これは五台山の五台や聖跡には、しばしば霊祥があった通りである。

㈦願自在とは、その時に応じ、その場所に応じて悟りを完成させることである。時と場所に応じることが肝要である。人間は一生涯、ある時、ある場所において何かをしているのであり、修行の力によって、ある時、ある場所において悟りを開くことができるものである。悟りほど大袈裟《おおげさ》な立派なことでなくとも、ある時、ある場所において何かが突然おこることはたえずあり得ることである。

㈧神力自在とは、一切の大神変を現わすことである。奇瑞や不思議なことを現わすことは宗教者にとっては日常茶飯事といってよい。鍛えあげられた意志や気の力によって、神変は現ずることができる。

㈨法自在とは、無量の法門を現わすことである。「離世間品」そのもののなかには、二百問に対する普賢菩薩の答えが満載されており、無量の教えが説かれているのである。霊弁もまた『華厳論』一百巻という大部の法門を書き残したのである。

㈩智自在とは、一念のうちに如来の十力、四無所畏《むしょい》を悟ることである。如来でしかもつことができない能力が十力や四無所畏であるが、これを一念のなかに悟ることである。以上述べた十種の自在を得れば、一切智の自在を得ることができるという。

清涼の月――名句の花束

「離世間品」のなかには名句が多い。そのいくつかをあげておく。まず十種の浄忍が説かれるが、その第一についてはつぎのように説く。

若し他《ひと》、罵辱《めじょく》せんも悉《ことごと》く能《よ》く堪忍《かんにん》せん、彼の心を護《まも》るが故に。

どんなに他人から罵《のの》しられ、辱《はずか》しめを受けても、よく堪《た》え忍ばなくてはならないと説く。しかも何故に堪忍が大切かといえば、他人の心を愛護するからであるという。自分の修行であるのはもちろんであるが、相手の心を守ってやるというのである。相手から罵辱を加えられ、それに反対すれば必ず喧嘩になり、相手はさらに怒るにちがいない。それをさせないために堪忍するというのである。

また、さらに、

若し他《ひと》、刀仗《とうじょう》をもって害《がい》を加えんも、亦能《またよ》く堪忍せん、彼我《ひが》を護《まも》るが故に。

という言葉もある。他人が刀仗をもって危害を加えようとしても、よく忍耐せよということである。これは実際にはできないことであっても、菩薩はこれを実行できないと失格となる。前の言葉とこの言葉は座右の銘にもなる名句といえる。

「離世間品」にはつぎの名句も見える。

煩悩愚痴《ぼんのうぐち》は、衆生の眼《まなこ》を覆《おお》いて、皆悉《ことごと》く盲瞽《もうこ》なり。我、今、智慧自在なれば、当《まさ》に普《あまね》く衆生の慧眼《えげん》を開導《かいどう》し、悉く清浄《しょうじょう》ならしむべし。

このなかの前半の言葉がよい。煩悩や愚《おろ》かさが衆生の眼をおおいかくしており、そのために衆生は目が見えなくなっているというのである。本来、眼は浄らかなはずである。それをくもらせているのは、煩悩や痴《おろ》かさだというのである。

煩悩の業火におおわれた衆生の目に対して、菩薩の心は清涼《しょうりょう》の月にたとえられる。

菩薩清涼の月は、畢竟空《ひっきょうくう》に遊《あそ》び、光《ひかり》を垂《た》れて三界を照し、心法現《げん》ぜざるはなし。

清涼の月という清涼とは、「菩薩住処品」にでてきた清涼山の清涼と同じである。『広清涼伝』巻上に五台山が清涼山と呼ばれる理由が述べられているが、清涼山とは山が寒いから名づけられたのか、勝れた功徳があるために名づけられたのかという質問に対して、寒涼であるためと勝れた功徳の二つの意味から清涼山と呼ぶといっている。

一は山の寒きがためにして、兼て五頂あり。二はこれすなわち文殊の化境《けきょう》にして、余《よ》の仙聖の居るところとは揀《えら》ぶ。（『広清涼伝』巻上）

五台山は山が寒冷であり、五峰があり、他の聖人ではなく文殊菩薩の化現するところであるからこそ、清涼山と呼ぶのであるという。清涼の月を見るために、霊弁は清涼山清涼寺に入山し、文殊の加護を求めたのであった。ちなみに曹洞宗の回向《えこう》文のなかに、

菩薩清涼《ぼさつしょうりょう》の月は、畢竟空《ひっきょうくう》に遊ぶ、衆生心水浄《しゅじょうしんすいきよ》ければ、菩提の影《かげ》中に現《げん》ず。

という言葉があるが、これは『華厳経』から取意してつくった文言である（『お経禅宗』講談社、二二〇ページ）。道元禅師が、

濁りなき　心の水にすむ月は
波もくだけて　光とぞなる

というお歌に詠まれたように、浄らかな心の水こそ菩薩清涼の月なのである。

心とはいったい何か。

心は工《たくみ》なる幻師《げんし》の如く、種種の事を示現して、善く五陰《おん》を分別するも、其の心に所著《しょじゃく》なし。

心は幻術使いのように、いろいろなことを現わしたり、色・受・想・行・識というように、身体と精神のはたらきとを分けて考えたりすることがあっても、その心のほんとうの姿には執着がなく、浄らかな水のようにただ影を映《うつ》しだしているにすぎないのである。

われわれの心も、菩薩清涼の月のように澄みきった透明な心にしたいものである。霊弁が清涼山清涼寺に入山して、文殊菩薩に出会い、『華厳論』一百巻を完成することができたのも、心が清涼な心水になりきっていたからであった。世間を離れる「離世間品」の教えは、世間の一切の煩悩を捨てて清涼の心水になりきらせる教えにほかならない。

# 善財童子の求道——入法界品（Ⅰ）



## 五台山竹林寺——法照

山西省の台懐鎮《たいかいちん》の西南六キロの竹林寺村の西にあるのが五台山竹林寺である。台懐鎮に入るバスの左側に塔が見える。この竹林寺は唐の高僧法照《ほっしょう》が建てた寺で、日本の円仁なども訪れた寺として有名である。

昔は天王殿、鐘楼、大雄宝殿、禅院などの建物があったがすべて廃墟となり、明の弘治年間（一四八八—一五〇五）に建てられた二十五メートルの五層の白塔だけが残っていた。私がはじめて行った一九八五年にも、白塔と昭和十七年に日本の天台宗の僧が建てた「円仁慈覚大師御研鑽之霊迹」と題する石碑があるのみであったが、今や立派な殿堂が建てられて見事に復興されている。

唐の大暦二年（七六七）二月十三日のことであった。長江よりはるか南の南嶽衡山《こうざん》の雲峰寺の食堂《じきどう》で法照は粥を食べていた。お椀を見ると、そのなかに五台山が映っていた。よく見ると、仏光寺の東北一里あまりの山の下の、谷川の北に石門があり、その石門のなかに入っていくような錯覚をおぼえ、五里ばかり行くと一つの寺があり、大聖竹林の寺と名が書かれていたと思うや、その映像はかきけす如く消えた。

その月の二十七日朝、またお椀のなかに五台山の華厳寺などの諸寺や池や楼観が金色に輝き、文殊菩薩をはじめとする一万の菩薩がそのなかにいるのが映《うつ》った。

衡州の湘東寺の高楼の念仏道場で念仏していた法照は、五色の祥雲のなかに数十人の梵僧や阿弥陀仏や文殊・普賢など一万の菩薩の姿を見たがまもなく消えた。法照が念仏道場の外に出ると一人の老人に出会った。その老人は法照に五台山へ行くことをすすめた。そこで大暦四年の秋、同志十人とともに南嶽を出発し、翌年四月、五台県に来た。南のかたはるかに仏光寺を望むと数十条の白光が輝いていた。翌日、仏光寺に着くと、かつてお椀のなかで見た寺とまったく同じであった。

その夜、外に出ると、一条の白光が北の山から下《お》りてくるのを見た。これこそ文殊菩薩の不思議な光であることを知った法照は、その光をたずねて約一里ばかり行くと、山の下に谷川があった。谷川の北側に一つの石門があり、青衣を着た二人の童子が立っているのを見た。年齢は八、九歳と思われた。顔貌はまことに端正であった。一人は善財といい、一人は難陀《なんだ》といった。二人は法照を見て喜び、礼拝して導いて門のなかに入れ、北に向って五里進むと、たちまち高さ百尺ばかりの金の門楼が見えた。門に着くと一つの寺があった。寺の前の金橋の題額には「大聖竹林寺」と書かれていた。その寺のまわりは二十里、なかに百二十院があり、院のなかにはそれぞれ宝塔があり黄金で荘厳されていた。地面もまた黄金でつくられ、清水の流れと花畠があった。法照が講堂に入ると、文殊が西に、普賢が東にいた。二人の菩薩のまわりには万余の菩薩がいた。法照は二人の菩薩に成仏の教えを乞うと、諸法の王である念仏を修せよと教えた。さらに文殊は偈文によって教えを説き、心を清浄にして愛欲を離れ、唯心の道理を悟り、忍辱《にんにく》と無瞋《むしん》を修行の眼目とすることを教えた。

文殊菩薩の教えを聞いた法照は、疑問をすべてとり除くことができ、歓喜にふるえながら、お礼を申しあげ合掌して立ちあがると、文殊菩薩は諸菩薩院を巡礼せよと命じたので、法照は巡礼して七宝果園にいたり、そこで果実を食し、文殊の前にふたたび戻り、礼拝して辞退した。二人の童子は法照を門の外に送った。法照が別れの礼をして頭をあげると、かき消えたかのごとく、二人の童子も石門も何一つ見えなかったという(『広清涼伝』巻中)。

竹林寺を創建した法照の、不思議な話のなかにでてきた二人の童子のうちの一人は善財童子であった。この善財童子こそ『華厳経』「入法界品」の主役なのである。

## 文殊菩薩と善財童子——無上の出会い

善財童子の求道物語が説かれる「入法界品」がある第八逝多《せいた》林会《りんえ》は、舎衛《しゃえい》城の重閣講堂において開かれる。『華厳経』の最後の品《ほん》(章)であるが、分量では第四五巻から六〇巻まで十六巻もあり、『華厳経』のなかでも「十地品」と並んで重要な章である。この品では、善財童子が菩提心を発して善知識を歴訪して、その教えを受けて修行を完成し、ついに悟りを開くプロセスを描く。

「入法界品」第三十四は普賢菩薩と文殊菩薩を上首とする五百の菩薩と、五百の声聞や天王などの集会からはじまる。そのとき世尊は師子《しし》奮迅《ふんじん》三昧《まい》に入り、不可思議な神変の世界を出現させた。しかし舎利《しゃり》弗《ほつ》、摩訶《まか》迦《か》葉《しょう》、難陀《なんだ》などの声聞は、如来の自在力を見ることができなかった。ちなみに難陀とは、竹林寺の石門の前に善財童子とともに法照を迎えた童子の名前であった。

そのとき明浄願光《みょうじょうがんこう》菩薩など十人の菩薩が偈をもって仏徳を讃歎した。それが終ると普賢菩薩は師子奮迅三昧の内容を説きあかした。すると、世尊はあらゆる菩薩が師子奮迅三昧に入れるように、眉間の白毫《びゃくごう》相より光を放ち一切の世界を照しだした。集会の菩薩たちはもろもろの三昧に入ることができた。

そのとき仏の神力を受けた文殊菩薩が、十方を観察して、祇洹《ぎおん》林のなかの無量の荘厳を讃歎するために偈文を説いた。

如来の自在力にて、一切の境界より無量の功徳雲《くどくうん》を出せり。

とあるように、如来は功徳雲をだすことができる。法照が衡《こう》州の念仏道場で見た五色の祥雲も仏がつくりだした祥雲なのであった。菩薩もまた一一の毛孔より光明をだし、その光明の端《はし》には無数の菩薩を出現させることができる。法照が仏光寺において見た一条の光も、文殊菩薩が放った光明なのであった。

いよいよここで文殊菩薩が舞台の主役となって現われる。金剛力士が侍者としてお衛《まも》りしている。文殊菩薩が祇洹林を出て南方に遊行《ゆぎょう》するというのである。舎利弗は文殊菩薩の功徳と荘厳とを讃歎し、比丘たちとともに文殊のみもとに行って礼拝した。すると文殊は広大な心を完成させれば、如来の家に生まれることができると言った。比丘たちはこの教えを聞いて浄眼三昧《じょうげんざんまい》を得た。目を洗われたということである。文殊菩薩は比丘たちに普賢行を行うように要請した。

文殊菩薩は侍者たちとともに南方に遊び、覚城の東の荘厳幢婆羅《しょうごんどうばら》林の大塔廟のところへ入った。ここは過去の諸仏が苦行を行ったところである。この地で文殊菩薩が法を説くと、大海の竜王が家来をつれてやって来て教えを聞き、一万の竜王が悟りを開くことができた。法照が竹林寺において教えを受けたときも、文殊菩薩の左右には一万あまりの菩薩が従っていたのである。

この大塔廟には千人の在家の男の信者、五百人の女の信者、および五百人の童子と童女が集まってきた。この五百人の童子のなかに、善財童子、善行童子、善心童子、善眼童子などがいたのである。

これらの人々に教えを説こうとした文殊菩薩は善財童子に注目した。善財が生まれた家には五百の宝器がそなわり、衆宝が庫蔵《くら》のなかにいっぱいあった。そのため占い師が「善財」と名をつけるとよいと言った。この童子は諸仏を供養し、善根をうえ、善知識に近づき、身口意《しんくい》を浄らかにし、菩薩道を修した立派な求道者であった。

文殊菩薩は善財童子をよくよく見て、「汝がために微妙《みみょう》の教えを説こう」と言った。善財童子は南方へ遊行する文殊菩薩につき従って教えを求めた。すると文殊菩薩は、善知識を求めて親近し恭敬し供養して、菩薩の行とは何かということを教えてもらいなさい、と言った。この言葉を聞いた善財童子は、勇躍して善知識を求めて菩薩道をきわめようと決心した。文殊菩薩は普賢の行を具足し、無上道を完成するように善財童子を励ました。

### 五十三人の善知識

文殊菩薩は、可楽国の和合山の功徳雲《くどくうん》比丘をまず第一に訪ねて、菩薩行について教えを請うように勧《すす》めた。これから善財童子は最初の文殊菩薩を含めて五十五所・五十三人の善知識を訪ねて教えを乞うたのである。

五十三人の善知識とは、つぎの人々である。

(一) 文殊師利菩薩　(二) 功徳雲比丘　(三) 海雲比丘
(四) 善住比丘　(五) 良医弥伽《みが》　(六) 解脱長者
(七) 海幢比丘　(八) 休捨《くしゃ》優婆夷《うばい》　(九) 毘目多羅《びもくたら》仙人
(一〇) 方便命婆羅門　(一一) 弥多羅尼童女　(一二) 善現比丘
(一三) 釈天主童子　(一四) 自在優婆夷　(一五) 甘露頂長者

（一六）法宝周羅長者
（一七）普眼妙香長者
（一八）満足王
（一九）大光王
（二〇）不動優婆夷
（二一）随順一切衆生外道
（二二）青蓮華香長者
（二三）自在海師
（二四）無上勝長者
（二五）師子奮迅比丘尼
（二六）婆須蜜多《ばしゅみった》女
（二七）安住長者
（二八）観世音菩薩
（二九）正趣菩薩
（三〇）大王天
（三一）安住道場地神
（三二）婆娑婆陀《ばしゃばだ》夜神
（三三）甚深妙徳離垢光明夜神
（三四）喜目観察衆生夜神
（三五）妙徳救護衆生夜神
（三六）寂静音夜神
（三七）妙徳守護諸城夜神
（三八）開敷樹華《かいふじゅけ》夜神
（三九）願勇光明守護衆生夜神
（四〇）妙徳円満神
（四一）瞿夷《くい》（女）
（四二）摩耶夫人
（四三）天主光童女
（四四）遍友童子師
（四五）善知衆芸童子
（四六）賢勝優婆夷
（四七）堅固解脱長者
（四八）妙月長者
（四九）無勝軍長者
（五〇）尸毘《しび》最勝婆羅門
（五一）徳生童子
（五二）有徳童女
（五三）弥勒菩薩
（五四）文殊師利菩薩（再）
（五五）普賢菩薩

この五五人の善知識のなかで（四四）遍友童子は説法していないのでこれを除き、（一）と（五四）の文殊菩薩は二回でてくるので、五十三人の善知識となるといわれる。

東大寺蔵の「華厳五十五所絵巻」は、善財童子が善知識を歴参した姿を描いた絵巻物である。また「華厳海会善知識図」も五十四区画に分かれたそれぞれのなかに善知識がおり、善財童子が歴参している図なのである（石田尚豊氏著『華厳経絵』）。

## 善知識に会うこと難し

善財童子は第二番目の功徳雲比丘のところでは念仏三昧門を教えられた。かつて法照も念仏道場において念仏三昧のときに、阿弥陀仏や普賢、文殊の二菩薩などを見たのである。

第三番目の海門国の海雲比丘のところでは、『普眼経』を聞いた。ちなみにこの海雲比丘は五台山にその姿を現わしている（『古清涼伝』巻下、「遊礼感通」条）。

第四番目の海岸国の善住比丘からは、無《む》礙《げ》の法門を教えられた。無礙とは一切のものに障礙《しょうげ》することがないことである。何ものにも執《とら》われないことである。

第五番目は自在国、呪薬《じゅやく》城の良医弥伽《みが》のところである。弥伽は『輪字荘厳光経《りんじしょうごんこう》』を説いた。また菩薩は大地であり、大海であり、日であり、月であり、火であり、雲であると説いた。

第六番目は住林国の解脱《げだつ》長者から如来の無礙荘厳の法門を学んだ。菩薩の無礙の境界は、すべて自分の心によってつくられていくことを悟った。

第七番目は荘厳閻浮《えんぶ》提頂《だいちょう》国の海幢《かいどう》比丘から、清浄光明般若波羅蜜《はんにゃはらみつ》三昧の法門を得た。その教えのなかには、

一切の有《う》は皆《みな》悉《ことごと》く夢の如し。五欲の楽は滋味《じみ》有ることなし。

とあり、般若の智慧より見れば、一切の存在は夢のようなもので、欲望の快楽も楽しいものではなく、快楽をみたすことは苦しみにすぎないことを説いたのである。

第八の海潮国の普荘厳園林《ふしょうごんおんりん》の休捨《くしゃ》優《う》婆夷《ばい》のところでは、離《り》憂《う》安隠幢《あんのんどう》法門を学んだ。そのなかで、一人の衆

生の煩悩を断じるために菩提心をおこすのでなく、一切衆生の煩悩を断じ、一切衆生を救うために菩提心をおこすのであるという。さらに、

諸《もろもろ》の大菩薩は則《すなわ》ちこれ良薬なり。もし見る者有らば煩悩《ぼんのう》を除滅《じょめつ》せん。

と説き、大菩薩は良薬であるから、大菩薩を見れば煩悩を除くことができるという。法照が大聖竹林の寺で文殊菩薩の姿を見ることができたことは重大であった。多くの求道者たちが、文殊菩薩に会うために五台山を目指したのは当然のことであった。ただ大菩薩の姿を見るためであった。

第九番目は海潮国の毘目多羅《びもくたら》仙人のもとで、菩薩無懐幢《むえどう》智慧の法門を悟った。この仙人は大林のなかに坐っていた。仙人は樹皮の衣を着て、草の上に坐し、一万の仙人を眷属《けんぞく》とし、栴檀《せんだん》の林にかこまれていた。仙人が右手で善財童子の頭をなでて、さらに善財童子の手をとると、善財童子は無数の仏のみもとにいることがわかった。仏の世界に入ったのである。しかし、仙人がふたたび善財童子の手をはなすと、もとのままの自分を発見したという。

第十番目の進求《しんぐ》国の方便命婆羅門《ほうべんみょうばらもん》のところでは、菩薩の無尽《むじん》法門を教えられた。高峻な刀山に登り、火のなかに投ぜられれば、菩薩の諸行はことごとく清浄になろうと言われたので、善財童子はみずから刀山に登って火のなかに身を投げ入れたところ、途中において菩薩の安住三昧を得ることができた。その教えのなかに、

人身を得ること難《かた》く、諸難を離るること難く、無難《むなん》を得ることは難く、浄法を得ることは難く、仏世に値《あ》うことは難く、諸根を具《ぐ》することは難く、仏法を聞くことは難く、善知識に遇うことは難く、与《とも》に同止《どうし》することを得るは難く、正教を聞くことを得るは難く、正命《しょうみょう》を得ることは難く、正法に順趣《じゅんしゅ》するは難し。

とあるが、人間としてこの世に生まれること、仏法を聞くこと、善知識に会うこと、正しい教えを聞くこと

が、どんなにか困難なことであるかが説かれているのである。

## 女人の法悦

第十一番目に訪ねたのは、師子奮迅城《ししふんじん》の弥多羅尼童女《みたらに》であった。童女は般若波羅蜜《はらみつ》普荘厳の法門を説いた。その童女は身は黄金のようで、目や髪は紺《こん》色で、師子座に坐っていた。この法門を悟った童女は、無数の陀《だ》羅尼《らに》門を知ることができた。女人であっても教えを説くことができることを示している。

第十二番目は救度《くど》国の善現《ぜんげん》比丘のところで随順菩薩燈明《ずいじゅんぼさつとうみょう》の法門を授けられた。善現比丘は林のなかで経を称えながら歩いていた。その姿は端正で、顔容も立派であった。

第十三番目は輸那《ゆな》国の釈天主童子のもとへ行った。そこで一切の巧術智慧《ぎょうじゅつちえ》の法門を学んだ。この童子は善城の門の外の河水のほとりにいた。童子は一万の童子とともに、砂をもてあそんでたわむれていた。この童子は文殊菩薩から算数の法を教えられたため、巧みな智慧の教えを得ることができた。無量の砂があっても、必ず数えることができる能力をそなえることができた。それはすでに「阿僧祇品《あそうぎ》」で説いた通りであった。無限の数量を数えることができるのが、釈天主童子であった。

つぎの第十四番目に訪ねたのは海住城の自在優婆夷《じざいうばい》であった。優婆夷というのは在俗の女の仏教信者のことである。女の信者でも善知識になることができる。男でも女でも、どんな職業の人であっても人生の教師となることができる。どんな人の話でも、聞く心をもって聞くならば、それは勝れた教えとなるはずである。

善知識は月のごとく、能《よ》く清涼《しょうりょう》なる教法の光明を以《もっ》て、衆の熱悩《ねつのう》を除く。

とあるように、善知識は大衆の苦悩を除いてくれるものである。善知識は日や、大海や、閻浮樹《えんぶじゅ》の花や果実などにもたとえられる。この女の信者は「年盛美《よわいせいび》に在《あ》り」とあるので、女盛りの美しさであった。身体からは光明を放ち、仏・菩薩以外のもののおよぶところではなかった。人間のなかで、女性のなかで一番美しい人であった。ちょうど五台山の南禅寺や仏光寺の菩薩像のお顔のようであった。この女の身体からは妙香がただよってきて、もしこの香りをかげば、貪愛《とんあい》や欲望は消え失せてしまうという。その声を聞けば、喜びに満ちあふれてくるし、その姿を見れば、欲を離れることができるという。

この自在優婆夷から善財童子は無尽功徳蔵荘厳の法門を授けられた。それは、

一器の食《じき》を以て百の衆生に施《ほどこ》し、其の所欲に随《したが》いて皆《みな》充満を得、……乃至不可説不可説の仏刹《ぶっせつ》の微塵《みじん》に等《ひと》しき衆生に、その所欲に随《したが》いて皆、悉く充満《じゅうまん》せしめて而《しか》も損減《そんげん》なし。

というものであった。一椀の食《じき》を百人の人々に施すと、その百人が皆、満足するというのである。さらに一椀の食を千人、万人、一億人、百千億の無数の人々に施しても、その一切の人々が満足できるというのである。一椀の食を布施し供養すると、一切の人々が満足をすることをいうのである。しかも、

此の諸《もろもろ》の菩薩は、我が器の食《じき》を取りて、一念の頃《あいだ》に於《お》て徧《あまね》く十方に遊び、一切の声聞《しょうもん》・縁覚《えんがく》・菩薩《ぼさつ》・諸仏を供養し、及び餓鬼《がき》に施して悉く満足せしめ、而も我が器の食は損減する所なし。

と説かれるように、菩薩は一椀の食を菩薩や諸仏に供養し、さらに餓鬼に施して満足させるが、一椀の食は減ることはないというのである。「餓鬼に施す」というのは、施餓鬼《せがき》の行事となる。日本では夏のお盆の前後に施餓鬼が行われるし、中国では瑜伽焔口《ゆがえんく》という施餓鬼の儀礼が行われる。中国では餓鬼は紙製の人形でつくって具体的な姿をあらわし、施餓鬼の行事を行っている。日本では寺院の本堂に施餓鬼壇が設けられ、真ん中に三界万霊の供養塔が置かれ、茶湯、飲食《おんじき》、香華などが供養される。

供養という言葉にはさまざまな意味がある。尊敬の気持をもって仏に仕えたり、礼拝したり香華や飲食を供えることもすべて供養というのである。『維摩経』に「法供養品」という章があるが、ここでは法供養ということが説かれている。

法の供養とは諸仏所説の深経なり。（『維摩経』「法供養品」）

といわれるように、深い教えを説いたお経を供養することが法供養である。

一椀の食を布施し供養すると、あらゆる人が満足したということは、事実を述べたのではなく、法供養を象徴的に述べたものである。仏法の真理を一切の人々に説けば、すべての人々の心が満たされ、法悦の歓喜を得ることができるというのである。「器の食は損減する所なし」といわれるように、仏法の教えを、どんなにたくさんの人々に説いて教えても、教えはまったく減ったり、なくなったりするものではないのである。

善財童子が自在優婆夷がいる宮殿のなかを見ると、そこには万余の女性たちが坐っているではないか。しかもすべての女性の顔は法悦に輝いているではないか。

功徳の燈明《とうみょう》は貪《とん》の暗《やみ》を滅するが故に。

と説かれているように、一椀の食を施した功徳は、燈明となって暗夜を照しだしていくのである。

五台山で法照は、普賢菩薩からも教えを受けたが、それは普賢菩薩の教えによって、一切衆生が皆歓喜し、無上の菩提心をおこしたことである。「若しこの語によりて修行せば、微塵《みじん》の仏刹は心より現わる」（『広清涼伝』巻中、法照和尚の条）といわれるように、法供養を受けた人々の心のなかには仏国土が出現するのである。法照が一椀の粥のなかに五台山仏光寺の全景が映《うつ》るのを見たのも、文殊菩薩から授けられた法供養の一つであった。仏光寺で見た光明もその一つであったのである。

# 唯一の法門——入法界品（Ⅱ）

## 善財童子の合掌姿——法海寺の壁画

北京市の石景山区にある翠微《すいび》山の南麓に法海寺という寺がある。この寺は、明の正統年間（一四三六—一四四九）に建てられた寺であり、現在なお山門、大雄宝殿が現存しているが、何よりもこの寺の価値を高めているのは、大雄宝殿のなかにある七つの巨大な壁画である。そのなかには、韋駄《いだ》天、大自在天、梵天、帝釈天、広目天などの諸天、鬼子母神、普賢行者、最勝老人などとともに善財童子が描かれている。

この善財童子は殿の中央にある水月観音の左側に位置している。合掌して手をあわせた善財童子の肌は美しく、衣紋は繊細な線で丁寧に描かれ、全体の印象は、童子のように天真爛漫とした情趣に満ちている。

『華厳経』の「入法界品」の主役は、善財童子であるが、善財童子に求法の旅に出るように指示したのは文殊菩薩であり、文殊菩薩こそが善財童子の指導者にほかならない。善財童子は福城の長者の五百童子のなかの一人であるが、福城の東の荘厳幢娑羅《しょうごんとうさら》林のなかにいた文殊菩薩のところへ行って発心し、その指南に従って南に行き、五十三人の善知識に参じてついに悟りを開いたのである。このような善財童子の修行遍歴の旅を図像化し、その一つ一つに讃文を付加した書物に『文殊指南図讃《ずさん》』というのがある。

この『文殊指南図讃』(大正大蔵経第四十五巻所収)は、宋の仏国禅師惟白《いはく》が書いたものである。この『図讃』の巻頭に中書居士張商英が書いた序文がある。そのなかで、張商英居士は『華厳経』の奥義をきわめた書が中国に四つあるという。四つの書とは、李通玄の『華厳経論』四十巻、澄観の『華厳経演義鈔』一百巻、竜樹の『二十万偈』と、仏国禅師の『五十四讃』(『文殊指南図讃』のこと)であるという。とくに『華厳経』の要枢をとらえ、法界の綱目をあげて、善知識の姿を書き、善財童子の悟りを詳細に述べているが、文章がきわめて簡潔なのは『文殊指南図讃』が第一であるという。張商英居士は、『文殊指南図讃』に対して絶大な讃辞を呈したのである。

『文殊指南図讃』のそれぞれは、中央に五十三人の善知識のもとに詣でて、教えを乞う善財童子の姿と、善知識のいる国土や宮城や殿堂の風景が見事に描かれ、五十三図それぞれすべて異った図形であり、図を見ているだけで楽しませてくれる。最後の第五十四図には、仏国禅師自身の大悟した自画像が描かれている。

ちなみにこの『文殊指南図讃』を書いた惟白(生没年不明)は北宋末の人で、雲門宗の法雲法秀の弟子で汴《べん》京の法雲寺に住し、仏国禅師と諡《おくりな》された。北宋の建中靖国元年(一一〇一)八月、『建中靖国続燈録』三十巻を撰し、帝より御製の序を賜わり、大蔵経に編入された人である。

## 心の病を除く

「入法界品」は第十五甘露頂長者からはじまる。

(一五) 大輿城の甘露頂《かんろちょう》長者より如意功徳宝蔵の法門を学んだ。

(一六) 師子重閣城の法宝周羅長者より、大願を満足する法門を得た。

（一七）普門城の普眼妙光長者のもとでは、一切衆生を歓喜させる法門を得た。普眼妙光長者は、一切の人々の病《やまい》を知ることができた。

善男子よ、我、一切衆生の病を知れり。……是の如き等の類《たぐい》の一切の諸病を、我悉《ことごと》く了知し、其の所応に随《したが》いて皆能《みなよ》く療治す。

すべての人々の病を知ることができるからこそ、その病を治すことも可能となる。『維摩経』に「問疾品」という一章があり、病はどうしておこるかということについて、

四大合するが故に、仮《かり》に名けて身と為《な》す。四大主なし、身亦《また》我なし。またこの病の起ることは、皆《みな》我に着《じゃく》するに由《よ》る。

と説いている。この我が身というのは、地水火風の四大が合してできているものであり、身体は因縁によって成り立っているものにすぎないのである。ここで病といっているのは心の病であり、『華厳経』においても、それはまったく同じである。一切衆生の病とは、ほんとうの病気もあるが、煩悩こそ最大の心の病にほかならぬ。「入法界品」では、

貪欲《とんよく》多き者には不浄観《ふじょうかん》を教え、瞋恚《しんに》多き者には慈心《じしん》観を教え、愚痴《ぐち》多き者には法相観を教えん。

と説いており、貪《むさぼ》り、瞋《いか》り、愚《おろか》さの三毒の病におかされている者に対して、それぞれ不浄観、慈心観、法相観を教えよと説いている。

まず貪《むさぼ》りの多い者に対しては不浄観を教える。人間の身体の穴や口からは汚《きたな》いものがでてくるし、死ねば蛆《うじ》がわくし、人間の身体はきれいなものではない。そのことがわかると貪りの気持も消えうせるものである。

瞋《いか》りの病におかされている人には慈心観を教える。慈悲の心の大切さ、慈悲の心のありがたさを知れば、

瞋りの気持はおさまるものである。『法句経』につぎの言葉がある。

忿《いかり》を棄てよ。慢《おごり》を離れよ。一切の結《けつ》を越えよ。精神と物質とに著せざる無所有《むしょう》の人に諸苦、随《したが》うことなし。

忿りや慢心や一切の煩悩を棄てよと説く。心にも体にも執着しない人には、一切の苦しみはなくなるという。生きている限り、心と体に執着しないことは凡人にはできないが、少なくとも忿りや慢心をおさえることは、修養に心がければ、多少はできるものである。怒りが身を滅ぼすものであることは、ことさらに言わなくてもわかることである。

愚かな人に対しては法相観を教えよという。法相観とは法の相《すがた》を正しく観察することである。法とはものであるから、一切のものの真実の相を見よということである。ものの真実の相とは無常であることである。無常を知れば愚痴をいう気持もなくなる。過ぎ去ったことに対して、どんなに愚痴を言ってみたところで、どうにもなるものではない。過去はふたたびかえることはない。未来はまだおこっていないので、それは不明ということとしかない。現在もまた刻々に過ぎていく。とくに過去のことに対して愚痴を言ってもどうにもならないのである。

## 煩悩の大海

つぎは、(一八)満幢《まんどう》城の満足王のもとで、菩薩幻化《げんけ》の法門を授けられた。その教えとは、

我が身口《しんく》意《い》は、乃《いま》し蟻子《ぎし》に至るまでも害心を生ぜじ、何《いか》に況《いわ》んや人をや。人は是《こ》れ福田にして諸《もろもろ》の善《ぜん》根《こん》を生ず。

自分の体も心も口も、どんな小さな蟻に対しても、けっして害心を生じることがないというのである。生きとし生けるすべてのものに、害を与えないという不害の思想がここに見られる。

どくに人間に対して害心を抱いてはいけない。人間は福田であるからというのがその理由である。人間こそありとあらゆる功徳を生む母胎であるからというのである。インドの仏教においては、生きとし生けるものといっても人間を重視し、人に対してはとくに害心をもってはならないと説くのである。

つぎに、(一九)善光城の大光王からは、菩薩大慈幢行三昧《じどうぎょう》の法門を授けられた。この菩薩大慈幢行三昧とは何か。

諸《もろもろ》の大菩薩は大慈の蓋《がい》を以て普《あまね》く覆《おお》いて、一切の衆生を救護《くご》し、上中下品《ぼん》無二なりと等観し、慈は大地の如く衆生を載育《さいいく》す。

この三昧とは大慈行のことである。大いなる慈《いつく》しみの傘で一切衆生をおおうのである。人々の能力に上中下はあっても、仏の慈悲の心は、上中下の区別をつけることなく、皆平等に慈しみたもうのである。まさしく大慈こそ大地であり、大地からあらゆる植物が育つように、人は大慈という大地から育つことができる。

(二〇)安住城の不動優婆夷《うばい》よりは、菩薩の無壊《え》の法門を授けられた。優婆夷というのは女の仏教信者である。
(二一)知足城の随順一切衆生外道からは、菩薩の一切処にいたる行の法門を授けられた。
(二二)甘露味国《かんろみ》の青蓮華香《しょうれんげこう》長者よりは、一切の諸香を知る法門を授けられた。
善男子よ、我唯《ただ》此の香を知るのみ。……一切世間に染著《ぜんじゃく》する所なく、無礙《むげ》の戒香を具足し成就《じょうじゅ》して、障《しょう》礙《げ》を除滅し、智慧の境界は通達して滞《とどこ》おることなく、心、常に平等なり。

この長者は香の功徳を知っていた。戒香というのは、戒律を守ると、その功徳が四方に薫じるが、それを香にたとえたのである。戒律を守ることによって智慧は自在となり、心は常に平静であり、外物に動かされることがなくなる。

(二三) 楼閣城の自在海師からは、大悲幢《ひどう》浄行の法門を授けられた。その教えとは、生死煩悩の大海のなかにあっても、けっして染著することがないという。煩悩の大海に流される凡人はこれに執着して離れることができない。煩悩の真只中にあって、しかも、それに染まらないということは至難の技である。

## 天女の抱擁

(二四) 可楽城の無上勝長者より、一切趣にいたる菩薩浄行荘厳の法門を授けられた。

(二五) 迦陵伽婆提《かりょうがばだい》城の師子奮迅《ふんじん》比丘尼より、菩薩の一切智の法門を授けられた。この比丘尼は王の園《その》である日光林のなかにいて、仏法を説いて一切衆生を利益しているという。

(二六) 宝荘厳城の婆須蜜多《ばしゅみった》女よりは、欲を離れた実際清浄なる法門を授けられた。

この婆須蜜多女はすばらしい女性である。

若し天、我を見ば、我は天女と為《な》り、若し人、我を見ば、我は人女と為り、乃至、非人《ひにん》、我を見ば、我は非人女と為らん。

と説かれるように、この女性は見る人によって姿を変現自在にかえることができる。天が見れば天女に見えるし、人が見れば人の女に見えるし、鬼が見れば鬼女にも見えるし、非人が見れば非人の女にも見えるというのである。

さらに、

若し衆生有りて我と語らん者は、無礙の妙音三昧を得ん。若し衆生有りて我が手を執《と》らん者は、一切の仏刹《ぶっせつ》に詣《いた》る三昧を得ん。

と説かれる。この婆須蜜多女と語ると、妙音に満たされた世界に入ることができるし、この女の手を取れば、仏国土に入ることができる。さらに経文は、この女性といっしょに宿泊すること、この女性の目を見ること、この女性が顔をしかめた姿を見ること、この女性と阿黎宜《ありぎ》（ālingana の音写語。男女の抱擁のこと）すること、この女性と阿衆鞞《あしゅべい》（ācumbana の音写語か?。男女の接吻のこと。中村元『仏教語大辞典』による）することによって、すばらしい三昧の世界、忘我の世界に入ることができると説く。まさしく男性にとっては、天女のような女性がこの婆須蜜多女なのである。この女性を見たり、抱擁したり、接吻したりすることによって、男性はかえって欲望から離れることができるというから、大変な女性なのである。善財童子も婆須蜜多女の説法を聞いて驚いたにちがいない。

インドの仏教においては、このような愛欲の浄化が説かれるが、中国の仏教者になると、「目に女人を視ず」ということが修行のなかでも重要な項目となる。儒教倫理を表面にたてる中国人は、このような発想をするのであろう。

この婆須蜜多女とはどんな女性であろうか。経文はつぎのように描写する。

身は真金《しんこん》の如く、目髪《もくはつ》は紺色《こんじき》にして長からず短からず、白からず黒からず、身分具足し、一切の欲界に、与《とも》に等しき者なし。何《いか》に況《いわ》んや勝る者あらんや。……無尽の功徳《くどく》の宝蔵を具足して、身より光明を出《い》だし、普《あまね》く一切を照す。

身体は金色で、目や髪の色は紺色で、身体の各部はよく整って調和し、この欲界の世界の女性で、この人に勝るものはいないというのである。身体よりは光明を放ち、この光明に照される者は、大いなる歓喜に満たされるとともに、浅ましい煩悩の炎はすべてなくなると説く。まさしく飛天の降臨というべき女性である。

## 光明山の観音菩薩

(二七)首婆波羅《しゅばはら》城の安住長者より、不滅度際の菩薩の法門を授けられた。この教えは一念に三世の諸法を知ることである。一念の「念」という字を見よ。念とは「今の心」なのである。今の心こそ一番大切なのであって、この今に生きる心、今に集注する心が大切である。

(二八)光明山の観世音菩薩から、大悲法門光明の行を授けられた。経文は観音菩薩の住所について、

此の南方の海上に於《おい》て山有り、名けて光明と曰う。彼《かしこ》に菩薩あり、観世音と名く。

と説かれている。この南方海上にある光明山は、中国においては、舟山列島の普陀《ふだ》山だとされる。

善財童子が光明山に登り、観音菩薩に会ったのであるが、その状況を経文はつぎのように説く。

漸漸《ぜんぜん》に遊行《ゆぎょう》して光明山に至り、彼の山上に登り、周徧して推求《すいぐ》し、観世音菩薩、山の西阿に住したもうを見る。処処に皆《みな》流泉浴池《せんよくち》あり、林木鬱《うつ》として茂り、地草柔軟《なん》にして、金剛宝座に結跏趺坐《けっかふざ》したもう。

観音菩薩は光明山の西の丘の宝座の上に結跏趺坐しておられた。光明山には泉が湧き、池があり、樹木が茂り、柔かな草でおおわれており、まさしくこの世の極楽のような風景であった。そこで観音菩薩は『大慈悲経』をお説きになっていた。

観音菩薩は弘誓の願をおこしておられた。その願いとは、一切の衆生を救うことである。一切の衆生の、

さまざまな恐怖や憂《うれ》いをすべてとり除いてやるという願いである。

(二九) 金剛山の正趣菩薩より、菩薩普門速行の法門を授けられた。

(三〇) 婆羅波提《ばらはだい》城の大王天より、菩薩雲網《うんもう》の法門を授けられた。この教えによって、

諸《もろもろ》の菩薩の水は、煩悩の火を滅し、諸の菩薩の火は、よく一切衆生の貪愛《とんあい》を焼き、諸の菩薩の風は、よく一切衆生の染著心を散じ、菩薩の金剛は、一切の吾我《ごが》の相を摧滅《さいめつ》す。

といわれるように、菩薩の水、火、風、金剛が衆生の煩悩、貪愛、執着、自我を消し去ることができると説く。

(三一) 摩竭提《まかだ》国の安住道場地神より、菩薩不可壊蔵《ふかえぞう》の法門を授けられた。

(三二) 迦毘羅婆《かびらば》城の婆娑婆陀《ばしゃばだ》夜神より、菩薩の光明、普く諸法を照し、衆生の愚痴《ぐち》を壊散《えさん》する法門を得た。

この夜神のところではふたたび偈文で教えがくりかえして説かれた。

無量無数劫《ごう》に、我、常に大慈を修して、普く諸《もろもろ》の群生《ぐんじょう》を覆《おお》う。善財、応《まさ》に速《すみや》かに具《そな》うべし。

この夜神は大慈を修して衆生を救おうとする。善財童子よ、お前もそのようにせよ、と説いたのである。この夜神がすばらしい大慈大悲をそなえるにいたったのは、多くの仏に仕えて、長いあいだ、供養した結果であった。

(三三) 閻浮提《えんぶだい》摩竭提《まかつだ》国の甚深妙徳離垢《じんじんみようとくりく》光明夜神より、寂滅定楽精進《じゃくめつじょうぎょうしょうじん》の法門を授けられた。この夜神は第一禅から第四禅までの深い禅定の体験を重ねており、坐禅することを勧めている。

## 善知識こそが菩提・精進であり、不可壊の力

つぎに訪問した人もまた夜神である。（三四）この喜目《きもく》観察衆生夜神より、菩薩の普光喜幢《きどう》の法門を授けられた。善財童子は、善知識は「見難《かた》く、遇《あ》い難い」ことを嘆きながら、さらに善知識を求めようと決意する。善知識こそが菩提であり、精進であり、不可壊《ふかえ》の力であることを確信するにいたる。たった自分だけで修行し道を求めることは難しい。ともすれば挫折したり、怠惰になってしまう。しかし、善知識に会ったり、善知識を見たりすれば、勇猛心が湧きでて、心・気・力が一体となってやる気がおこってくるものである。三四人目の善知識を訪ね、教えを乞うにあたり、善財童子は改めて、さらにつづいて善知識を訪ね、教えを授かる決意を新たにしたのである。

喜目天は著《じゃく》なく、衆の虚妄《こもう》を除滅す。衆生は世に楽著《ぎょうじゃく》す。ために仏の法力を現ず。

とあるように、この夜神にはまったく執着がない。しかし、われわれ衆生は世間のさまざまなことに執着し、愛着し、その妄想をとり除くことはできない。仏の法力は、その衆生を憐れみ、教えを説き、衆生の執着を消滅させてくれるのである。善財童子は喜目天のように執着のない人間にならなければならないと誓ったのである。

ついで同じ法会のなかにいた、（三五）妙徳救護《くご》衆生夜神より、衆生を教化する菩薩の法門を得た。善財童子はこの夜神のみもとへ行くと菩薩の離垢円満《りくえんまん》三昧を得ることができた。

善財、合掌して住し、諦観《たいかん》して厭《あ》き足《た》ることなく、無量の神力を見たてまつりて、その心、大いに歓喜せり。

とあるように、善財童子はこの夜神のみもとで合掌したまま、じっと夜神のお姿を凝視していた。そのうちに夜神から発する神力を見て、歓喜に心がふるえたのである。法海寺の壁画の善財童子でも、『文殊図讃』

のなかに描かれた善財童子でも、この経文の通りに合掌し、心が歓喜に満たされた姿をしている。

さらにこの道場にいる、(三六)寂静音夜神《じゃくじょうおん》より、無量の歓喜荘厳《かんぎしょうごん》の法門を授けられた。衆生のなかで、瞋りをおこす者に対しては忍耐を、怠ける者に対しては精進を、乱心者には禅定を、痴かな者には智慧をと、それぞれ、その者にもっとも適した六波羅蜜《はらみつ》のなかのどれかを説いたのである。

夜神はこの法門を虚空《こくう》、慶雲、白日、満月などにたとえる。善財童子は寂静音夜神に何を修行してこの法門を得たのかと問うと、夜神は十波羅蜜を修すれば、この法門が得られると答えた。

寂静音夜神が、このような勝れた法門を身に体得するまでには、長いあいだかかったのであり、そのあいだに多くの仏を供養したてまつったことも他の夜神と同じである。ここで仏の最後には盧舎那《るしゃな》仏を供養しているのが特徴である。どんな教えを体得するのも容易なことではない。長い年月の修行がなければ、教えの一つだにも身につかないはずである。

今まで三六人の人々に教えを受けてきたのであるが、どの善知識も善財童子に対して、「善男子よ、我、唯《ただ》この法門を知るのみ」と言いながら、みずからが体得した難しそうな名前がついた法門(教え)を授け、善財童子はその人が生涯かかって習得した教えを授けられ、その教えを自分のものとしている。

人間が一生涯かけても、勝れた教えがたった一つでも身につければよいほうである。また考え方をかえれば、どんな人生を歩もうと、その人なりに、たった一つぐらいの何かは身につけることができるにちがいない。教えといえるほど高級なものでなくともよい。真摯に人生を生き抜けば、たった一つの、余人にはかえがたい何かを、身につけることができるはずである。善財童子は、そのように尊い、血と涙で得た教えを五十三人の善知識から頂戴したのである。

# 無限の求道——入法界品（Ⅲ）

## 終南山の華厳行者——普安

中国、陝西《せんせい》省西安市の南郊、神禾原《しんかげん》は終南山から流れだした潏河《けつが》と鎬河《こうが》が合流したあたりに広がる高原であるが、霧や靄《もや》が多くて、終南山の全貌が視界に入る日は少ない。私はかつて終南山の一峰、南五台山へ入ったことがあるが、それは聖寿寺の隋塔《ずいとう》を見るためであった。

聖寿寺へ行くためには細い山道の急坂を登らなければならない。坂の途中で聖寿寺の住僧、伝心法師にお会いした。老僧は鉄杖をつきながら一歩一歩ゆっくりと登って行く。お年は七十歳とのことであったが、二十歳のときからこの終南山の聖寿寺に住していたという。まさしく終南山の行者であった。

この伝心法師のイメージと重なりあうのが、華厳力の行者、普安（五三〇—六〇九）である。普安は北周から隋代にかけて終南山の寺に住んでいたのであり、まさしく聖寿寺の隋塔が建立される頃、この山にいたのであった。

聖寿寺の大殿は文革の嵐に巻き込まれ、仏像はすべて破壊され尽されてしまった。現在は伝心法師が苦心して仏像を製作中であった。普安もまた北周の廃仏で徹底的に弾圧されたのであった。渓谷の谷川の水は、北周の廃仏の嵐も、文革の破壊の嵐も知っていながら、今も絶えることなく不断に流れている。

普安の伝記は『続高僧伝』巻二十七にある。少年の頃から苦節して頭陀行《ずだぎょう》をしていた。北周の廃仏のとき、終南山で壮絶な割腹自殺をとげ、みずからのはらわたを松の枝につるした静藹《じょうあい》に師事して『華厳経』を学んだ。とくに『華厳経』の読誦《どくじゅ》行に徹した。

北周の廃仏のときには、終南山の梗梓《こうし》谷《こく》に隠棲した。深林と泉石を友とし、ひたすら苦行した。あるときには蚊や虻《あぶ》にみずからの身体を施し、流血は全身をおおった。死んだふりをするため臥して虎に体を与えようとしたが、虎は臭いを嗅ぐのみで食べることはなかったという。

北周の武帝の僧侶狩りは惨烈をきわめた。一僧を捕獲すると賞物十段を与えた。僧たちは隠れることに汲汲とした。しかし普安は平然として姿を人々の前に現わした。しかし、人々は普安の悠然たる態度に気をのまれて捕縛する者はいなかった。普安が難にあわないのは、すべて『華厳経』の力によるのであると語った。

隋の文帝が仏教を復興するや、終南山に逃亡していた僧たちも山を下りて官寺に住した。しかし、普安は山を下りることなく、終南山の深林の草庵をでることがなかった。

普安はさまざまな奇瑞を現わした。たとえば悪人の索頭陀《さくずだ》という人が、普安の徳を嫉《ねた》み、殺害しようと狙《ねら》っていた。ある日、索頭陀は家来三人をつれて弓をもち、刀をさして普安のところへやって来た。まさに弓をひきしぼり、矢を放とうとしたが、矢は弦を離れることがなかった。手は弓をひきしぼったままであった。眼を怒らし、舌を噤《つぐ》んで長いあいだ、立ち往生したままであった。やがて大声をだしてわめくので、遠近から村人が集まってきた。村人は普安に低頭して救いをお願いした。普安は「どうしてこうなったのかわからないが、恐らく華厳力によるのではないか。もし免かれようとしたいならば、ひたすら懺悔せよ」と言った。

普安の言う通り懺悔すると、もとの状態に戻ることができた。
このような超能力を現わすことがたびたびあったが、それらはすべて華厳力の発現であった。華厳力はどうして普安にそなわったのか。それは普安が『華厳経』をたえず読誦していたためであった。読誦は三昧なりといわれるが、一心不乱に精神を集注して経文を読誦すれば、強い念力を発することができるようになる。『華厳経』の読誦によって強烈な華厳力を得た普安は、長安の大寺に招かれたが、それをことわり、あいかわらず終南山の深林の岩窟のなかに住み、隋の大業五年（六〇九）十一月五日、八十歳の生涯を終ったのである。遺骸は華厳宗の聖地である終南山至相寺のかたわらに葬られたという。

## 善知識は慈母なり

第三十七妙徳守護諸城夜神や、多くの善知識から教えを受け、求道の旅をつづける善財童子は、最後に弥勒菩薩や文殊菩薩の教えによって修行を完成させるのである。

（三七）妙徳守護諸城夜神より、甚深の妙徳自在音声《おんじょう》の法門を得た。

仏子よ、一切衆生は長く生死に寝《ね》むるも、唯《ただ》、我のみ独《ひと》り覚《さ》めたり。

というように、この夜神は独り覚醒していた。

（三八）開敷《かいふ》樹華《じゅけ》夜神より、無量の歓喜知足光明の法門を得た。以下、順次に、どの善知識より、どのような法門（教え）を受けたかについては、つぎの如くである。

（三九）願勇光明守護衆生夜神より、応化《おうけ》に随《したが》って衆生を覚悟させ、善根を長養する法門を得た。

（四〇）流弥尼《るみに》（Lumbini）園の妙徳円満天より、菩薩の受生《じゅしょう》自在の法門を得た。ここでは十種の受生法が説かれ、この法を行ずれば、如来の家に生まれることができるという。

(四一) 迦毘羅《かびら》城の瞿夷《くい》女より、一切菩薩の三昧海を分別し観察する法門を得た。

(四二) 迦毘羅城の摩耶《まや》夫人より、大願智幻の法門を得た。この教えを修した摩耶夫人は盧舎那《るしゃな》如来の母となって、悉達《しつだ》太子を生むことができたという。この摩耶夫人は一切諸仏の母でもあった。

(四三) 天主光童女より、無礙自在に清浄荘厳を念ずる法門を得た。

(四四) 迦毘羅城の遍友《へんう》童子師は何も説かず、善知衆芸《しゅげい》童子を紹介しただけであった。一言も説法しない善知識こそ、真の善知識かもしれない。

(四五) 善知衆芸童子より、四十二字の般若波羅蜜《はんにゃはらみつ》の法門を得た。

(四六) 摩竭提《まかだ》国の賢勝優婆夷《うばい》より無依処《むえしょ》道場の法門を得た。

(四七) 沃田《ようでん》城の堅固解脱長者より、無著清浄念の法門を得た。

(四八) 妙月長者より、浄智光明の法門を得た。

(四九) 出生城の無勝軍長者より、無尽相の法門を得た。

(五〇) 出生城の南の法聚落の尸毘《しび》最勝波羅門《ばらもん》より、誠願語《じょうがんご》の法門を得た。誠願語とは、まことであって虚妄でない言葉であり、この教えによって無量の功徳が生じるという。これはまた不退転の法門であり「すでに退《しりぞ》きしことなく、現《げん》に退くことなし。当《まさ》に退くべきことなし」という教えである。

妙意華門城の(五一)徳生《とくしょう》童子と、(五二)有《う》徳童女の二人より、幻住の法門を得た。世間も衆生も一切のものも、すべて幻住であることを明らかにした。

一切衆生の生滅《しょうめつ》、生老病死《しょうろうびょうし》、憂悲苦悩《うひくのう》は、皆、幻住《げんじゅう》なり、虚妄分別《こもうふんべつ》の生ずる所なるが故に。

人の生老病死や、憂《うれ》い悲しみ、苦しみなどもまた幻《まぼろし》にすぎないというのである。このように観ずれば苦しみから逃れることができると説く。人は果たしてこのように諦念できるものであるかどうか。普安のような華厳行者であれば、生老病死は夢幻にすぎないと諦観することもできよう。人間は一生懸命生きるほど、死にものぐるいで生きるほど、悩みも苦しみも一時の位《くらい》と観じ、のりきることができるのではないか。妻の死、子供の死などに遭遇しても、それを幻と観じながら、なおかつ、人生を生きる力をもたねばならぬ。

徳生童子と有徳童女は、さらに善知識とは何かについて懇切に善財童子に教えを説く。

善知識は則《すなわ》ちこれ慈母《じぼ》なり、仏家に生ずるが故に。善知識は則ちこれ慈父なり、無量の事を以《もっ》て衆生を益《やく》するが故に。

善知識は慈父であり、慈母であり、大師であり、導師であり、良医であり、船師であるなどくりかえして説いていく。今まで五十二人の善知識と会うことができたことを思い浮べた善財童子は、この言葉に実感を抱いたにちがいない。

人生において善知識と呼ばれる人に会うことは難中の難である。たった一人でもよい、ほんとうの善知識に遭遇することができれば、その善知識によって、人は己れの運命をかえることができるはずである。『法句経』に、

悪友を伴《とも》なわざれ、下劣の人を侶とせざれ。善友に伴なえ、上士を侶とせよ。

とあるが、善知識や善友に会うことがどんなに大切であるかがわかる。

## 行道は頭燃を救う——弥勒菩薩

善財童子は、南方の海潤《かいかん》国の大荘厳蔵園林のなかの弥勒の楼観《ろうかん》の前に行った。善財童子は楼観の菩薩たちを讃歎しおわると、合掌し礼拝して、弥勒菩薩を仰ぎ見た。「どのように菩薩の行を学び、菩薩の道を修したらよいでしょうか」と質問した。

すると弥勒菩薩は善財童子を指して、その不退転の修行を賞めた。真実を求めるため、この童子は勇猛精進し、多くの善知識を求め歩いたという。それは常に「心に厭足《えんそく》なく、頭然《ずねん》を救《すく》うが如く」に善知識に親近《しんごん》したというのである。頭然を救うといえば、道元の『学道用心集』の一句をただちに思い浮べるではないか。

誠《まこと》にそれ無常を観《かん》ずる時、吾我《ごが》の心も生ぜず、名利《みょうり》の念も起らず、時光《じこう》の太《はなは》だ速《すみや》かなることを恐怖《くふ》す、ゆえに行道は頭燃《ずねん》を救う。

人生は長いようで一瞬である。一瞬をいかに燃焼させることができるか、ということが大切である。善財童子もまた頭燃を救うように善知識に教えを求めた。しかも「心に疲倦《ひけん》なく」、ひたすら教えを求めながら、ついに弥勒菩薩のところへ来たのである。

弥勒菩薩は善財童子の勝れた功徳を讃歎し、あらゆる人々に道心を発《おこ》させ、さらに善財童子に語りかけた。善財童子が人身と寿命を得て、諸仏に会い、文珠菩薩に会うことができたのは、菩提心があったからだという。その菩提心について、つぎのように弥勒菩薩は説いたのである。

菩提心は則ちこれ一切諸仏の種子《しゅうじ》なり、よく一切諸仏の法を生ずるが故に。

以下、菩提心が良田であること、大地であること、浄水であること、大風であることなど、あらゆるものにたとえながら菩提心の功徳《くどく》を明らかにする。

菩提心を得れば五つの恐怖《くふ》を離れることができると説く。五つの恐怖を離れるとは「火も焼《や》くこと能《あた》わず、水も漂《ただよ》わすこと能わず、毒も中《あ》つること能わず、刀も傷《きずつ》くること能わず、熏《くん》も害すること能わず」ということである。ちょうど普安が華厳力をもっていたために、どんな危険にあっても、命を全うすることができたように、菩提心をおこせば、どんな困難や危険が迫っても、まったく動じることがないというのである。菩提心こそ一番大切であることをくりかえして説き明かしたのである。

最後に弥勒菩薩は、この荘厳された大楼観のなかに入れば、ほんとうの菩薩行や菩薩道を学ぶことができるという。

### 盛者必衰の教え

そのとき、善財童子は弥勒《みろく》菩薩のまわりをまわり、合掌しながら「どうかお願いいたします。楼観の門を開いて、私をなかへ入れてくださいませ」と申しあげた。弥勒菩薩が右の指を弾《はじ》くと、その門は自然に開き、善財童子はすぐさま門のなかに入ることができ、入り終るや否や、門はまたもとどおりに閉じられたのである。

善財童子が楼観を観察すると、その広大なること虚空のようであった。大地は宝ものからできており、楼閣には七宝で飾られた窓や欄干があり、無数の幢《はた》が立ちならび、空には華雲がたなびき、衆鳥が舞い、さまざまな花びらが天から降っていた。

あまりの美しい楼観の状景を見た善財童子は、大いなる歓喜にひたった。楼観には仏たちが大衆に囲まれていた。弥勒菩薩が善財童子に「童子よ、お前さんは楼観のなかの菩薩の不思議な自在力を見たかどうか」と尋ねると、善財童子は「よく見ました」と答えた。それは夢のなかで山林、河や池、大海、宮殿などの一切を見ているようであった。

善財童子は弥勒菩薩に、この不思議を出現させる法門や、菩薩がどこから来たのか、菩薩の生まれたところなどを質問した。菩薩の生処とは、菩提心、正直心、諸地に安住すること、大願を出生すること、大悲、真実の観法、摩訶衍《まかえん》（大乗）、衆生を教化すること、智慧方便、諸法に随順することの十種であった。

さらに弥勒菩薩は、

生死は皆、悉《ことごと》く夢の如し。
五陰《おん》は皆、悉く幻の如し。

ということがわかることが大切であると教える。生死は夢、この肉体は幻のようなものであることをしっかりと見つめるならば、生死に束縛されることはなくなるというのである。さらに「諸行は皆、悉く無常」であることを知らしめ、「盛なるは必ず衰える」ことを悟らしめた。「諸行無常」「盛者必衰」という言葉がこの『華厳経』にもでてくるのである。

盛んなものは必ずまた衰えることは、人生のみでなく、自然界をふくめてすべてのものに通じる真理である。絶頂期に達したものは、下降していかねばならぬ。人の一生もまさしくそのようであって、盛んなときがいつまでもつづくものではない。この真理をよく自分自身に言い聞かせておくことが大切である。

弥勒菩薩は善財童子に、文殊菩薩のところへ行って教えを乞うようにすすめた。その理由は文殊菩薩こそ菩薩の願行を完成させた方で、諸仏の母であり、菩薩の師であり、衆生を教化している立派な菩薩であるから、そこへ行って教えを受けよというのである。

文殊師利《もんじゅしり》は是汝《これなんじ》が善知識なり。

と断定された弥勒菩薩のお言葉に従って、善財童子は文殊菩薩のもとへ行ったのである。

**智慧の完成――普賢菩薩**

善財童子は弥勒菩薩に敬礼して、そのまわりをめぐりながら退出した。

善財童子は今まで百十一の城を経て、最後に普門城に到達することができた。この城で一心に文殊菩薩に会って、その慈顔を仰ぎたいと念じた。するとその念力が通じたのか、文殊菩薩が普門城に現われ、右手をのばして善財童子の頂《いただき》を摩《な》でた。そして信心の大切なことを教えた。信心がなければ、心は憂《うれ》いに沈み、精進する気持もなくなり、菩薩行を実践することができなくなり、仏法の真理を悟ることができないと説いた。

この教えを受けた善財童子は歓喜し、普賢菩薩の道場へ入ることができた。文殊菩薩はそのまま姿をかくした。善財童子は普賢菩薩にお目にかかりたいと思い、一心に念願すると、十種の瑞相が現われた。

我、今、必ず普賢菩薩を見たてまつりて、善根を増長し、菩薩の妙行を究竟《くきょう》して、一切の仏を見たてまつらん。もし普賢菩薩を見たてまつらば一切智の想《そう》を得ん。

このように思念すると、普賢菩薩を見ることができた。

金剛蔵道場におられる（三五）普賢菩薩は、一つ一つの毛孔より無数の光明を放って、ありとあらゆる世界を照していた。不可思議な威神力を見た善財童子は、十の不可壊《ふかえ》の智慧《ちえ》の法門を得ることができた。十種の法門とは、㈠念念《ねんねん》の中《うち》に一身を一切の国土に徧満《へんまん》させること、㈡一切の諸仏を供養《くよう》すること、㈢正法を聞持《もんじ》すること、㈣法輪智波羅蜜《はらみつ》門を得ること、㈤自在の智波羅蜜門を得ること、㈥無尽弁《むじんべん》の智慧の法門を得ること、㈦般若《はんにゃ》波羅蜜観の諸法門を得ること、㈧一切法界の大方便波羅蜜門を得ること、㈨衆生の欲性《よくしょう》を知る智慧波羅蜜門を得ること、㈩普賢の智慧波羅蜜門を得ることであった。簡単にいえば、仏の教えを受けて、智慧と方便の波羅蜜（度）を得たのである。

そのとき普賢菩薩は、右の手で善財童子の頭を摩《な》でた。すると童子は無限の三昧門を得ることができた。普賢菩薩が善財童子に「お前さんよ、わたしの自在神力の不可思議を見ましたか」と尋ねると、「はい、見ました」と答えた。さらに自分の清浄なる法身を観ぜよ、と言った。つづいて普賢菩薩は教えを説いた。

この普賢菩薩の教えのなかには、いくつかの重要な教えが説かれている。たとえば、

譬《たと》えば工《たく》みなる幻師《げんし》の、よく種々の事を現ずるが如く、仏は衆生を化《け》せんが為に、種種の身を示現《じげん》したもう。

幻術使いがさまざまな奇瑞を現わしたり、不思議な物を人に見せたりするように、仏は衆生を救うために、さまざまに形をかえて姿を現わすという。『観音経』で三十三身に観音が姿を現わすことを説いている通りなのである。仏はありとあらゆるものに姿をかえて応現する。このように見れば、どんな人も仏の応現にほかならない。そう考えれば、どんな人に対しても合掌しなければならなくなる。

譬《たと》えば明浄《みょうじょう》の日の、世間の闇《やみ》を照除するが如く、如来の浄智の日は、悉《ことごと》く三世の闇を除く。

太陽が暗闇を照しだすのと同じように、如来の浄智は三世の闇夜を除いてくれる。宿業のなかに苦しむ人間にとって、仏の存在はまさしく太陽に等しい。

『華厳経』の「入法界品」の最後は、つぎの言葉で結ばれる。

此の法を聞きて歓喜《かんぎ》し、心に信じて疑うことなき者は、速《すみや》かに無上道を成《じょう》じて、諸《もろもろ》の如来と等《ひと》しからん。

この教えを聞いて歓喜して、信じて疑わない者は、仏道を完成させ、如来と同等となることができるというのである。

どんな人でも『華厳経』の教えを信じて、その教えを実践すれば、仏になれるというのである。少しでも疑う気持があれば仏になることはできない。

『華厳経』は『法華経』などに比べるとあまりにも広大であり、六十巻、あるいは八十巻と分量も多く、全部を読むことは難しい。読誦するだけでも容易なことではない。しかし、冒頭に述べたように、華厳力を発揮した普安のような華厳行者は、毎日毎日、読誦していたにちがいない。そして普賢行を実践し、多くの悩める衆生を救っていたのである。それは世間の闇を照しだす太陽の如き存在であった。

普安をはじめとし、この『華厳経物語』にでてきた人々は、すべて『華厳経』の教えを心に信じて疑うことがなかった人々である。それらの人々の実践を見ると、まさしく如来と等しいような人格をもった人々である。『華厳経』の最後に、普賢菩薩が言われた言葉こそ、千鈞の重みがある言葉である。信じて疑わない者は、必ず成仏できる、というのである。

中国の四川省の大足石窟や安岳石窟、重竜山石窟などの石窟へ行くと、そこには華厳三聖像が必ず祀られている。華厳三聖像とは中央に毘盧舎那《びるしゃな》仏、その両側に文殊と普賢の二菩薩を配したものである。安岳県の華厳洞の三聖は、高さが五・二メートルもある巨大なものである。

四川省の有名な仏教聖地である峨眉《がび》山の万年寺には、白象に騎乗した普賢菩薩が祀られているが、峨眉山は普賢菩薩の聖地である。山西省の五台山が文殊菩薩の聖地であるのとあわせると、『華厳経』の最後に登場する二人の菩薩は、今なお、中国の霊山に祀られ、民衆の信仰の対象とされているのである。

「入法界品」に登場し、主役を果たした善財童子の彫刻は、寺院の大雄宝殿の背面に祀られている観音菩薩の近くに、しばしば見られるものであり、合掌し敬虔な態度で道を求める姿に、限りなく親しみを抱かせてくれる。無限の求道の姿こそ、善財童子の姿であり、われわれも、この姿を見習って苦難の人生を歩んでいきたいものである。

鎌田茂雄（かまた・しげお）

1927（昭和２）年，神奈川県生まれ。
駒沢大学仏教学部卒業。
東京大学大学院博士課程修了。
東京大学名誉教授。
現在・愛知学院大学教授
文学博士。

＜著書＞
中国仏教史（東京大学出版会）
華厳の思想（講談社学術文庫）
仏教聖地・五台山（共著，日本放送出版協会）
朝鮮仏教の寺と歴史（大法輪閣）
中国仏教の寺と歴史（大法輪閣）
大乗起信論物語――中国仏教の実践者たち（大法輪閣）
韓国古寺巡礼（日本放送出版協会）
観音経講話（講談社学術文庫）
他，アジアの宗教全般にわたって論著多数。

＜現住所＞
東京都世田谷区駒沢3―12―11





華厳経物語

平成三年十一月二十五日　第一刷発行
平成七年十二月二十日　第二刷

著者　鎌田茂雄
発行者　石原大道
印刷者　三協美術印刷株式会社
発行所　有限会社　大法輪閣
東京都渋谷区東二－五－三十六
〒一五〇振替〇〇一三〇－八－一九
電話（〇三）五四六六－一四〇一

《おことわり》
本書には、差別的あるいは差別的ととられかねない不当、不適切な表現が含まれていますが、当時の時代背景、および差別助長の意図で使用していない事などを考慮して、それらの削除、変更はいたしませんでした。この点をご理解いただきますよう、お願い申し上げます。〈編集部〉


華厳経物語（オンデマンド版）

Digital Publishing

2004年7月15日　発行

著　者　鎌田　茂雄
発行者　石原　大道
発行所　有限会社 大法輪閣
〒150-0011　東京都渋谷区東2-5-36 大泉ビル
電話 03-5466-1401　FAX 03-5466-1408
振替 00130-8-19番
URL http://www.daihorin-kaku.com

印刷・製本　株式会社 デジタルパブリッシングサービス
URL http://www.d-pub.co.jp/

AB813

ISBN4-8046-1640-3 C0015　Printed in Japan